任力资源

HR技能提升系列

培训管理实操

从入门到精通

第2版

任康磊◎著

人民邮电出版社

北 京

图书在版编目（CIP）数据

培训管理实操从入门到精通 / 任康磊著. -- 2版
. -- 北京：人民邮电出版社，2022.9
（HR技能提升系列）
ISBN 978-7-115-58813-5

Ⅰ. ①培… Ⅱ. ①任… Ⅲ. ①企业管理－职工培训
Ⅳ. ①F272.92

中国版本图书馆CIP数据核字(2022)第039318号

内 容 提 要

本书将大量复杂的培训管理理念转变成简单的工具和方法，并把这些工具和方法可视化、流程化、步骤化、模板化，让培训管理工作变得简单且容易操作，能够有效地指导和帮助读者做好培训管理实务工作。

全书内容涵盖培训管理实操过程的方方面面，分为12章，主要内容包括如何认识培训管理，人才培养与人才梯队建设，如何搭建培训管理体系，如何发现和分析培训需求，如何开发和管理培训资源，如何制订和运行培训方案，如何评估和转化培训效果，如何实施以师带徒制度，如何开展新员工培训，如何实施管理岗位培训，如何实施关键岗位培训，如何实施员工职业发展管理。

本书案例丰富，通俗易懂，模板齐全，实操性强，特别适合培训管理从业者阅读使用。

◆ 著　　　　任康磊
　责任编辑　马　霞
　责任印制　周昇亮

◆ 人民邮电出版社出版发行　　北京市丰台区成寿寺路 11 号
　邮编　100164　　电子邮件　315@ptpress.com.cn
　网址　https://www.ptpress.com.cn
　北京虎彩文化传播有限公司印刷

◆ 开本：700×1000　1/16
　印张：18　　　　　　　　　　2022 年 9 月第 2 版
　字数：323 千字　　　　　　　2025 年 1 月北京第 11 次印刷

定价：69.80 元

读者服务热线：(010)81055296　印装质量热线：(010)81055316
反盗版热线：(010)81055315
广告经营许可证：京东市监广登字 20170147 号

HR，用专业证明自己

有很多做人力资源管理工作的朋友问过笔者这样的问题："HR（人力资源）要如何证明自己？"

营销类的岗位可以用业绩来证明自己；产品类的岗位可以开发出好的产品来证明自己；运营类的岗位可以通过达成项目预期来证明自己；就连财务类的岗位，也可以通过定期形成财务报表，做财务分析来证明自己。

可是，HR 要用什么来证明自己呢？

实际上，HR 可以证明自己的方法非常多，比如划分清楚岗位权责利，保证人才的招聘满足率，给关键岗位建立胜任力模型，帮团队培养出能力达标的人才，设计出有激励效果的薪酬体系，建立起有助于实现目标的绩效体系，帮助团队提升员工敬业度，实施有价值的人力资源数据分析，帮助团队提升劳动效率，帮助公司降低人力成本等。

不过，任何一项能够证明自己的工作，都需要 HR 专业能力的支持。HR 这份职业是一个上限可以很高、下限也可以很低的职业。要提升 HR 的职业上限，提升专业能力是大多数 HR 的唯一解。

如果不具备人力资源管理的实战专业能力，HR 就只能做人力资源管理中价值比较低的事务型工作。只有具备系统实战专业能力的 HR，才能在人力资源管理岗位上获得好的职业成长与发展。

十几年之前，笔者刚接触人力资源管理工作的时候，特别想系统地学习人力资源管理实战技能，帮助自己更好地开展工作。但当时找遍了全网，笔者也没找到好的学习渠道和课程。

后来，凭借着不断向世界顶级的管理咨询公司学习方法论，凭借着对大量人力资源管理咨询项目不断实施验证，凭借着不断在实战中对人力资源管理体系的应用复盘，凭借着十几年的经验积累，笔者终于能相对全面地总结出人力资源管理体系实战的方法论，能够帮助 HR 更系统、更快速、更有效地提升人力资源管理技能。

任康磊的 HR 技能提升系列图书自上市以来就广受好评，有口皆碑，如今已有超过 60 万册的总印刷量。

许多读者在线上平台和笔者社群中晒出自己书架上摆着一整套任康磊的 HR 技能提升系列图书，并开心地说这套书已经成为其案头必备的工具书，内容非常实用。笔者很高兴自己的经验知识能够帮助广大 HR 学习成长。

为帮助读者朋友更高效地学习实战人力资源管理技能，笔者在此介绍一个"4F"学习成长工具。工具中的"4F"分别是：facts（现实／事实）、feeling（感受）、findings（引申为观点）、future（引申为行动计划）。"4F"对应着 4 个学习步骤，按照这 4 个学习步骤进行实战学习，你就能提高学习效率，事半功倍。

第 1 步，总结事实。

注意学习内容中都有什么，看可以总结出多少对自己当前工作有价值的要点。学习的过程固然重要，个人的总结同样重要。没有总结，知识都是别人的；有了总结，知识就变成了自己的。

第 2 步，表达感受。

通过总结出的要点内容，表达出自己的感受。这里的感受可以随意延展，不限于总结出的内容。横看成岭侧成峰，远近高低各不同，相同的内容，不同角度的感受是不同的。

第 3 步，寻找观点。

通过学习的过程，获得了怎样的独立思考？形成了哪些自己的观点？得到了哪些具体的收获？学而不思则罔，思而不学则殆，学习的过程必然伴随着深度的独立思考。

第 4 步，计划行动。

经过思考之后，形成具体的行动计划。这里的行动计划最好能够有助于实际工作，能够可实施，可落地。行动不仅是实践学习成果的方法，也是检验学习成果的有效方式。行动过程中如果发现问题，可以再回到第 1 步重新学习。

"4F"学习成长工具是个闭环。每一个学习过程，都可以用"4F"学习成长工具进行复盘。当你刻意运用这个工具学习的时候，即便学到自己已经知道的内容，也往往会有一些新的认知、新的理解和新的感悟。

如果你在系统学习任康磊的 HR 技能提升系列图书、线上课程或线下课程，建议你不断运用这个工具开展学习，你将能够不断获得成长与提升。

系统有效地学习任康磊的 HR 技能提升系列学习产品（图书、线上课程、线下课程），将帮助 HR 全面提升个人能力，提升职场竞争力；帮助 HR 成为解决人力资源管理实际问题的专家，提高 HR 的岗位绩效；帮助 HR 迅速增加个人价值，增加职场话语权。

最后，要感谢广大读者朋友的支持与厚爱，感谢人民邮电出版社恭竟平老师与马霞编辑的指导与帮助，感谢张增强老师的鼎力协助。

祝读者朋友们能够成为卓越的人力资源管理者。

HR，让我们用专业证明自己！

《孙子兵法》中说："不教而战，谓之杀！"意思是当军队招募了一名士兵，如果不教他作战的方法就让他到战场上作战，相当于杀了他。军队要在战场上取胜，需要依靠士兵的战斗能力；企业要想在商战中取胜，需要员工的工作能力。

李嘉诚说："没有什么生意比人才的利润更高！"在许多成功的企业中，培训不被视为费用的支出，而是被视为一种系统化的智力投资。企业投入人力、物力对员工进行培训，使员工素质提高，人力资本升值，企业业绩改善，最终获得投资收益。

美国著名未来学家约翰·奈斯比特（John Naisbitt）说："未来成功的企业需要解决两个问题，一个是吸引更有竞争力、更富创造性的管理者，另一个就是把办公室与教室联在一起。"没有经过开发的大脑是人生最大的浪费，没有经过训练的员工将会是企业最大的成本。

企业招募人才，为人才提供金钱、福利、荣誉等，那企业需要的是什么？是人才的能力！因为人才具备创造价值的能力，企业才会为此付薪。如果企业能够有效培养员工的能力，快速复制员工的能力，企业拥有较强技能的员工越来越多，员工创造的价值越来越大，那么企业获得的价值也必将越来越大。

人才的引进和考核固然重要，但是引进人才之后，如何将企业文化、价值观有效传承给人才？如何通过人才能力的持续提高不断为企业创造价值？如何让企业的培训发挥效果？要解决这些问题，企业需要具备适合自己的培训管理体系以及能力达标的培训管理者。

人才的职业化程度和技能水平要随着经济环境、技术环境的快速发展而变化，企业对人才技能的要求也在不断提高，企业很难从人才市场上找到能直接适应岗位的员工。

对企业来说，最好的方案是找具有潜力的人进入企业，为其持续提供必要的培训，让他们能够胜任岗位的工作。然而，当前部分企业的培训管理水平还与这种需要不相适应。

针对当前企业对培训认识不足、培训管理体系建设不完善、培训需求分析不准确、培训资源开发不充分、培训方案制订效果不足、培训形式单一、培训成果转化效率低、培训评估操作不专业、各类岗位培训实施太笼统、员工职业发展与培训联系不紧密等培训管理过程中的各类难题，笔者总结了企业培训管理中各个环节的关键技能、方法、操作步骤和流程说明，并结合大量的实操案例形成本书。

随着对培训管理和人才培养知识体量的需求，本书迎来了第 1 次改版。本次改版修正的内容主要包括以下 2 点。

1. 新增人才培养与人才梯队建设章节内容

培训管理的目的之一是为企业培养人才。培训管理是手段，人才培养是目的。有了能力达标的人才队伍，企业才具备足够的创造价值的能力。保证各层级人才能力达标后，企业的下一步工作是建设人才梯队。

人才梯队建设比较成功的企业可以做到每个关键岗位都有继任者，即便最高管理者离职，也马上有继任者接任，继任者还有继任者，这样从上到下一层一层，最后只需要补充一名刚毕业的大学生即可。这样也能显著缓解企业的招聘压力，最快速地实现人才补充，减少重要岗位空缺带来的损失。

在该章的新增内容中，除了详解人才培养和人才梯队建设的做法外，还介绍了企业实施知识管理的做法。知识是第一生产力。工作中处处蕴含着知识，每个团队都有关于自己相关工作的内部知识。

不同于书本上的理论知识，这些知识更贴近实战，更能帮助团队成员解决实际问题。通过知识管理，企业可以识别、萃取、管理好这些知识，并将这些知识在团队内部有效传承。即使优秀员工离职，但如果能留下知识，依然能留下价值。

2. 内容升级和增加案例

除增加部分内容外，本次改版还对各章节内容做了一定修正，增加了一些实战案例。

希望通过本书，读者能够快速了解培训管理的操作方法、工具、案例和注意事项。

最有效的学习是带着解决问题的思考去学习。建议读者拿到本书后，不要马上从第一个字看起，而是先带着问题，根据企业当前的具体情况，选择自己最薄弱的环节，有针对性地查找本书中的操作方法，然后比对自己企业的状况，思考、制订、实施和调整解决方案。

当具体的问题得到解决之后，读者可以由问题点切入，查找知识点；由知识点延伸，找到流程线；由流程线拓展，发现操作面；由操作面升华，全面掌握整个培训管理体系的建设和实施方法。这时再从整个体系的角度看问题点，又会有新的、更深刻的理解和认识。

由于人力资源的法律、法规等政策文件具有时效性，本书的内容都是基于书稿完成时的相关政策规定。若政策有所变化，可能会带来某些模块或者操作方法的变化。届时，请读者朋友们以最新的规定为准。

祝读者朋友们能够学以致用，更好地学习和工作。

本书若有不足之处，欢迎读者朋友们批评指正。

若有更多实战人力资源管理学习需求，欢迎关注任康磊的 HR 技能提升系列图书、线上课程或线下课程。

本书特色

1.通俗易懂、案例丰富

本书能够使读者看得懂、学得会、用得上。本书不仅知识点全面，而且包含丰富的实战案例，让读者既能够快速掌握培训管理的操作方法，也能够用来提升企业培训管理的效能，有效提升员工的能力水平。

2.上手迅速、模板齐全

本书把大量复杂的理念转变成能在工作中直接应用的、简单的工具和方法，并把这些工具和方法可视化、流程化、步骤化、模板化。同时，书中有大量模板文件，即便是初学者也能够快速上手开展工作。

3.知识点足、实操性强

本书共涉及 300 多个培训管理的实操知识点和相关工作内容，知识点以实务操作为主，立足于解决工作中的实际问题。

本书内容及体系结构

培训管理是推动企业战略目标实现、促进企业经营规划达成、保证人力资源规划实现以及促进企业健康发展的有效管理工具。

第1章　如何认识培训管理

本章主要介绍如何通过对培训管理的正确理解和认识，让培训管理在企业中真正发挥效果。内容包括正确认识培训和培训管理的区别；如何运用成年人学习理论做好培训实施工作；如何正确认清企业培训发展的不同阶段及企业当前所处的管理阶段，找到适合企业的培训管理方法。

第2章 人才培养与人才梯队建设

本章主要介绍培养人才和建设人才梯队的基本原理和方法。内容包括形成人才梯队的方法、实施人才盘点的方法、实施人才规划的方法；轮岗规则设计、轮岗交接准备、轮岗学习安排；留住经验的方法、提炼知识的方法、传承经验的方法。

第3章 如何搭建培训管理体系

本章主要介绍培训管理体系包含的模块以及搭建培训管理体系的方法。内容包括培训管理体系搭建的准备工作、搭建原则和三大层面；培训管理制度层面的人才发展、培训策略和培训管理制度建设；培训管理资源和运作层面包含的主要模块。

第4章 如何发现和分析培训需求

本章主要介绍培训需求的分析方法以及培训计划的制订方法。内容包括找准和聚焦培训需求的方法和注意事项；培训需求分析的战略、任务、个人三大层面以及培训需求分析的作用和方法；培训需求的汇总、量化、确认以及培训计划的编制方法。

第5章 如何开发和管理培训资源

本章主要介绍培训资源的开发和管理方法。内容包括培训讲师的获取、选拔、激励等开发与管理方法；培训课程的设计、开发与管理方法；培训形式的类别和选择方法；培训资料库的开发和管理方法；培训基地与物资的管理方法；培训经费的管理方法。

第6章 如何制订和运行培训方案

本章主要介绍培训方案的编制方法以及运行培训方案的操作方法及注意事项。内容包括培训目标的制订方法、原则、规范、步骤；培训方案的设计方法、制订流程和质量测评；培训方案实施前、实施中和实施后的工作步骤和注意事项。

第7章 如何评估和转化培训效果

本章主要介绍培训评估和培训效果转化的实施方法。内容包括培训评估在培训前、培训中和培训后三个阶段的不同操作方法；培训评估在反应层、学习层、行为层和结果层四个层面的操作方法以及培训评估工具的选择方法；培训效果转化落地的方法以及培训后续追踪的方法。

第8章 如何实施以师带徒制度

本章主要介绍以师带徒制度在企业中的实施和管理方法。内容包括以师带徒制度实施的价值和流程；选拔师傅人选的方法、师傅传授技能的方法以及师徒协议中涉及的心理学法则；师徒制运行的检查和效果评估方法。

第 9 章　如何开展新员工培训

本章主要介绍在企业中实施新员工培训的方法和注意事项。内容包括实施新员工培训的目的和内容；统一组织的新员工培训和部门内部实施新员工培训的操作流程；实施新员工培训过程中的常见问题和注意事项。

第 10 章　如何实施管理岗位培训

本章主要介绍企业各层级管理者的培训实施方法。内容包括各层级管理者的岗位特性；基层管理者的培训需求分析、课程设置和培训效果评估；中层管理者的培训需求分析、课程设置和培训效果评估；高层管理者的培训需求分析、课程设置和培训效果评估。

第 11 章　如何实施关键岗位培训

本章主要介绍企业内营销、技术、生产等关键岗位以及其他支持型岗位的培训实施方法。内容包括营销类岗位的培训讲师、培训形式、培训效果评估、培训课程；技术类岗位的培训讲师、培训形式、培训效果评估、培训课程；生产类岗位的培训讲师、培训形式、培训效果评估、培训课程；运营管理类、客户服务类、质量管理类、人力资源管理类、财务管理类、行政管理类岗位的培训实施方法。

第 12 章　如何实施员工职业发展管理

本章主要介绍实施员工职业发展管理的方法。内容包括员工职业发展的阶段、员工晋升流程和员工职业发展方向转换；员工职业发展管理工作任务、管理机构、通道设计和生态系统；员工职业兴趣测评的方法、职业匹配分析的方法以及价值观分析方法；员工职业生涯规划设计的方法以及员工职业能力开发的需求。

本书读者对象

培训管理从业人员。

第1章　如何认识培训管理

第2章　人才培养与人才梯队建设

第5章 如何开发和管理培训资源

第6章 如何制订和运行培训方案

第7章 如何评估和转化培训效果

第8章 如何实施以师带徒制度

第9章 如何开展新员工培训

第12章 如何实施员工职业发展管理

结语　　**如何实施非人力资源部的人力资源管理培训**

第 1 章

如何认识培训管理

企业的竞争已经不仅是资金的竞争、规模的竞争或者客户的竞争，更为关键的是人才素质和能力的竞争。拥有一支高素质员工队伍的企业必然能在市场竞争中占据优势。沃尔玛创始人山姆·沃尔顿（Sam Walton）曾经说过："企业的产品、客户、专利、技术等都可以被复制，唯独员工的能力难以被复制。"

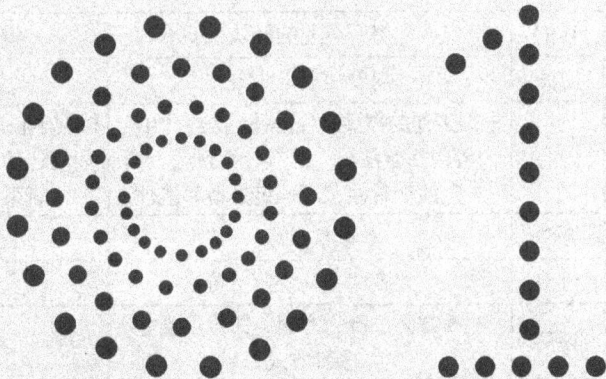

1.1 如何正确认识培训

培训是企业为了开展业务需要、提高整体绩效、实现企业目标，而对员工的知识、态度、行为和技能等方面实施的有目的、有计划、有针对性的培养和训练活动，从而让员工能够胜任岗位的要求、提升工作的效率、发挥自身的潜力、提高岗位的绩效。

1.1.1 培训不是教育或开发

企业实施员工培训与员工教育的目标是不同的。员工教育的主要目标，是让员工搞清楚为什么层面的问题（why），主要内容偏重概念、理论、思维、体系；员工培训的主要目标是帮助员工搞清楚怎么把工作做好这个层面的问题（how），主要内容偏重步骤、流程方法、技巧、工具和操作过程中的注意事项。

在传统的人力资源管理的六大模块中，有一个模块叫作培训与开发。员工开发的落脚点可以是员工教育，但是员工开发不等同于员工教育。员工开发的定位聚焦于企业内部，提升的是员工能力，是企业内部需要的知识和能力；而员工教育的着眼点是员工个人的发展，这种发展指的是社会层面的发展，员工因此提升的知识和能力可能未必是企业需要的。

培训与教育这两个词含义的不同，也可以通过企业培训与学校教育之间的差异来理解，如表1-1所示。

表1-1　企业培训与学校教育之间的差异

类别	企业培训	学校教育
目的	提升企业的绩效	增强个人的知识和技能
时间	期望短期见成效	实施中长期规划
内容	根据工作的需要，以解决问题为导向，内容包括方法论、工具、案例等，有一定的针对性，不一定具备系统性	根据学科的需要，以传授知识为导向，内容包括相关的概念和理念，相对比较系统，不一定具有针对性
方法	非常丰富	比较单一
付费	大多情况是企业付费	个人付费
评估	业绩方面、行为方面、知识层面等多种方式	考试成绩或毕业论文

续表

类别	企业培训	学校教育
师资	外部讲师、内部讲师	学校教师
参训人员	年龄层次、教育背景、文化背景、思想观念等差异较大	年龄层次、教育背景、文化背景、思想观念等差异较小

培训与开发的目的是完全不同的。企业实施员工培训的主要目的是站在企业自身的角度，让员工达到其所在岗位需要的知识或能力水平；企业实施员工开发的主要目的是既站在企业的角度，又站在员工的角度，让员工达到岗位要求的同时，个人知识和能力得到进一步提高，以适应比自身岗位更高层岗位的知识和能力需求。

教育、开发与培训三者之间的递进关系如图1-1所示。

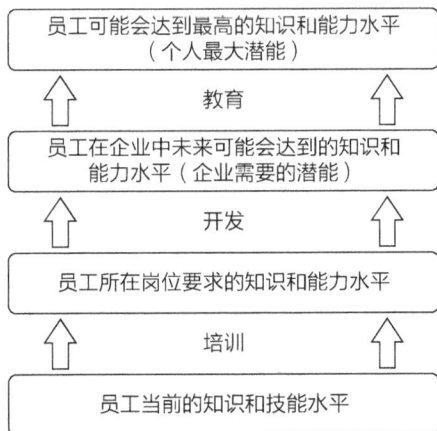

图1-1　教育、开发与培训三者之间的递进关系

【举例】

某医药连锁企业的总经理很重视员工知识和能力的提升，在企业内部特别强调全员学习。因为考虑到员工有营养学知识对企业产品的销售会有所帮助，同时也是为了打造学习型组织的氛围，这位总经理规定：员工只要考取营养师证书，企业将一次性给予员工1 000元奖励。

这项规定推出后，工作的归口管理落到了企业的培训部。培训部响应企业总经理的号召，非常重视这项考证工作，利用工作时间为员工专门开设了多次集中培训和学习活动。功夫不负有心人，经过企业上下的共同努力，企业一次性有120人拿到了证书。为兑现承诺，企业需要一次性奖励员工12万元。

然而事实证明，营养师证书与这家医药连锁企业的业绩之间是没有关联性的。虽然企业有这么多营养师考取了证书，可是企业的业绩并没有明显的提升。事实上，营养师证书最大的受益人是员工。员工有了营养师证书之后，多了一项工作转换的筹码。从某种意义上来说，这是企业不希望看到的。

企业原本的目标是希望员工通过考证来最终提高其业绩水平，但是事与愿违。其本质原因就是这家企业的总经理没有理解员工培训与教育之间的差异。

如果企业的目的是提高业绩水平，那么就应当从提升业绩水平的角度去制订有针对性的培训计划，而不是通过创造学习氛围让员工花费大量时间学习一些与岗位工作无关的知识。

如果企业的目的是提高员工的素质，鼓励员工学习，创造学习型组织的氛围，那么企业可以利用非工作时间进行，而且前提应当是员工已经很好地掌握了本岗位需要的知识和技能之后再进行。

1.1.2　培训不是演讲或上课

一说起培训，很多人脑海中想到的第一个画面就是在一间屋子里，台下的人排排坐，台上的人滔滔不绝。这个画面既像是某人在发表一场演讲，又像是学校里的学生们在上课。如果把培训做成了演讲或者上课，即使讲授者的水平很高，培训过程中的氛围很好，对参训人员来说，很可能听的时候激动，听完之后冲动，想想不知该怎么行动，结果是几天之后一动不动。

很多企业培训没有效果就是因为把培训做成了演讲或上课。演讲的重心是演讲人想要传达什么；上课的重心则强调理念和知识的传授；而培训的重心应当围绕参训人员，通过不同的形式，让参训人员获得必要的内容。

事实上，培训除了演讲或上课的形式之外，还可以有很多的形式，比如以师带徒、情景模拟、轮岗实习等。可是，一方面很多人的观念中认为"培训等于演讲"或者"培训等于上课"，所以每次搞培训，都采取这种单一的形式，导致了习惯成自然；另一方面，即使有人已经认识到了培训不是演讲或者上课那么简单，但是他们却设计不出其他的适合培训内容的、多样化的培训形式，所以最终只能采取演讲和上课这样的形式以完成企业的任务。

举例

某培训机构拥有众多著名讲师，讲师们拥有各种头衔，而且讲课的价格不菲。这家培训机构主要的培训产品是员工执行力方面的课程。机构里有一位业务经理非常勤奋，每隔几天就来找某企业的总经理，谈自己的培训做得有多好。

业务经理给这位总经理讲了很多自家机构给其他企业做完培训之后，那些企业的业绩如何提升、员工的行为如何改变的成功案例。

总经理原本不以为然，但是长期受到这位业务经理的影响，觉得可以在自己的企业尝试一下，于是购买了这个培训机构的培训产品。整个培训持续三天，企业一共安排了200位中高层管理者参加。在培训之前，总经理对培训部的工作人员说："我们请的可是专业的培训机构，你们要多跟他们学习。"

培训开始之后，他们发现整个培训过程更像是在听这家培训机构请来的专家做演讲。不得不承认，这位培训师的授课经验非常丰富，演讲的水平非常高，对课堂氛围的把握也十分到位。跟随这位培训师的节奏，全场参训人员的情绪跌宕起伏。

参训人员时而因为培训师对大家做出成绩的肯定而开心，时而因为培训师指出大家思维方面的问题而难过，时而因为培训师讲的笑话而大笑，时而因为培训师讲起感恩父母和感恩企业而落泪。

同时，这个培训机构的一些细节做得也非常专业，各种音响设备、背景音乐、标语口号都很到位。在培训过程中，这家企业还专门请来了20多位助教做课程服务。结果，培训之后，大部分参训人员像"打了鸡血"一样。总经理很满意地对培训部的人说："还是得请专业的培训企业来做培训呀，你们看看人家做的培训效果多好。"

培训部做培训评估的时候，问及培训效果，参训人员普遍的反映是培训挺好的。可是被问及培训到底好在哪些方面时，他们普遍的反馈是，说不上来好在哪里，就是觉得挺好的。更关键的是，在被问及培训之后准备怎么做时，大部分参训人员说并不知道，也没想过。一周之后，所有参训人员仿佛又回到了原来的样子。结果这个培训做了等于没做。

企业花了大量的成本，除了支付培训机构几十万元培训费，还有200多名参训人员的时间成本和机会成本。领导和参训人员要效益，参训人员却不知道该怎么出效益。最后总经理说："哎，看来这样的培训根本没用！"

这个机构的培训产品的口号是"解决管理者的思维问题"，培训完了，思维改变了吗？从结果上看，根本没有变化，参训人员平时怎么工作现在还是以同样的方式工作。

1.1.3 培训不是仙丹或解药

很多管理者会高估培训的作用，把培训看作能够让企业不出问题的仙丹，或者认为培训是解决企业一切问题的解药。

按照这类管理者的管理逻辑：当员工的工作态度不积极时，就说明员工的执行力有问题，所以要立刻安排一次主题为"如何提升执行力"的培训；当基层和中层管理者在管理上出现一些问题时，就要立刻安排一次主题为"如何提升中层管理者的领导力"的培训；当企业在战略制订和商业模式方面遇到问题时，就应立刻安排一次主题为"如何确定战略和创新商业模式"的培训；当企业销售业绩出现问题或者市场竞争比较激烈的时候，就应立刻安排一次主题为"如何提升销售业绩"的培训。

然而以这样的心态和目的来实施的培训，通常很难达到预期的效果。因为很多企业经营管理中遇到的问题，直接原因并不在员工个体身上，而是在整个企业的宏观和顶层设计层面。

这里，我们可以参考"吉尔伯特行为工程模型"。行为学家吉尔伯特（Thomas F. Gilbert）曾研究影响组织绩效水平的因素。在调研了300多个组织以后，他形成了一系列调研报告和著作。

其中，在 *Human Competence: Engineering Worthy Performance* 一书中，吉尔伯特提出了这个非常有价值的行为工程模型工具。吉尔伯特行为工程模型把影响组织绩效的因素分成了两大类，一是环境因素，二是个体因素。环境因素主要来源于组织的内部或外部，而个体因素则来源于员工个体层面。

环境因素和个体因素又分别可以分成三个小的因素，所以，影响绩效的因素一共可以分为两个大类、六个小类。它们之间的比例关系如表1-2所示。

表1-2　吉尔伯特行为工程模型中影响绩效的因素分类及比例关系

环境因素	分类	信息	资源	奖励/后续结果
	影响	35%	26%	14%
个体因素	分类	知识/技能	素质	动机
	影响	11%	8%	6%

在这六个小类中，影响占比排第一的因素是"信息"。它的含义是企业内部信息的通畅性，包括明确清晰的工作行为标准和目标、与此相应的明确及时的工作反馈，以及能及时获取所需信息的畅通渠道。

影响占比排第二的因素是"资源"。它的含义是员工能获取到的资源情况，包括工具、系统、适当的流程、易于查阅的参考手册、充足的时间、专家或专家体系，以及充足的、安全的附属设施。

影响占比排第三的因素是"奖励/后续结果"。它可以分为经济性和非经济性的奖励或结果，包括有形的奖励和无形的奖励，比如对职工的认可、职工可以获得的晋升。它是针对整个企业中所有人的。

影响占比排第四的因素是"知识／技能"。它的含义是能够通过各种职业技能培训让职工获取到的、有助于员工胜任本职工作的知识和技能。这是培训能够起作用的关键环节。

影响占比排第五的因素是"素质"。它包括职工的个人特点、性格特质、行为偏向、生理特质、心理或情绪特质，以及因为生活状况、生活方式、生活环境等因素造成的个人认知和习惯上的局限性。

影响占比排第六的因素是"动机"。它包括职工在某方面的价值认知、职工把工作做好的信心、职工的情绪偏向，以及职工其他能够被环境、文化、氛围等因素引发的主观情绪和能动性的变化。

通过吉尔伯特行为工程模型，我们可以得出一个结论：对企业绩效影响最大的其实是环境因素，影响占比总和为 75%，而个体因素的影响占比仅为25%。其中培训能够起到关键作用的环节仅占 11%。

但是很多企业最经常、最习惯做的，是为了改善企业和员工的绩效，坚持不懈地想办法诊断和改变员工，以为一切的问题只是员工的问题，坚持不懈地给员工培训，以为通过培训就能解决企业的绩效问题和各项管理问题，而不是从环境层面，或者说从信息、资源、奖励／后续结果这些层面去诊断和发现问题。实际上，改变环境对企业来说往往成本更低，效果也更好。

不从环境层面想办法解决问题，一味地想通过培训员工个体来解决企业经营管理层面的问题，反而可能会越想解决问题，问题越多。因为当人们以为抓住了救命稻草、找到了解决方案的时候，会不断地在错误的领域投入资源、时间和精力，反而会影响解决问题的时机。通过吉尔伯特行为工程模型我们能够知道，培训并不是简单的"头疼医头，脚疼医脚"，而有可能是"头疼医心，脚疼医脑"。

1.1.4　培训能解决什么问题

有个怪现象：每当企业的业绩下降，管理层开会找原因的时候，特别喜欢说因为"培训做得不到位"。可是当企业的业绩增长了，管理层开会找原因的时候，却从来不说是因为"培训做得很到位"。正如前文所说，培训其实只能在一定的范围内，解决一定的问题，而不能解决企业的所有问题。那么，培训究竟能够解决企业的哪些问题呢？

根据杨国安老师在《组织能力的杨三角：企业持续成功的秘诀》一书中关于组织能力的描述，当企业的战略被确定之后，企业成功的关键就与组织能力有非常重要的关系。组织能力分成三个层面，分别是员工思维模式层面（员工

愿不愿意做）、员工能力层面（员工会
不会做）和员工治理方式层面（企业容
不容许员工做），如图 1-2 所示。

图 1-2　组织能力的杨三角示意

按照杨国安老师的杨三角理论，培
训主要是解决员工能力层面的问题（员
工会不会做），而且从某种程度上讲，
培训对解决这个层面的问题起着比较关
键的作用。培训会对员工思维模式层面
的问题（员工愿不愿意做）有一定的影响，
但并不是决定性的影响。

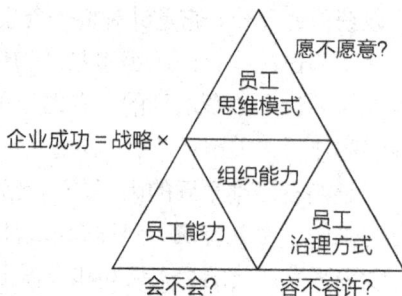

培训主要作用的领域是员工的态度、知识和技能三大领域，通过改变员工
的行为，旨在提高企业的绩效。培训的作用包括如下内容。

1. 培训对企业的长期作用

培训能够让企业文化和价值观在企业内有效地传递和延续，能够满足企业
长期的战略发展需要，能够将企业的战略目标传递至各个岗位，能够传递企业
的管理制度和运营标准。

2. 培训对企业的短期作用

培训能够将企业的年度计划传递至各岗位，能够解决某类特定的、难以解
决的问题，能够协助某类新项目的推广，能够传递企业的某种信息。

3. 培训对岗位和个人的作用

培训能够改变员工的观念和态度，让员工达到岗位需要的素质、知识和技
能要求，能够满足员工职业发展的需要。

培训本质上是一个信息传递的过程，它传递的是对企业来说有价值的信息，
通过信息的传递，最终为企业创造价值。培训在企业中解决问题和发挥作用的
全过程如图 1-3 所示。

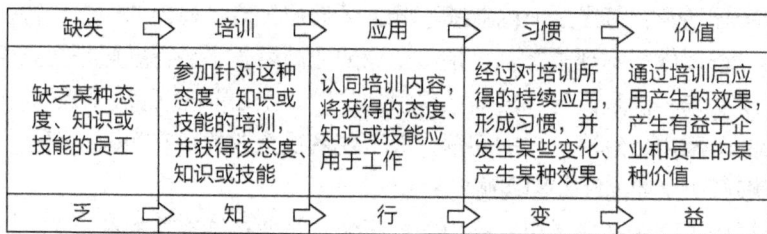

缺失 ⇨	培训 ⇨	应用 ⇨	习惯 ⇨	价值
缺乏某种态度、知识或技能的员工	参加针对这种态度、知识或技能的培训，并获得该态度、知识或技能	认同培训内容，将获得的态度、知识或技能应用于工作	经过对培训所得的持续应用，形成习惯，并发生某些变化，产生某种效果	通过培训后应用产生的效果，产生有益于企业和员工的某种价值
乏 ⇨	知 ⇨	行 ⇨	变 ⇨	益

图 1-3　培训在企业中解决问题和发挥作用的全过程

1.2 如何正确认识培训管理

培训管理是企业为了更有效地实施培训，为了让培训在企业内真正落地并发挥作用，而对培训活动开展的规划、组织、实施、评估、改进等一系列管理活动。培训管理是人力资源管理体系中非常重要的一环。培训管理的质量直接影响着培训实施的效果。

1.2.1 培训管理的职责分工

经常听到有人说培训管理工作很难做，人力资源部制订好的培训计划最终在企业很难落地。经常为了组织一场培训，人力资源部忙得热火朝天，但是用人部门的管理者和参训人员却无动于衷，好像培训这件事和自己没有任何关系，用人部门和参训人员唯一需要做的就是去参加培训。很多企业的总经理对培训管理也经常不闻不问，他们认为这项工作是人力资源部的工作，做不好全是人力资源部的责任。

存在这种情况的企业，培训管理一般都做不好。因为企业培训管理的归口管理部门是人力资源部，但是培训管理的职责绝不只在人力资源部，培训也不应该只由人力资源部发起和组织。

世界 500 强企业普遍对培训管理的定位是：培训是员工自己及其上司共同负责的事情，其他部门主要是支持和配合。所以，人力资源部在培训管理工作中，其实主要是支持和协助各用人部门做好培训，并提供企业统一的培训。

企业要想有效地实施培训管理，各方的角色定位和职责简述如表 1-3 所示。

表 1-3　企业培训管理各方角色定位和职责简述

部门 / 角色	角色定位	具体职责
总经理	领航者	提出企业发展需要的培训需求 给出企业培训管理的纲领 及时对培训管理大方向进行纠偏
用人部门管理者	需求者 / 实施者 / 配合者	提出部门发展需要的培训需求 自行在部门内部实施人才培养 制订部门内部的培训大纲 协助确定部门内部讲师人选 协助开发培训课程 协助企业人才培养方案的运行 支持企业的培训管理工作

部门／角色	角色定位	具体职责
员工	需求者／配合者	提出个人的培训需求 配合培训的交流反馈工作 支持企业的培训管理工作
人力资源部／培训部	培训的组织者／协调者／资源整合引导者／管理者	建设培训体系 建立培训制度 制订培训计划 收集培训需求 管理培训资源 组织实施培训 培训效果评估改进
培训讲师	开发者／实施者／评估者	开发培训课程 落实培训内容 保证参训人员获取到相关信息 协助进行培训效果评估

要在企业中做好培训管理，总经理、各部门管理者、员工、人力资源部、培训讲师等都发挥着各自重要的作用。只有当每个角色都发挥各自的定位和职责时，企业的培训管理才能有效地运行。

1.2.2 培训管理的工作定位

人力资源部作为企业培训管理的归口管理部门，首先应当考虑如何让培训为企业创造价值，先把培训管理工作定位为管理性工作，而不是一些发放培训通知、整理培训场地、准备培训设备、安排参训人员用餐等具体事务性工作。不能否认培训管理的事务性工作和操作层面的工作确实重要，但这些不应是第一时间需要考虑的。

企业的培训管理工作不是先考虑企业应该做什么样的培训、再考虑这些培训应该怎么做、最后考虑需不需要做这样的逻辑，而应当遵循"为什么做"、"怎么做"和"做什么"这样从核心出发向外延伸的思维，并以此作为培训管理的工作逻辑和原则。企业培训管理工作的原则如图1-4所示。

培训管理在工作定位方面有两个重要事项。

1. 战略的高度

如果培训管理不能够站在战略的高度来思考问题的话，就好像是某人想到达某个目的地，但是他出发之后只顾着低头一直走，却没想过自己走的方向到底是不是正确的方向。一门心思想把事情做好没有错，但是一定要看准企业的战略。清楚企业的战略，才能明确工作的方向。

笔者曾经所在的企业有一位培训经理，他在培训的组织和实施方面非常优秀。每次培训结束之后，参训人员对培训的反馈意见都非常好。因此，他受到了企业管理层和员工的一致认可。

可是有一年年中企业做业绩回顾时，发现企业的培训费用和往年相比增加了30%，而且和当年预算相比超支了20%，但是半年

图1-4 企业培训管理工作的原则

以来企业的经营业绩只提升了5%。经过进一步分析发现，培训费用的提升主要是因为企业当年组织的培训次数和培训人数比往年多。通过前几次的培训评估报告能够看出，最近几期培训的效果并不明显。

企业重新规划了关于培训的策略，把培训管理工作的重点暂时放到培训结果的评估、培训效果的提升和培训成果的转化上。在培训的次数、培训的人次上，不追求多，在培训经费的控制上要实现有序地减少。

对于企业培训策略调整的原因和内容，笔者与这位培训经理进行过多次的沟通。可是这位培训经理还是一味地按照培训计划来实施培训，结果造成了培训费用有增无减，而培训的效果却依然没有得到保障。

培训费用的持续增加和培训效果持续得不到改善让企业的总经理对培训管理工作非常不满意。后来，这位培训经理被调到了另外的岗位。在培训管理工作中不能够站在企业战略的高度，不能够配合企业的战略，不能够及时调整自己的工作承接企业的战略，即使这位培训经理在培训组织和实施方面的能力再优秀，企业也不会对他的工作给予肯定。

2. 价值的角度

要做好企业的培训管理，人力资源部除了要具备战略眼光和全局意识之外，还要站在为企业创造价值的角度做工作决策，要做顶层设计的"设计师"而不是发生问题后忙于救场的"救火员"。

企业的最高管理层都非常关注企业的经营业绩，因为经营业绩是企业价值最真实的反映。企业的最高管理层也非常关心营销人员、技术人员和生产人员，因为是他们为企业带来了业绩，他们是企业价值最直接的创造者。

人力资源管理者虽然不直接为企业创造价值，但是一定要让自己从创造价

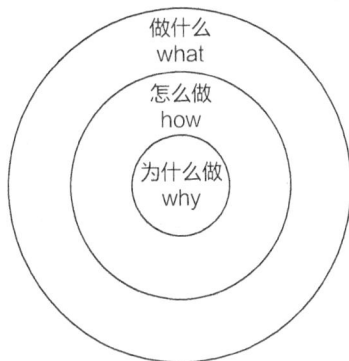

值的角度出发去思考问题，以价值为导向开展工作。必要的时候，多用数据来表达自己，用价值来证明自己，多接触营销部、技术部、生产部，多了解业务知识，多向各业务部门请教业务上的问题，多帮助业务部门解决业务上的难题。

人力资源管理者要熟悉企业的经营模式、产品定位、业务流程、目标客户等与企业创造价值息息相关的环节，要把企业发展遇到的瓶颈、当前存在的问题、未来的方向和需求等这些问题都弄明白，把为企业创造价值落实到培训管理的实际工作中，让最高管理层能够感受到培训管理工作的开展和业务工作的开展是紧密联系在一起的。

1.2.3　培训管理的注意事项

人力资源部要想有效地实施培训管理，除了从管理层面关注企业的战略和能够为企业创造的价值之外，在操作时有两个重要的方面常常被人力资源管理者忽略，即实施培训管理者的能力和培训管理实施过程中的充分沟通。

1. 实施培训管理者的能力

打铁还得自身硬，人力资源部要想做好培训管理，首先部门内部负责培训管理的人员要具备较高的素质和能力，要具备对培训项目的成本、进度、过程及风险进行管理的能力。

培训管理者在培训管理方面的能力要求主要包括如下五项。

- 准确分析培训需求，决定提供某种类型的培训项目。
- 按照时间、预算、资源等情况制订培训项目计划。
- 按照培训项目计划，推进培训项目的实施。
- 对培训项目的有效性进行监控、记录、评估，调整和优化培训项目。
- 提供培训预算、培训进度报告，以及培训成本跟踪和培训结案报告。

2. 培训管理实施过程中的充分沟通

除专业能力之外，培训管理者还要具备一定的通用管理能力，其中最主要的通用管理能力是沟通能力。培训管理者在对企业的培训管理有明确的定位之后，要和各用人部门管理者及最高管理层进行沟通。

培训管理者通过与最高管理层的及时沟通，能够知道最高管理层对培训的期望，进而找出当前培训管理情况和最高管理层期望之间的差距。这个差距有可能是资源层面的，有可能是成本层面的，也有可能是认识层面的。

如果全靠培训管理者的主观努力无法达成最高管理层期望，这时就需要培训管理者向最高管理层要求相应的资源支持。有时候各部门管理者或最高管理层对培训会有一些不切实际的观点，这时培训管理者也要与他们及时沟通，矫正他们的观点。

1.3 成年人的学习理论

成年人的学习是在他们探索和解决生活或工作中遇到实际问题的过程中，基于对问题的反思和体验而获取新的观念、知识、技能，进而形成新的认知结构的过程。当这一过程操作到位、形成闭环时，往往会迎来成年人素质的全面提升。

1.3.1 成年人的学习特点

成年人的学习，不是尽可能多地获得知识和信息，而是需要什么补充什么。这里的需要不仅是个人的需要，还有企业的需要、部门的需要、岗位的需要。对成年人的培训，目的不是想办法让他知道得更多，而是通过让他知道一些关键信息，改变他的行为。

成年人的学习特点和未成年人的学习特点之间的差别如表1-4所示。

表1-4 成年人的学习特点和未成年人的学习特点的差别

区别项目	未成年人	成年人
学习目的	为了提升个人素质、知识而学习	为了处理生活中某个具体问题而学习，以问题为中心、以任务为中心或以生活为中心
学习意愿	取决于身体发育的程度和心智模式的成熟程度；有依赖性，有时需要依赖他人，通常主动性较差，大多是被动地接受	取决于是否能够意识到所学内容对自己的益处和重要性，成年人偏向于只学习他们认为需要的；实用是成年人学习的第一需要，所以成年人的学习会带有很强的目的性。成年人的学习相对比较独立，当迫切需要解决某方面问题时具有较强的主动性
学习方式	课堂授课为主，与实践接触较少	在做中学，在学中做，实践和成年人学习的关联性非常强，方式可以丰富多彩
学习环境	相对比较正式、单一、固定	地点可以随时随地，场景可以多种多样
时间观念	由于学习内容和待解决问题关联性小，存在一定的滞后性，所以没有强烈的紧迫感	当遇到问题时，迫切需要获得相应的知识或技能，期望用最短的时间快速解决问题；对于不能解决问题的其他知识或技能无紧迫感

续表

区别项目	未成年人	成年人
经验情况	有较少的经验可以用于评价和判断学习内容	因为成年人具有独特的个人经验，在学习中喜欢运用过去的经验对学习内容做评价和判断，而且年龄越大，这种特质越明显

除以上内容外，成年人的学习还具有如下特点。

1. 功能导向

成年人必须知道为什么学习才会愿意学习。也就是说成年人的学习侧重于学以致用，成年人难以接受没有用的学习内容。对成年人来说，学习某项内容是想要达成某个目标或者取得某种成就的必要手段，比如个人事业成功和职业发展的需要。

2. 追求认可

在学习的过程中，成年人渴望获得感，渴望自己的进步被别人发现，渴望因为自身进步而创造的价值或贡献能获得即时的认可。成年人学习的内在激励不仅来自学习之后的成长本身，更来自成长之后的正向反馈。

3. 合作共赢

成年人需要在一个相对具有宽容性、接纳性和支持力的环境中学习。他们希望获得足够的尊重，希望与培训讲师之间是一种在某一个问题上交流分享、充分参与、合作共赢的关系，而不是你强我弱、高低分明、单向沟通的关系。

4. 本质维度

成年人需要的学习内容不仅是好坏对错的二元是非观或利弊观，更偏重于对问题更深层次的探讨和对问题核心本质把握的维度观。对于同一个问题，在不同的时间，不同的人站在不同的角度，很可能会有不同的多元结论。

相较于未成年人，成年人的学习能力并不一定会随着年龄的增长而明显下降。相反，成年人因为已经具备一定知识储备，已经形成一定的认知结构，具备一定的独立思考的能力，所以成年人在学习的某些方面是具有优势的。

1930年出生的沃伦·巴菲特（Warren Buffett）和1924年出生的查理·芒格（Charlie Munger），他们分别到了80岁和90岁的高龄仍然坚持每天看书学习，是终身学习的典范。他们的学习能力丝毫没有因为年龄的增长而降低，反而因为学习而使思维更加敏捷，获得了超过常人的认知能力、判断能力。

1.3.2 成年人的培训原则

针对成年人学习的特点，对成年人实施的培训应当遵循如下原则。

1. 价值目标原则

因为成年人习惯于带着较强的目的性学习，对成年人实施的培训和学习应当有明确的价值和目标。说不清楚的、漫无边际的、不切实际的、没有价值的目标都无法让成年人获得学习的意愿和动力。

2. 激发动力原则

激发成年人主动学习的热情将会对培训学习的成功起到决定性的作用。成年人学习的动力往往来自其对生存或发展等现状的不满以及对未来的憧憬和欲望。对成年人而言，学习内容对他未来生存或发展起到的积极作用越大，其学习动力被激发的程度就越高，主动学习的意愿就越强，学习效果就越好。

3. 多重感官原则

成年人的学习应当尽可能多地动用人的各种感官，比如视觉、听觉、触觉等。如果培训师能够运用成年人的多重感观实施培训，就能够让其更快速地吸收培训的内容，进而加深印象，培训学习效果将会事半功倍。单纯的讲解（听觉）效果就不如让成年人看到实物（视觉），若能让其更近距离地感受、操作、触摸（触觉）等，则学习效果更好。

4. 内容适合原则

成年人的学习应当多一些能够解决问题的工具或方法论，少一些概念性的原理。成年人学习知识、技术、工具、方法论、资料、案例等内容以及这些内容的呈现方式必须满足其需要和兴趣，课程全过程必须与要达到的目标紧密相连，成年人才会有学习的意愿和动力。

5. 双向沟通原则

成年人的学习一定要是双向沟通的，而不是单纯的说教。培训过程中培训师要与参训人员充分地互动交流，而不是单向地传授知识。所以整个过程中，培训方案对于互动性的设计以及培训方案实施过程中培训师对于互动性的把控，直接影响着培训学习的效果。在成年人培训学习的过程中，培训师要鼓励他们提出问题，并解答他们提出的问题。对成年人的学习情况，培训师应当给予即时的反馈。

6. 持续练习原则

最好的记忆和内化的方法是持续不断地重复，通过持续练习，成年人可以不断地重复学习获得的信息，提高信息由短时记忆转变为长时记忆的概率。在成年人的学习过程中，给予他们频繁提问、安排实践、强化总结等持续练习的机会，都将有助于其学习效果。

7. 首要信息原则

成年人在培训和学习开始时普遍会比较认真，所以开场非常重要。生动有趣的开场和全面有效地引导信息有助于吸引成年人的注意力，让其能够快速了解学习的方向。同样，在正式的培训和学习开始之前，向参训者提供学习的要点、课纲、脉络，解释学习内容能够解决的问题，对培训学习的效果也有着很大的影响。

1.3.3　成年人的学习阶段

成年人的学习阶段可以分成四个层次，第一层是不知道自己不知道，第二层是知道自己不知道，第三层是知道自己知道，第四层是不知道自己知道，如图 1-5 所示。

处在第一层的人最可怕，他们总是把事物想得非常简单，经常不懂装懂，或者当只了解事物的表面时就以为自己已经知道全部，掌握了一点知识或技能就以为自己是专家，他们主动学习的意识最差。

图 1-5　成年人学习阶段的四个层次

处在第二层的人已经开始知道很多事物并不像自己想的那么简单，开始对一些事物心生敬畏。他们知道在某些领域即使自己已经掌握了一些知识和技能，仍然有许多不知道的。他们懂得要改变自己，开始产生了学习的意识。

处在第三层的人已经经历过学习的过程和实践的洗礼，经过对学习内容的应用之后，有了经验。他们已经对那些原本认知尚浅的事物有了新的、相对完整的认知。他们已经知道自己可以做到什么，并能够运用自己的知识和能力做好某件事情。

处在第四层的人是已经把某项知识或技能融入了潜意识，他们处在第三层一段时间之后，开始对事物有了更加不一样的认识。这种认识已经不仅存在于表层意识，而是进入不自知的潜意识，当需要这项知识或技能时，能够不自觉地运用自如。

要实现成年人学习从第一层到第四层的转变，在实施成年人培训的时候，培训管理者可以把成年人的学习细分成四个阶段来分步实施。

第一阶段，引导参训者对过往经历进行回忆，启发他们对经历进行反思，

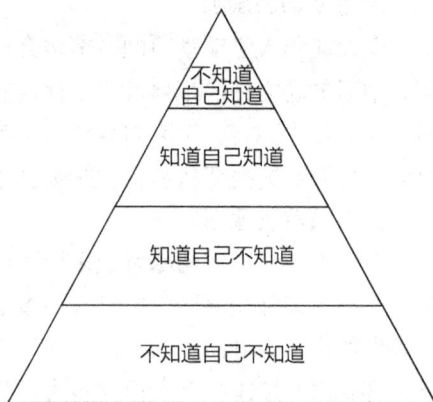

检讨这些经历过程中的成功与失败，帮助他们发现问题，激起他们对现状的不满和迫切期望改变现状的决心。

第二阶段，引导参训者找到要改变现状和解决问题需要的关键因素，比如知识、工具、方法等，确定学习的内容和目标。

第三阶段，开始学习相关知识、工具、方法，通过学习过程中不断回顾和练习，最终实现学习目标。

第四阶段，通过在实践中对学习内容的不断应用，经过时间的积累，将这些内容内化，并对实践工作产生积极正面的影响。

保证成年人学习过程四个阶段成功的关键因素及正负面的表现如表1-5所示。

表1-5 成年人学习过程四个阶段成功的关键因素及正面和负面的表现

阶段	保证效果的关键因素	正面的表现	负面的表现
第一阶段	开场的技巧 内容的吸引	准时、参与、笑声、点头、鼓掌、赞美	中途离席、迟到、早退、无精打采、抱怨
第二阶段	控场的能力 引导的技巧	清晰、明白、讲得出来	混乱、模糊、讲不出来
第三阶段	知识的可传播性 技能的可操作性	记得住、实用、切合实际	记不住、没有关联、与现实脱节、不到位
第四阶段	态度和行为的改善 投资回报率的改善	观念、思维、态度、行为的有效改善，客户满意度提高、效益提高、效率提高、成本降低	不思进取、故执己见、毫无改变、成效不高

1.4 培训管理的不同阶段

培训管理工作，绝对不是看到别的企业培训管理做得很到位，将其做法原封不动地照搬到自己企业就能够做好的。根据企业本身管理能力不同，培训管理水平可以分成不同的阶段，分别是初级管理阶段、培训管理阶段、人才培养阶段和转型升级阶段。在企业培训管理的不同阶段，工作的重点、培训起到的作用、做好培训管理工作的关键点以及考核培训管理成果的指标都是不同的。

需要注意的是，培训管理所处的阶段和企业的规模以及企业管理水平有一定的关联性，但并不完全对应。比如有的企业虽然规模很大，销售规模超过百亿级，人数已经达到几万人，企业的其他管理比如预算管理、生产运营管理、客户管理、供应商管理等管理体系相对比较完善，但是由于企业从来没有系统地管理过培训，所以培训管理可能处在初级阶段。

也有可能某企业虽然成立只有几年的时间，业务量不大，人数不多，企业在其他方面的管理也都处在初级阶段，但是这家企业从成立之初就非常重视培训管理工作，一直以来对员工实施的都是非常完整而系统的培训，有可能这家企业的培训管理已经跨过了初级阶段，处在培训管理阶段或人才培养阶段。

1.4.1　培训管理初级阶段的工作重点

处在培训管理初级阶段的企业，往往成立时间不长，或者企业已经存在较长一段时间，但最高管理层的主要精力放在企业的经营发展和业绩上，对于人才的培训与培养相对来说不够重视。当企业发展到一定程度时，因为遇到管理瓶颈或者意识到人才问题的重要性，最高管理层开始重视人才的能力成长问题，开始着手推行培训管理工作。

培训管理初级阶段是企业培训管理从无到有的阶段，因为企业之前没有系统地对培训进行过管理。

比如可能针对某类人群的培训时有时无、时断时续，而且培训的目的性、功能性、品质和效果等都无法得到保障。有的企业甚至只做新员工培训，针对其他人员的培训偶尔有，但不完整，不系统。

此阶段培训管理工作的重点应该放在员工知识的扩充、素质的提升、士气的激发和心态的调节方面，主要起到作用的是员工的福利和企业留人的策略。这个阶段的培训管理是以培训管理的思维导入为主。

因为培训管理在这个阶段还不成熟，企业内部缺乏有效的培训资源开发和管理，企业能够开展的培训管理工作一般只包括阶段性的新员工培训、员工外派学习、引入外部培训企业或咨询机构等形式。

在企业培训管理初级阶段，要考核培训管理的质量一般会用一些比较初级的指标，比如培训课时、培训人数、培训费用、课程开发的数量、培训的满意度等。

1.4.2　培训管理阶段的工作重点

当培训管理经历过初级阶段之后，企业培训的相关工作逐渐步入正轨，企业将逐渐进入培训管理阶段。在培训管理初级阶段，企业做的培训就好像是一个一个分散的点，这些点虽然能够在一定的时间和空间内提高某些岗位员工的知识和技能，但是它们之间的关联性较差。

到了培训管理阶段，这些点将被串联成一条线，能够形成完整的培训管理链条。这个管理链条，开始指向企业的战略目标。通过查找和补充管理链条中的缺项，能够让培训管理工作更加顺畅和有效。

当企业的培训进入管理阶段的时候，企业的关键岗位都应当形成完整全面的培训计划，企业内部已经逐渐开始建立起讲师团队和课程体系。企业的培训管理工作开始变得有计划性、有目的性、有针对性。

在培训管理阶段，企业需要开始构建完整的岗位胜任力模型，根据胜任力模型建立和开发课程体系。这个阶段培训管理的作用主要是吸引人才、培养内部培训讲师、形成学习型组织的氛围。这个阶段培训管理工作的关键点是建立培训课程体系、组建企业的内部培训讲师团队、形成培训效果转化系统。

这个阶段对培训管理工作的考核指标相比初级阶段得到了升级，除了关注每场培训活动的指标之外，一般还包括培训计划达成率、计划课程的参训率、讲师的授课次数、培训课程完整度的百分比以及所有培训管理工作的平均满意度等。

1.4.3 人才培养阶段的工作重点

当培训管理工作经历第二个阶段之后，将会进入第三个阶段——人才培养阶段。在这个阶段，线条状的培训管理和计划式的人才培养和培训方案已经不能完全满足企业对人才能力的要求。企业必须要想出一些办法，让企业整体的人才能力和素质得到提升。

在这个阶段，培训管理的线性结构要向平面延伸。培训管理不仅追求实现企业的短期战略，更注重企业长远的稳步健康发展。这就需要企业的人才能够实现全面发展，搭建企业的人才梯队，为企业后续的发展提供源源不断的人才支持。

这个阶段培训管理工作的重点已经不是简单地按照培训计划、一场一场地组织培训，而是通过一些方法，建立一种机制，激发员工学习和成长的主观能动性，提高企业全员的综合素质与综合能力，对全企业几乎所有的岗位建立起以岗位素质模型为导向的课程体系，注重组建以战略为导向的人才梯队。

培训在这个阶段起到的作用是集中管理企业内部的智慧和经验、满足战略发展对人才的需求。这个阶段要做好培训管理工作，关键点是要绘制出员工的学习路径图，明确并打通员工的职业成长通道，对管理人才实行领导力培训项目。通过这些关键工作，促进企业人才的能力提升。

比如机构比较庞大、管理比较成熟的企业，在这个阶段已经建立起了非常完善的培训管理体系，已经非常明确相应的岗位需要哪些能力支持、建议学习哪些课程，并且给这些岗位的员工提供了一种或几种具体的学习方法和路径，例如 E-Learning 学习平台。员工入职后，将会得到一个属于自己的账号，员工只需要登录这个平台就能学习到相应的知识，员工有哪些不懂的知识或技能，也能够通过这个平台快速检索并学习到。

在这个阶段，除了企业统一组织的培训学习之外，可以重点通过人才梯队建设中的以师带徒、E-Learning 平台中的学习资料共享、企业大学中的选修课程等方法来实施培训。

这个阶段企业对培训管理质量的考核指标可以是员工学习路径的达成率、培训项目的完成率、人才梯队的完善度等更宏观的维度。

1.4.4　转型升级阶段的工作重点

当企业完整地经历过前面三个阶段之后，培训管理将会逐渐进入第四个阶段——转型升级阶段。在这个阶段，企业通常已经开始建立或者已经建成企业大学，培训管理工作已经和企业的经营管理紧密连接，培训形式逐渐变得战略化、职能化、专业化、系统化、多样化，培训已经成为企业绩效改进的有效途径之一。

到了这个阶段，培训管理的定位和作用将会再提高一个层级，不仅是解决微观人才层面的问题，更要能够解决宏观组织层面的问题。培训管理将会成为解决企业面临的发展瓶颈和绩效问题的手段之一，成为能够帮助企业实现战略目标和业务转型升级的有力武器。

这个阶段培训管理工作的关键点是建立业绩改进模型、建立企业内部"智囊团"、完善企业大学运营管理、实现资源共赢。通常企业培训管理到达这个阶段的时候，绩效管理也会相对比较完善，已经不仅是对绩效指标的考核，而是把培训管理部门（或者在这个时期叫作企业大学）作为一个独立经营的实体机构进行绩效考核。

根据企业的战略目标和导向，可以考核培训管理部门的平衡计分卡的财务指标、客户指标、内部流程、学习与发展这四类指标。

1.4.5　培训管理发展阶段的转化

培训管理每个阶段之间的跨度一般为三年。也就是说，一个原本对培训管理完全没有概念的企业，从零开始推行培训管理体系建设，把开始的时期作为初级管理阶段，如果持续运行并进展顺利，那么一般经过 3 年左右的时间，就可以达到第二阶段——培训管理阶段，再过 3 年，就能达到第三阶段——人才培养阶段；再过 3 年，就能达到第四阶段——转型升级阶段。

当然，这里的 3 年只是经验数据。根据企业自身管理基础、管理环境、企业文化、企业行业、企业内部人员素质以及企业引入外部管理支持等的不同，时间跨度将会有所不同。

有的企业总经理外出参观学习回到企业后，看到别的企业在培训管理某方面做得很好，或者某个管理理念落实得非常好，就恨不得自己的企业马上变成目标企业的样子。有的培训管理者对管理发展的阶段演化没有清醒的认识，也会犯同样的错误。有的培训管理者甚至会因此抱怨总经理理念差，在一些管理改革方面不支持自己。

制度、流程、方法论、模型等这些管理工具放到某一个环境中是成立的，但是变换环境之后，这些管理工具并不一定成立。这就好比骑马比赛可以从 F1 赛车比赛中吸取经验，因为两者有着同为"竞速"的相同点，但同时两者之间的不同点远比相同点多得多。如果一味地照着葫芦画瓢，结果大概会水土不服。

企业的最高管理层对企业的培训管理往往会有较高的要求，有时候这种要求可能会引起拔苗助长。企业的培训管理者在实施培训管理体系建设之前，一定要先评估和明确自己的企业当前处在哪一个阶段。

假如企业当前处在初级管理阶段（第一阶段），但最高管理层期望培训管理能够达到转型升级阶段（第四阶段）的效果，培训管理者就要清醒地认识到这是不切实际的想法。这时培训管理者要及时与最高管理层沟通，让最高管理层能够认清管理运行发展的规律，有愿景是好的，但不可想当然。

企业是由人组成的有机体，而不是一个没有生命的无机体。随着经营发展、企业规模的不断扩大，企业管理工作的推进，不是某一个人或某几个人有了某个想法就能够轻易达成的。即使是企业的最高管理层要改变企业的管理模式，也不是那么容易就能实现的。

当企业对培训管理有较高的憧憬，但是企业当前培训管理的水平达不到企业的要求时，培训管理者在培训管理体系建设方面，可以做一个跨越不同管理阶段的发展计划，比如以 3 年为一个台阶逐步发展，并把这个发展计划提报给企业的最高管理层。

当企业最高管理层对培训管理体系的建设阶段有足够认识，并愿意全力投入资源和精力去提升培训管理水平时，如果进展顺利，培训管理体系演化的时间可能会比预期短。

【前沿认知】培训管理关键在行而非知

彼得·德鲁克（Peter Drucker）说过："管理首先是一种实践，所有的理论必须经过实践的检验才能为大众所接受。管理的精髓在于行，而不在于知。"培训管理同样如此。培训管理的关键在于行，而不在于知。

传统观念认为，检验培训效果好不好的关键是看参训人员认知的改变。如何判断参训人员认知的变化呢？传统的做法是在培训结束后，考察参训人员对培训过程中传递的新理念、新知识或新技能的掌握程度，所以很多企业都会在培训结束之后设置考试或者情景模拟的环节。然而，通过这种方式检验培训效果事实上并不完整。

因为即使参训人员接受了培训传达的所有信息，但是当他回到工作环境中之后，可能会受到工作条件、工作环境、工作流程等各种因素的影响，没有办法把获得的信息转化到实际工作中，那么培训的最终结果就会大打折扣。

培训管理的关键在于行，也就是在进行培训管理的时候，要把着眼点放在如何推动应用上，而不是放在如何传递信息上。培训管理是一个由不知到知，再由知到行的完整过程。培训不是单纯地接受信息，而是学以致用，在行中寻找知，再由知到行的知行合一。

【疑难问题】"一把手"不重视培训怎么办

如果我们问企业的"一把手"（总经理或最高管理层）："人才培养重不重要？培训管理重不重要？培训体系建设重不重要？"大多数"一把手"都会回答："重要！当然重要！"

当我们再问："如果让您给企业所有工作的重要性排序，您认为人才培养和培训这项工作应该排第几位呢？"

很多"一把手"可能还会把这项工作排在第一位。因为大家似乎都明白这个道理——以人为始，以人为先，以人为本。

没有优秀的人才，企业怎么能得到好的经营结果呢？松下幸之助也说过：

"企业即人，造人先于造物。"意思就是经营企业就是经营人，对人才的培养应优先于生产经营。

可到了实际工作中，如果企业中有一个关于人才培养和发展的会议与一个关于经营业绩评估的会议，两个会议的紧急程度一样，但"一把手"现在只能择其一参加时，大多数"一把手"会选择参加经营业绩评估会议。

事实上，除了经营业绩评估类工作之外，很多企业把技术问题、生产问题、客服问题、采购问题，甚至有时候员工的后勤问题都看得比人才培养与培训问题更重要。这正是培训管理者的无奈。

为什么明明"一把手"心里也认为人才培养与培训重要，可表现出来的行为似乎又并非如此呢？为什么有的"一把手"嘴上说支持培训，可到了企业需要为培训付出一些时间或成本的时候，他们就不愿意了呢？

实战中，影响培训管理成败最关键的因素是什么？是"一把手"的支持与否。因为管理工作的完成需要相应的资源支持，哪项管理工作获得资源的能力更多，完成的可能性就更大。在资源有限的情况下，企业的各项管理工作之间其实存在一定的资源争夺关系。

培训管理要想在企业中获得成功，同样必须获得相应的资源支持。培训管理者需要去影响企业中的资源掌控人（也就是"一把手"），说服他，并让他认识到为什么要支持培训管理工作以及如何支持培训管理工作。这其中包括让他认识到培训管理工作的重要性，培训管理工作能够为企业带来什么样的价值，为了实现这些价值，企业上下各层级需要做出哪些努力。

许多培训管理者在对待"一把手"不重视培训时的态度是消极和被动的，他们总是把"一把手"不支持自己的问题全部归结于"一把手"，这是一种以自我为中心的表现。

"一把手"要负责整个企业的经营管理，他需要关注的环节非常多。对培训管理者来说，企业的培训管理工作是自己工作的全部，但对"一把手"来说，培训管理工作只是其千头万绪中的其中之一。所以，"一把手"如果不重视培训，或者在某些行为上看起来似乎不重视培训，责任并不完全在于他。这其中可能有主观的原因，也可能有客观的原因。

想象一个有三个孩子的家庭，这三个孩子都是父母的心头肉，父母对三个孩子本来是没有任何偏爱的。可是老大不务正业，天天在外面跟别人打架，给父母添了不少麻烦；老二总是想着一些不切实际的"梦想"，像一个长不大的孩子；老三成熟稳重，独立自主，在照顾好自己的同时还能帮助父母照顾这个家庭。在这种情况下，一般的父母都会对老三有所偏爱，会比较重视老三发表的意见。

企业就像家庭，企业的"一把手"好比是父母的角色，员工们好比是家庭中的孩子们。"一把手"会偏爱谁、重视谁的意见，和员工的认知层级、敬业程度、工作表现、能力水平等直接相关。所以要解决这个问题，要引导和说服"一把手"重视培训，培训管理者还要多从自身找原因。

【疑难问题】各部门不重视培训怎么办

当培训管理者解决了"一把手"对培训的认知问题后，如果各用人部门不重视培训的话，同样是做不好培训管理的。培训管理从来都不是培训管理者一方孤军作战就能够完成的，要做好培训管理，需要企业上下的共同努力。

培训的重要性从理论的层面几乎人尽皆知，可到了实际运行层面，总会遇到各种各样的阻力：有的是各部门负责人不重视人才的培养与培训，从来不把这件事当成一项工作来看待；有的是员工的直属上级不重视人才的培养与培训，面对企业组织的培训以员工手头有工作为由阻挠员工参加；还有的是员工自己不当回事，企业组织了培训，员工却怠于参与。

那么，怎么解决各部门管理者和员工不重视培训的问题呢？

1."一把手"深度参与

在企业中，"一把手"参与的管理工作往往运行得会比较顺利。培训管理者不仅要争取到企业"一把手"的支持，而且要让"一把手"参与到培训管理的具体实施中来。

在很多企业大学中，主持和负责工作的培训管理者能够晋升的最高职位往往是企业大学的副校长，而校长这个职位是留给企业"一把手"的。这是为了保证"一把手"能够参与到企业的人才培养工作中来。

当然，这里的参与不能仅是名义上的参与，必须是实质上的参与和承担一部分工作。"一把手"要起到模范带头作用，关键要看行动。这里的行动就是要看"一把手"到底为人才的培养和培训做了什么。

比如企业文化、企业的发展历程、企业精神、企业战略等这类课程由企业的"一把手"担任授课，对于企业部分核心人员在培训后的态度、行为改变的评估也应由"一把手"参与一部分的面谈或调研工作。

"一把手"参与部分课程的授课、培训的评估落地，能够为企业整体的人才培养与培训创造良好的文化氛围和行为指引，引导其他部门的管理者和员工顺应这种氛围和指引，从思想意识上重视培训。同时这也有利于"一把手"对培训管理工作的深度了解，落实人才培养工作，提升企业培训管理的水平。

2. 利益驱动和适度强制

有时候，培训管理者再努力，也比不过让企业中的各级管理者和员工看到通过培训可以获得的利益后产生自觉自发的支持。这里的利益，指的不是金钱上的短期收益，而是员工能力提升之后为员工本人、员工直属上级和部门负责人带来的长期价值利益，是人才培养与培训的底层逻辑。

除了用利益驱动员工的主观能动性之外，培训管理者还可以采取适度强制参与的策略，即利用管理制度，让各部门的管理者或员工必须参与。这里的强制参与，也是因为在一定程度上有"一把手"的支持。

强制参与策略的实施包括三个层面。

（1）部门负责人作为本部门人才培养与培训的第一责任人，必须积极推进本部门的人才培养和培训管理工作，并将其列入日常工作计划和绩效管理，人力资源部定期检查完成情况，对各部门负责人在培训管理方面的工作质量给予评价。

（2）各部门的管理者也作为培训课程的讲师，培训讲师的名单可以由企业的"一把手"指派，体现一定的强制性。人力资源部帮助各部门管理者形成系统的培训课程，并检查和评估培训课程的质量，不断完善课程内容。

（3）各部门管理者在日常工作中对员工的培养、培训和帮带要形成完整的记录，形成的文件每个月呈报给企业的"一把手"。该文件记录也可以与部门的工作计划和绩效管理联系在一起。

3. 机构和岗位设置

在各部门设立兼职的培训管理者也是一种保证各部门培训管理工作落实的方式。兼职的培训管理者在做好本岗位工作的前提下，负责本部门的培训需求调查、部门内部培训计划的制订与上报、本部门内部培训的组织与实施及培训后的跟踪与评估，并配合组织企业范围的培训，保证企业以及各部门的培训管理工作都有专人负责。

设置兼职培训管理者的岗位好比连队里设指导员。因为该岗位是兼职工作，为了保证员工能够履行这个兼职岗位的职责，人力资源部可以给这个岗位设置一些物质层面的奖励。

需要注意，因为实战中大部分兼职培训管理者的人选都是由部门负责人指派的，他们平常受部门负责人的管理。在这种情况下，人力资源部要想办法保证兼职的培训管理者能够起到对部门监督和检查的作用。

人力资源部要做好对兼职培训管理者的培训和监督检查工作，对该岗位设置清晰明确的检查考核机制以及准入淘汰机制。人力资源部本身要勤勉，不能期望有了兼职培训管理者岗位后，自己在部门培训管理方面的工作就可以高枕无忧了。

除了监督和检查之外，人力资源部还可以定期召集各部门负责人和培训管理者组织人才培养与培训主题的交流研讨会，同时定期请企业的"一把手"参加，过程中广泛征求意见，评估改进企业培训管理工作的同时，再一次促进企业各方参与。

【案例分析】从工具层面提高培训效能

美国有一家大型交通客运企业，其主营业务是负责城市公交车和地铁的运营。该企业曾经遇到过一个很大的问题。

很多乘客为了方便，乘坐公交车或者地铁喜欢买月票，每到月初或者月底的时候顾客集中购买月票，售票窗口都会排起很长的队。而且售票员经常出错，比如算错票价、找错钱，因为类似事件引起顾客投诉而产生的负面新闻，这家企业还上过当地的报纸。

这家企业一共有400多个售票员，绝大部分是以前的公交车司机，因为年龄偏大、健康状况不佳等原因不能再开公交车了。但因为和工会有协议，企业不能轻易辞退他们。

现在的情况是：在不能换人的前提下，怎么改善这个问题呢？

该企业曾经为此组织了大量的内部培训，教这些售票员怎样准确、快速地卖票，怎么为顾客服务，但是培训完了之后没有明显改善。企业觉得一定是自己在组织培训的方式或培训内容上出了问题。

无奈之下，企业找来了一位人力资源管理方面的咨询专家，想让这位专家开发一套培训体系或者再制订一个培训计划，好好培训一下这些售票员。

专家听完了整个情况后没有马上给售票员们做培训，他问："是不是所有的售票员速度都很慢，或者都经常出错？有没有做得比较好的售票员呢？"

跟这位专家对接的企业经理说："大部分都不行，只有一个叫圣利奥站的车站做得不错，那个站基本没有接到过投诉。"

这位专家来到圣利奥站，在售票窗口边上站着默默观察。

他看到一名乘客来到售票口，说想要买一张儿童月票、一张老人月票和两张成人月票。

售票员几乎是马上回答"您好，一共 136 美元"。

交通企业票价的设置是这样的：儿童月票和老人月票属于优惠月票，一张 26 美元，成人月票一张是 42 美元。

这位专家心算了一下，他大概也得用半分钟的时间计算和确认这个数字。可这位售票人员怎么能算得这么快呢？

他觉得有些不可思议，观察得就更仔细了。又来了一位买票的乘客，售票员也是几秒就搞定，很快速、很准确。

这位专家惊讶又好奇地走上前去观察到底是怎么回事。这时，他发现售票员的工作台上放着一张硬纸板，上面是手工画的一张表格，如表 1-6 所示。

表 1-6 圣利奥站售票员自制售票表格

		普通月票数								
		0	1	2	3	4	5	6	7	8
优惠月票数	0		42	84	126	168	210	252	294	336
	1	26	68	110	152	194	236	278	320	365
	2	52	94	136	178	220	262	304	346	388
	3	78	120	162	204	246	288	330	372	414
	4	104	146	188	230	272	314	356	398	440

这张表的顶端横向数字是 0 ~ 8，代表正常票价购票数量，左端纵向数字是 0 ~ 4，代表老人和小孩这种优惠票的购票数量，表格里面的每一个格都有一个数字，代表着买 X 张正常票、Y 张优惠票，一共要花多少钱。

假如有位顾客要买两张儿童月票、两张老人月票、三张成人月票，一共应付多少钱呢？

售票员可以在这个表格的左端纵向找到 4，在顶端横向找到 3，表格里面对应的数字是 230 美元。只用几秒的时间，就能得到答案！

专家惊喜地发现原来这件事情可以这么简单地解决！接下来要做的就是以这个表格为模板，把它做得更耐用些、更大一些，印刷成彩色版本，塑封好了之后分发给每个车站；然后，把使用方法教给售票员。

结果，解决这个问题前后一共花了 500 美元左右的材料费，仅用了几天时间的指导，售票速度整体提升了 70%。而且从此以后，售票员的出错率接近于零。

这个案例是对吉尔伯特行为工程模型比较好的诠释。解决企业的绩效问题，不应只从个体层面出发，而应当考虑企业的整体环境、工具、流程等方面。

另外，从这个案例也能够看出，培训管理者在进行培训需求调研时，不是部门提出什么样的培训需求都照单全收，而应当有所分析和选择，找到问题的根源，分清楚什么是真正的培训需求，什么不是真正的培训需求。

在确认培训需求时，培训管理者应注意如下两项。

（1）要求部门提出问题，而不是直接提出培训需求。就像案例中的企业，一开始是想请专家给企业做培训，许多培训需求其实是管理层的主观想象，而不是客观判断。所以，让管理层提出问题比直接提出培训需求更有效。

（2）针对对方提出的问题进行分析，判断这个问题应该通过培训的方式解决还是可以通过改变环境、提供工具或改善流程的方式解决。优先从吉尔伯特行为工程模型中的环境层面解决问题。

当培训管理者从工具层面解决企业问题，满足培训需求、提高培训效能时，可以按照图1-6的步骤进行。

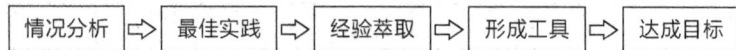

情况分析 ⇨ 最佳实践 ⇨ 经验萃取 ⇨ 形成工具 ⇨ 达成目标

图1-6　从工具层面解决企业问题的步骤

（1）情况分析，对存在的问题做详细的分析，而不是盲目地采取行动。

（2）寻找最佳实践，找到在这个领域当中做得最好的那个人或者案例。

（3）研究这个案例为什么做得好，他采取了什么方法，他的秘诀是什么。

（4）把这个方法和秘诀提炼出来，变成其他人能够学会的工具或者是模板，再开始推广。

（5）推广的过程中遇到问题可以不断地修正，最终达到目标。

第 2 章

人才培养与人才
梯队建设

　　很多企业受困于员工的离职问题，运用各种办法防止员工离职。实际上，假如人才能够被公司标准化、批量化地"生产"，公司就不再受人才问题所累，不必为了留住部分人才委曲求全，不必过分担心人才离职。这时候，也代表着公司的组织能力得以提升。人才是公司经营发展的关键，但组织能力才是公司成败与否的核心。

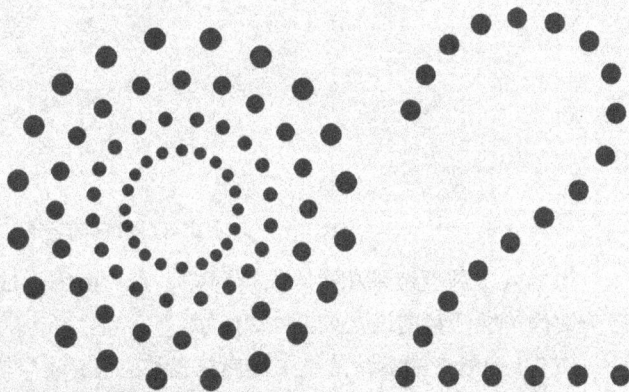

2.1 人才梯队建设

人才梯队建设比较成功的企业，能够做到每个关键岗位都有继任者，即便最高管理者离职，也马上有继任者接任，继任者还有继任者，这样从上到下一层一层，最后只需要补充一名新人即可。这样也能显著缓解招聘压力，能够最快速地实现人才补充，减少重要岗位空缺带来的损失。

2.1.1 如何形成人才梯队

企业要实施人才梯队建设，首先要实施人才规划，确定需要的人才类别，结合人才规划结果实施外部人才选拔和内部人才盘点。人才盘点后，要了解员工的职业规划，帮助员工制订个人发展计划，形成继任者名单（接班人）；针对继任者名单，实施人才培养。除了人才培养外，核心人才的保留工作也很重要。

实施人才梯队建设的逻辑可以分成8个环节，如图2-1所示。

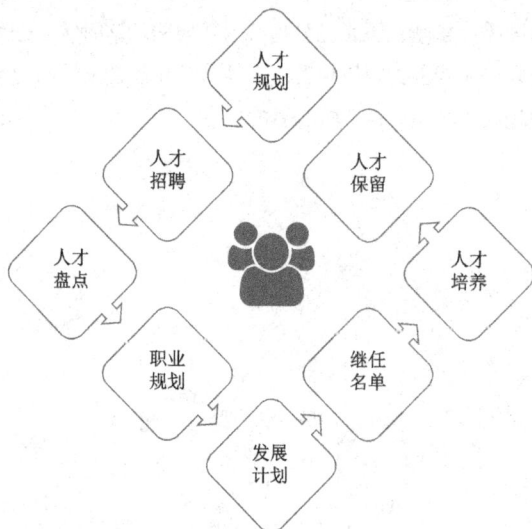

图2-1 人才梯队建设的实施逻辑

根据人才盘点结果和个人发展计划，企业能够形成关键岗位继任计划。对各关键岗位继任者的设置如图2-2所示。

图2-2中最左端填写的是关键岗位名称。需要注意的是，这里应填"岗位名"

而不是填"人名"。在列出岗位之后可以写上人名。在岗位名的右端，要配上至少3级的后备人员名单。

关键岗位继任者计划			
职位	准备程度		
	已准备好	未来2年内	未来2~5年内
CEO（首席执行官）			
CFO（首席财务官）			

图2-2 关键岗位继任者设置

第1级是能够马上接替空缺岗位的人选。

第2级是需要2年左右才能接替的人选。

第3级是需要2~5年才能接替的人选。

为什么要这么分？

因为每个岗位都有空缺的可能性。可能因为这个岗位人选晋升到了更高岗位，可能因为岗位轮换、也可能因为员工离职。总之，企业应当有心理预期，任何一个岗位都不是稳定不变的，动态变化才是常态。

因此，为避免人才离开关键岗位后无人接任对企业造成损失，企业每个关键岗位背后都应当有至少一个人具备能够马上接替岗位当前在岗者的能力。

具备一定基础但缺少经验的人才，对于关键岗位的熟悉和了解一般需要2年时间，这样设置能够和第1梯队形成岗位轮换时间差。第2个梯队选择2年左右成熟的人才、第3梯队选择2~5年成熟的人才，主要是考虑人才发展的培养周期和时间差的问题。

单纯选定后备梯队是远远不够的，企业还要建立3个梯队中所有继任者的个人培训与开发档案，充分运用现有资源，通过个体辅导、参与项目、岗位轮换、培训学习等各种方式帮助继任者提升自身的知识、经验和能力，并且加强管理沟通和过程监控反馈，让继任者可以按照既定的成长和发展路线稳步前行，成长为企业需要的人才。

大型企业或岗位间能力差异较大的企业，可以按照上述方法实施继任者计划。规模较小、管理要求较低、企业中同类岗位同质性较强的岗位，可以用关键岗位人才池的方法管理继任者，如图 2-3 所示。

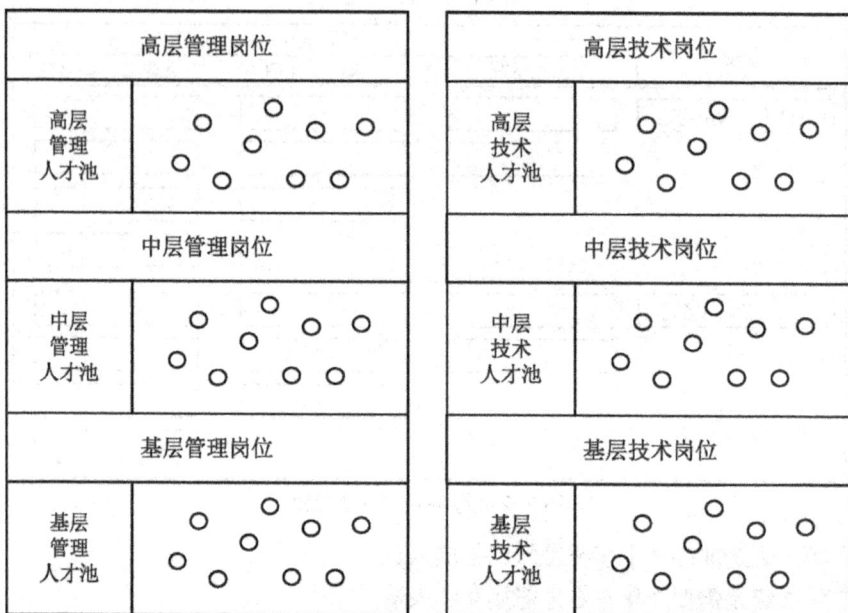

图 2-3　关键岗位人才池

通过对企业中管理类和技术类各阶层岗位形成蓄水池般的人才池，可以保障企业内部源源不断的人才供应，不至于出现人才断层的现象。

【举例】

某全国连锁汽车销售公司主要人才的岗位类型比较单一，主要是销售岗位人才。公司中主要管理层都是由销售人才晋升而来。

该公司销售队伍的人才梯队建设主要采取的是人才池的方式。公司将所有具有销售能力和管理潜质的人才放在销售人才池中统一管理，当公司有管理岗位的人才需求时，可以从销售人才池中提取。

2.1.2　如何实施人才盘点

人才盘点的形式有两种，一种是对人才数量的盘点，一种是对人才质量的盘点。

对人才数量的盘点形式主要是对当前人才身份结构的盘点分析，包括对职务结构的盘点分析、对年龄结构的盘点分析、对司龄结构的盘点分析、对学历结构的盘点分析等。

对人才质量的盘点是对企业人力资源的质量情况进行盘点。企业通过对人才质量盘点呈现出来的有价值信息的分析，可以制订出具体、详细、组织层面的应对策略和行动计划，保障企业能够得到需要的人才，落实企业的整体业务战略，实现可持续增长。

不同企业盘点人才质量的维度有差异也有相同，但不论哪种人才质量盘点方法，最终都指向最常见的3个维度，分别是态度维度、能力维度和绩效维度。

1. 态度

为了把自己的工作做好，员工愿意付出多大的努力，就是员工愿不愿意把工作做好。员工的价值观、敬业度、满意度等，一般属于态度维度的内容。

2. 能力

就是员工有没有能力把工作做好，或者员工做好工作的可能性有多大。员工的潜质、潜力、潜能等，一般属于能力维度的内容。

3. 绩效

员工实际上有没有把工作做好。员工的绩效评级、工作成果、工作评价等，一般属于绩效维度的内容。

准确盘点人才质量，需要方法的支持。要准确测评人才态度、能力和绩效3个维度，需要人才盘点的方法和工具也有所不同。

（1）态度测评：判断员工的态度，可以采用日常观察、定期访谈、同事评价等。

（2）能力测评：判断员工的能力，可以对照岗位胜任力模型，通过笔试、口试等能力测评方式判断。对于某些特殊能力，也可以通过情景模拟、角色扮演、专家访谈等方式判断。

（3）绩效测评：判断员工的绩效，可以根据员工的工作目标和工作成果的完成情况判断，具体形式包括业绩排名、数据比较、工作述职、多方评估等方法。

上述3个维度既可以放到一起分析，也可以单独分析。如果放在一起分析，可以把其中2个维度放在一起分析，也可以把3个维度放在一起分析。

1. 单维度分析：数量平面结构图法

单维度分析指针对人才质量盘点单个维度实施的分析，其中最常见的分析方法是数量平面结构图法。所谓数量平面结构图法，指根据员工单个维度上不同程度的数量情况，画出数量结构比例对应的图形，并判断图形的优劣。

举例

　　某公司共有1000人，公司对当前员工的能力情况进行盘点，其中能力较高的员工为100人，占比为10%；能力中等的员工为200人，占比为20%；能力较差的员工为700人，占比为70%。此时，该公司员工的能力结构呈现出1：2：7的数量关系。

　　该公司员工能力结构的数量关系呈现一种金字塔结构，将这种数量关系转化成图形，如图2-4所示。

　　该公司处于快速发展时期，需要大量的人才储备，当前这种员工能力结构对公司未来发展显然是比较不利的，应当制订员工培养计划，及时提升员工的能力水平。

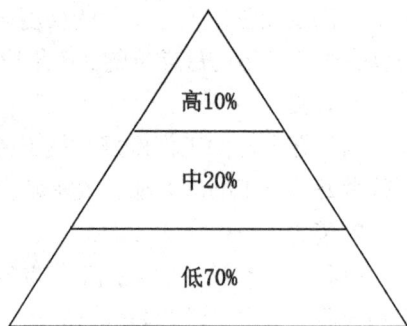

图2-4　　某公司员工能力数量结构关系示意图

2.双维度分析：坐标轴法

　　双维度分析指针对人才质量盘点中某两个维度实施的分析，其中最常见的分析方法是坐标轴法。所谓坐标轴法，指以某一维度为横轴，另一维度为纵轴，在坐标轴中设定高低大小关系，分成不同类别，根据员工实际情况，将员工安放在这些类别中。根据不同类别的特点，企业采取相应的应对措施。

举例

　　某公司把人才按照绩效和能力两个维度实施人才质量盘点，把人才的绩效和能力两个维度划分成高、中、低3种层级进行比较，形成"绩效－能力9宫格"人才质量盘点工具，如图2-5所示。

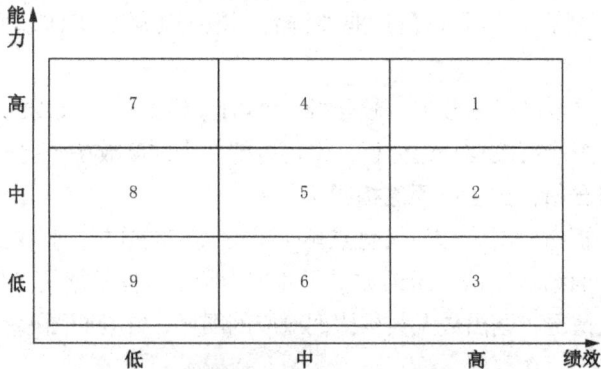

图2-5　　"绩效－能力9宫格"人才质量盘点工具

3. 三维度分析：空间结构图法

三维度分析指针对人才质量盘点的 3 个维度同时实施的分析，其中最常见的分析方法是空间结构图法。所谓坐标轴法，指的是以 3 个维度为单位，画出空间结构图，参照类似坐标轴法的分析方法，对人才类别实施分类。根据不同类别的特点，公司采取相应的应对措施。

举例

某公司把人才按照绩效、能力、态度 3 个维度实施人才质量盘点，把人才的绩效、能力、态度 3 个维度划分成高、中、低 3 种层级比较，形成人才质量盘点的"27 方格魔方"工具，如图 2-6 所示。

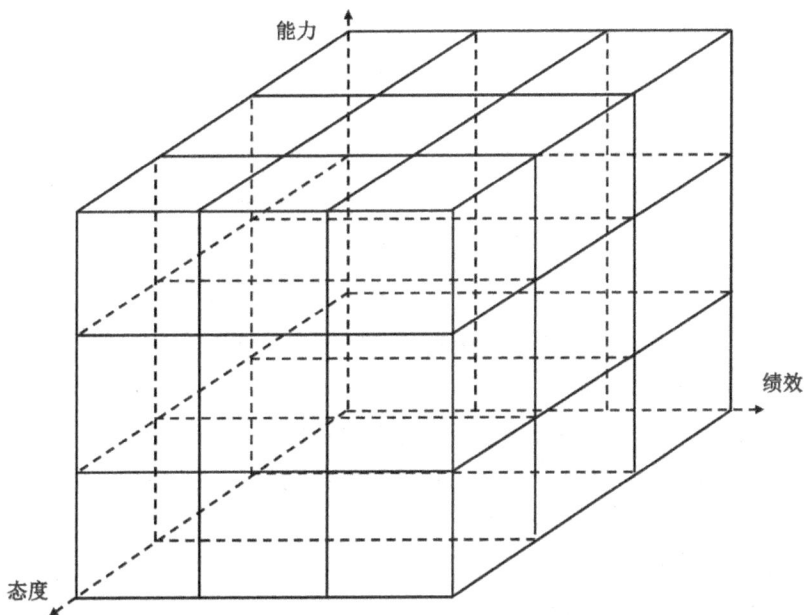

图 2-6 人才质量盘点的"27 方格魔方"工具

2.1.3 如何实施人才规划

人力资源规划来源于企业的战略规划，从战略规划到人力资源供给与需求预测，再到确定人员的净需求数量，从而确定人力资源规划的目标，在正式实施人力资源规划后，通过评估反馈改进人力资源规划。

通用人力资源规划的流程如图 2-7 所示。

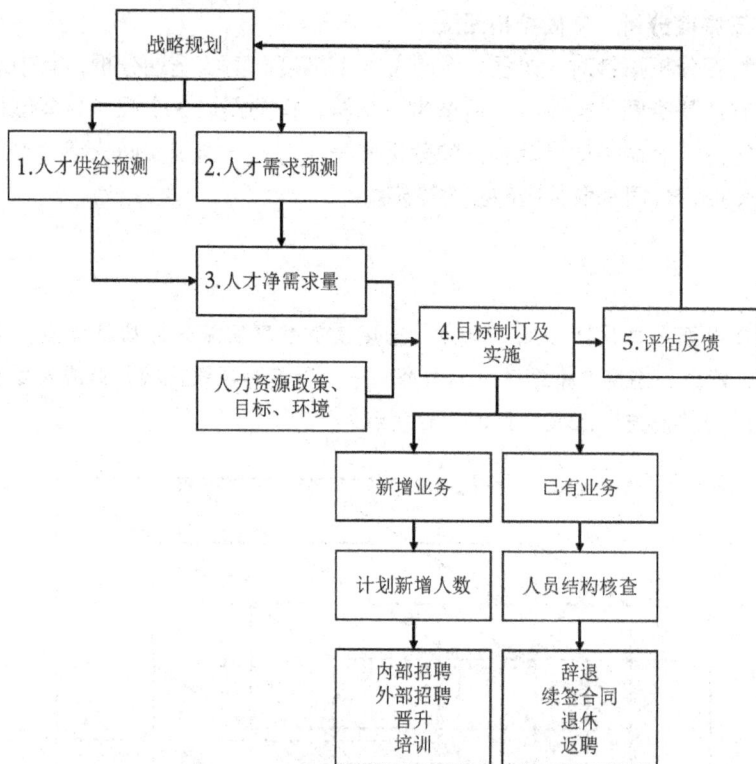

图 2-7　通用人力资源规划流程示意图

1. 人力资源供给预测

影响人力资源供给的因素包括企业所在地区的人力资源状况、所在地区的经济发展水平、企业自身的雇主品牌和岗位吸引力、所在地区的相关法律法规等。

2. 人力资源需求预测

影响人力资源需求的因素包括企业的发展状况、人员的流动率、员工的满意度、社会经济发展状况等。

3. 确定人员净需求量

人员净需求量=人员需求预测－人员供给预测。确定人员净需求量时，要充分考虑企业当前的人力资源管理现况。

4. 目标制订及实施

制订和实施人力资源规划目标时，要考虑企业的人力资源政策、目标、环境，以及企业的新增业务和已有业务。对于新增业务来说，要计算计划新增的人数；对于已有业务来说，要计算当前人员结构情况。

5. 评估反馈

有评估反馈，才会有改进。对人力资源规划质量的评估主要看人力资源规划对战略规划的支撑情况。如果人力资源规划能够支撑战略，代表人力资源规划是成功的；反之，则要做出相应调整。

举例

某上市公司是一家财务管控型的集团公司，共有 6 000 余员工，下设 20 余家子公司，各子公司分别从事不同的关联产业。在这些子公司中，有大约 1/3 属于高新技术生产制造业，大约 2/3 属于劳动密集型生产制造业。

该上市公司非常重视人才培养和人才梯队建设，实施人才梯队建设的逻辑如图 2-8 所示。

该公司人才梯队建设的实施分成两大部分、8 个模块。第一大部分是人才策略规划与人才库建设，包括 5 个模块。第二大部分是人才方案的计划与实施，包括 3 个模块。

第一大部分前 4 个模块一般在上一年 7 月初开始实施，大约到 9 月底完成；第 5 个模块一般在上一年 10 月初开始实施，大约到 12 月底完成。第二大部分 3 个模块自当年 1 月初开始持续实施，到当年 7 月份再开始实施第二年的人才策略与人才库建设。

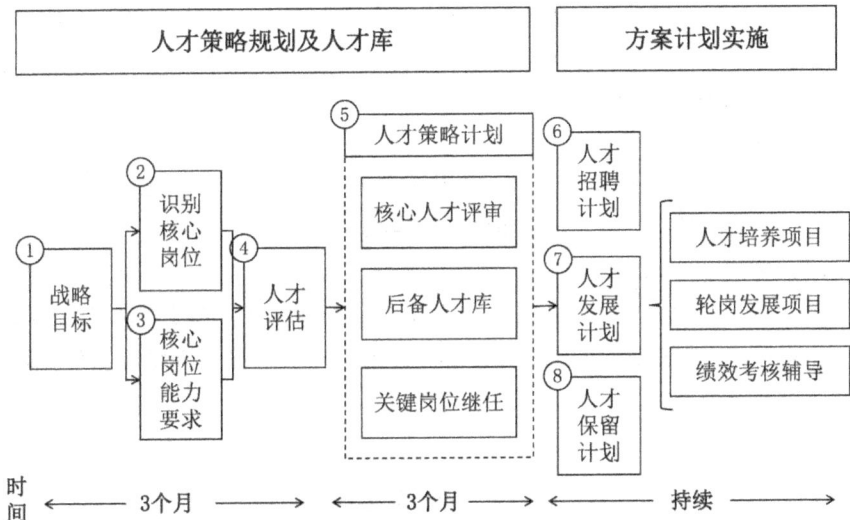

图 2-8 某上市公司人才梯队建设逻辑

1. 战略目标

该公司实施人才梯队建设逻辑的第 1 步是确定公司第 2 年的战略目标。该公司针对战略每年都会制订 3 年规划和 5 年规划。但 3 年规划比较模糊，5 年规划是大方向。要做人才梯队建设，需要明确第 2 年的战略目标。

2. 识别核心岗位

有了第 2 年的战略目标后，该公司要根据战略目标识别出哪些是公司的核心岗位，哪些是非核心岗位。识别核心岗位是原理是"8020 原理"，即 20% 的核心岗位创造 80% 的价值。由于战略目标的变化，核心岗位有时变化较小，有时变化较大。

3. 核心岗位能力要求

识别出核心岗位后，要根据战略目标，确定核心岗位的能力。有了对岗位具体能力的聚焦与要求，人才培养工作才会有方向、有依据、有目标。

4. 人才评估

有了识别出的核心岗位和核心岗位应当具备的能力要求，下一步就要对当前的人才状况实施评估，发现当前人才结构存在的问题和差距。

5. 人才策略计划

人才评估找到问题之后，接下来要针对问题编制人才策略计划。要制订人才策略计划，需要对核心人才进行评审，对后备人才库进行开发，对关键岗位继任情况进行盘点。

6. 人才招聘计划

人才策略计划对应着 3 项重要工作，其中第 1 项是人才招聘计划。人才招聘计划的主要作用是补充当前人力资源数量。

7. 人才发展计划

除了补充人力资源的数量之外，还要注意人力资源的质量。人才发展计划正是对人才进行培养和发展，保证人力资源在质量上达标。人才发展计划主要包括人才培养项目、轮岗发展项目和绩效考核辅导。

8. 人才保留计划

除了对人才的招聘、培养与发展之外，人才保留也是人才梯队建设不可忽视的重要环节。如果培养出的人才最终都选择离开，公司将会是竹篮打水一场空。

2.2　轮岗管理

内部轮岗机制是企业培养人才的有效方式，能够促进企业和员工的双赢。通过内部轮岗机制，员工将获得能力成长、职业发展和薪酬提升，是针对员工的学习和激励方式；企业可以获得期望的人才，达成战略目标。

2.2.1 如何设计轮岗规则

不设计轮岗机制的企业，可能变成"一潭死水"，员工长期从事单一岗位，绩效水平的提升速度将会减缓，员工容易产生倦怠感。

轮岗能够促进内部流动性。员工通过轮岗可以获得复合能力，能够开阔眼界，建立全局意识，而且到新岗位上的员工也有创新和达成更好绩效的动力。

企业中常见的轮岗形式有 3 种，分别是平行调动、晋升调动和距离调动。

1. 平行调动

培养型调动，当员工任职满一定年限后，根据平行部门间功能、规模、业绩等情况，可以进行岗位轮换调整。

2. 晋升调动

激励型调动，当员工表现优异，达到晋升条件后，可以为员工晋升等级，对岗位相应调整，将员工调整到责任更大、贡献更高、更能体现员工价值的岗位上。

3. 距离调动

关怀型调动，当员工工作满一定年限后，可以根据其家庭情况将员工调整到离其家较近的地区或岗位工作，体现员工关怀。

轮岗很有意义，不过也没必要为了轮岗而轮岗，企业应当根据自身情况设计轮岗规则，制定员工轮岗制度。员工轮岗制度主要是对员工轮岗安排和规则的约定，应规定清楚员工轮岗的对象、周期、流程、管理与考核。

1. 对象

轮岗的对象比较灵活，可以是高潜质人才，可以是关键岗位员工，有条件的企业建议将轮岗对象设置为全体干部和员工。

2. 周期

一般岗位层级越高、门槛越高、专业程度越高，轮岗周期应越长；岗位层级越低、门槛越低、专业程度越低，轮岗周期越短。

对于高层或关键敏感岗位，可以每3～5年轮岗一次。如果轮岗周期短于3年，可能看不出员工在岗位上的贡献；如果员工在同一岗位上工作时间长于5年，可能会滋生惰性。

3. 流程

企业应当建立完善的轮岗流程，可以为了人才培养发起内部轮岗，同时要注意流程监控。员工轮岗的审批人一般是公司最高管理者。各部门管理者可以定期向人力资源部提出申请。

4. 管理与考核

为保证效果，对于轮岗应做好管理与考核。轮岗开始前要有计划，结束后要有评估。

员工轮岗可能会用到各类表单，内容如下。

1. 员工调动申请表

员工调动申请表是当员工有岗位调动需求时，由员工本人或员工所在部门填写的申请表。

员工调动申请表如表 2-1 所示。

表 2-1　员工调动申请表

姓名		性别		员工编码		年龄	
调出部门		调出岗位		当前职务		工资结算日	
调入部门		调入岗位		调整职务		工资起记日	
申请调动原因 　　　　　　　　　　　　　　　　　　填表人： 　　　　　　　　　　　　　　　　　　填表时间：							
人力资源部意见 　　　　　　　　　　　　　　　　　　签字： 　　　　　　　　　　　　　　　　　　日期：							
调出部门意见 　　　　　　　　　　　　　　　　　　签字： 　　　　　　　　　　　　　　　　　　日期：							
调入部门意见 　　　　　　　　　　　　　　　　　　签字： 　　　　　　　　　　　　　　　　　　日期：							
公司总经理意见 　　　　　　　　　　　　　　　　　　签字： 　　　　　　　　　　　　　　　　　　日期：							

2. 员工调动通知单

员工调动通知单是当员工确认要实施岗位调整时，由人力资源部开具的要求各部门执行的通知凭证。

员工调动通知单如表 2-2 所示。

表 2-2 员工调动通知单

单号					
姓名		性别	员工编码	年龄	
调出			调入		
调出部门		当前职务	调入部门	调整职务	
调出岗位		工资结算日	调入岗位	工资起记日	
备注					
签发			日期		

3. 员工调动绩效薪酬变化单

员工调动绩效薪酬变化单是人力资源部针对员工岗位调整后的绩效和薪酬变化情况开具的单据凭证。

员工调动绩效薪酬变化单如表 2-3 所示。

表 2-3 员工调动绩效薪酬变化单

姓名		员工编码	
工资结算日		工资起记日	
类别	分类	调整前	调整后
绩效情况	考核指标		
	考核周期		
	评价方式		
	考核人		
薪酬情况	基本工资		
	岗位津贴		
	福利待遇		
	绩效工资标准		
	年终奖金标准		
开单人		开单日期	
审批人		审批日期	
员工确认同意并签字		签字日期	

2.2.2 如何准备轮岗交接

轮岗有利有弊，凡事预则立不预则废，对于轮岗来说，事先的准备和沟通非常重要。有了足够的准备，员工交接到位，轮岗实施会比较顺利；如果没有准备，轮岗的弊端可能会充分显现。

有的员工因为长期从事某岗位，不愿意接受轮岗，认为轮岗工作是一种挑战。如果企业不在轮岗前与员工做好充分沟通，员工会对轮岗抱有较大的负面情绪，无法达到轮岗机制的预期效果。

要保证内部轮岗成功，在实施轮岗前，企业要做好员工沟通，沟通内容包括轮岗员工意见、员工职业规划、轮岗工作计划和轮岗目的意义。

1. 轮岗员工意见

企业要询问轮岗员工对轮岗工作的意见或建议，听取轮岗员工的想法后，考虑对轮岗的部分安排做出调整。

2. 员工职业规划

轮岗是企业的安排，但员工对自己的职业可能有自己的想法。企业应尊重轮岗员工的职业规划，让轮岗安排与员工的职业规划相匹配，帮助员工实现职业发展的目标。

3. 轮岗工作计划

轮岗员工应当制订轮岗后的工作计划，在轮岗沟通的环节应当明确工作计划。工作计划中不仅应包括从事岗位的行动计划，还应包括岗位的工作目标、考核安排等。

4. 轮岗目的意义

轮岗员工对轮岗活动的理解程度决定了其接受程度，也决定了轮岗的质量。企业要让员工理解轮岗的目的和意义，同时切实为员工的轮岗提供环境或资源支持。

除了轮岗前的沟通外，轮岗工作的交接也是轮岗必备的工作之一。轮岗工作交接如果不到位，很可能造成内部轮岗以失败告终，不仅不会起到轮岗预期的人才培养效果，而且会造成团队工作效率降低，造成绩效降低，甚至可能造成严重后果。

轮岗过程的工作交接包括3部分，分别是物品交接、工作交接和资源交接。

1. 物品交接

物品交接指的是岗位生产资料的交接，包括岗位需要用到的工作设备、办公用品、电子文档等。

2. 工作交接

工作交接指的是岗位职责、工作内容的交接，包括当前工作的进度、阶段性成果、工作目标、职责完成情况、工作分配情况、团队协作情况等。

3. 资源交接

资源交接指的是与工作岗位相关资源的交接，包括专利资源、供应商资源、客户资源、贷款资源、物流资源等。

2.2.3 如何安排轮岗学习

很多企业的员工轮岗最终以失败告终，原因是没有做好轮岗员工的心态调整和能力培养。团队管理者要为员工做好轮岗学习的安排，安排好导师，提前为员工设计相应的培训计划，并定期评估。

员工轮岗后相当于到了一个自己不熟悉的环境，需要做自己不熟悉的工作。员工在开始轮岗后通常会经历3个阶段。了解这3个阶段的特点，有助于企业帮助轮岗员工调整心态，更好地实现轮岗。

1. 懵懂阶段

懵懂阶段是员工轮岗的第1阶段，这个阶段员工最突出的问题是员工的态度问题和情绪问题。在这个阶段，不同员工通常会有3类表现。

（1）A类型：不知所措。这类员工在轮岗后，不知道该从哪里入手，不知道自己该做什么，感觉自己做什么都不如之前的岗位熟练。

（2）B类型：压力缠身。这类员工到了新岗位后会表现出巨大的压力，可能会因为不适应产生很多负面情绪，有的员工还会表现出对新岗位强烈的排斥感。

（3）C类型：无知无畏。这类员工面对新岗位不仅没有表现出负面情绪或排斥意愿，反而会表现出喜悦或兴奋的状态，乐于接受新岗位。

2. 磨合阶段

当轮岗员工在新岗位上工作一段时间后，会逐渐进入磨合阶段。到了磨合阶段，不论员工原本对新岗位是不知所措、压力缠身或无知无畏，员工的心态都会趋于平稳，这个阶段最突出的问题是员工的能力问题和绩效问题。

磨合阶段才是员工轮岗后面临挑战的真正开始，员工会真正体会到新岗位的特点，体会到自己原本没有想到的问题，可能会发现很多因素不受自己控制，可能会发现自己当前岗位并不是仅靠一腔热血就能做好的。

这个阶段的磨合内容不仅包括与工作内容本身的磨合，还包括与团队内部同事间的磨合。工作事务的磨合时间有可能比较短，但与人之间的磨合却需要时间的积累，很难一蹴而就。

3. 开悟阶段

过了前两个阶段后，轮岗员工会进入第3个阶段——开悟阶段。到开悟阶段后，员工才真正理解岗位内涵，也意味着员工轮岗实施成功。员工在这个阶段稳定一段时间后，可以开启新一轮的轮岗。

每个员工轮岗都避免不了要经历这3个阶段，轮岗员工的导师/上级或人力资源部要帮助轮岗员工平稳渡过这3个时期。

轮岗有培养人才的作用，但在轮岗前，要对员工进行一定的培养，要为员工适应轮岗后的岗位做必要的培养和学习。当然，轮岗过程中的培养更是不可或缺的。要保证轮岗成功，让轮岗员工能力持续成长，需要做好以下 4 点工作。

1. 安排导师

要保证员工轮岗成功，导师的作用功不可没。导师能够发现员工轮岗过程中的问题，及时帮助员工调整工作态度，增强员工的能力。

2. 上级重视

员工轮岗能否成功，与上级是否重视密不可分。如果上级领导重视，定期监督，定期帮助轮岗员工，将会给轮岗员工带来极大的信心。高层对轮岗工作的重视与支持程度关系着整个公司轮岗工作的进展。

3. 相关培训

员工轮岗后，员工所在部门和人力资源部要对员工进行岗前培训和岗中培训。进行岗前培训的目的是让员工对待轮岗的岗位有一定的了解，减少轮岗后的不适感，提高轮岗轮换的成功率。进行岗中培训的目的是让员工在岗位上不断提升能力，增强对新岗位的适应性。

4. 定期评估

员工上级要关心轮岗员工，定期做轮岗员工的访谈，要定期监督、检查和评估轮岗员工导师对轮岗员工的培养情况以及轮岗员工在岗位上的工作成果。

2.3　知识管理

知识是第一生产力。工作中处处蕴含着知识，每个企业都有属于自己相关工作的内部知识。不同于书本上的理论知识，这些知识更贴近实战，更能帮助企业解决实际问题。通过知识管理，企业可以识别、萃取、管理好这些知识，并将这些知识在企业内有效传承。即使优秀员工离职，但如果其能留下知识，依然能留下价值。

2.3.1　经验能够学习传承

论重要程度，经验 > 能力 > 知识，经验比能力和知识更有助于人们成长。很多人认为经验不同于知识和能力。知识可以通过书本或课程获得，能力可以通过练习获得，但经验必须通过时间积累。

实际上，经验能够被学习到。那些脑力劳动为主的岗位，只要能有效萃取经验，学习经验与学习知识、学习能力没有本质上的不同。

经验说到底其实也是一种能力，是一种管理能力。经验是人们经历过一个个关键事件后，经由对这些关键事件的处理，得出的结论。

经验可以被学习和获取，只要把这些关键经验事件一件一件地总结下来，最终都能归结为一种异常事件知识或异常处理能力。企业通过讲故事能够实现对员工异常事件知识的传授，通过场景模拟可以实现员工异常处理能力的提升。

举例

张三从之前的不会开车，到熟练掌握开车技能，进而成为一名合格的出租车司机，大约需要2年的时间。

但老司机肯定比新司机更受欢迎，因为老司机的经验更多。老司机的经验究竟是什么呢？其实是对各类异常状况的应对处理能力。

假如有一条没有尽头的路和一辆不需要加油的车，张三在这条路上一直往前开，整条路上没有别的车辆，也没有行人，不需要转向，不需要变道，不需要躲闪，不需要避让，也不需要刹车，就一直开，开了30年。

这时候，能说张三拥有30年驾驶经验吗？严格说起来，是不能的。可以说张三有30年的驾驶经历，但不能说张三有30年的驾驶经验。

在什么情况下，能说张三有驾驶经验呢？

就是当张三正常转弯时，忽然冒出一辆闯红灯的电动车，这让张三知道了虽然一切正常，也要提防突如其来的电动车；在张三接到喝醉酒在车上一睡不醒的乘客时，他知道了这时候可以请求公安部门的帮助；在张三开快车变道差点出事故时，他知道了无论发生什么情况，开车也不能着急。

有一次我和朋友一起坐飞机，途中遇到颠簸，飞机晃得很厉害。朋友有些担心，小声对我说："不会出什么事吧？"

我说："你坐飞机次数比我多，犯得着这么紧张吗？"

朋友说："可我从没遇到过颠簸这么厉害的情况。"

我说："不用担心，晃得比这更厉害的我也遇到过，而且看空姐的表情，丝毫不紧张，可见当前状况并不是她们遇到过最精糕的。"

"舒服"是换不来经验的，经验一定来自"不舒服"。所谓的"不舒服"，正是曾经遇到的一个个异常状况。把这些异常状况记录和总结下来，通过某种方式让从来没有经历过的人也感同身受，就能有效传承经验。

2.3.2 如何萃取优秀经验

技能和经验都能够被提炼、萃取后形成企业内部可复制、可实施的标准化动作。萃取经验可以用访谈的方法，通过向高手提出问题的方式，总结出高手把事情做成功的方法论。萃取经验有 4 个技巧，分别是拆分问题、聚焦到动作、有具体的行为佐证和从多维度上提问。

1.拆分

如果目标问题较宏大，例如"如何提高销售业绩"，不要直接问目标问题，而应将目标问题拆分成更具体的问题，例如"你拜访新客户时，会怎么做"。

2.动作

萃取出的经验不能是品格、价值观、理念等思想方面比较虚的概念，要落实到具体的行为动作。追问到更细的颗粒度，把能力细化到最小的动作，做到普通人也能复制。

3.佐证

总结出来的具体行为和动作要有多次的事件或对比作为佐证，例如得出"每天打 100 个陌生电话有助于增加新用户"的结论，要有多次这样做后确实增加了新用户的数据，以及跟没这样做的情况对比。

4.多维

萃取高手经验时，不能只对高手提问，还要向与高手相关的周围人提问。为了让提问更有效，提问的人越多越好，最好能实施 360 度提问。

除了访谈高手本人之外，更要访谈高手身边的人，还原出高手生活和工作的全链条。不是每个人都具备较强的自我认知，高手往往并不能完全意识到自己到底好在哪里，通过对高手身边人全方位地访谈，能够更全面地总结和认识到高手做得好的原因。

除了高手本人外，常见向高手提问的维度可以有 5 个，分别是向高手的上级提问，向高手的下级提问，向高手的同事提问，向高手的客户提问和向高手的家人提问。

1.上级

向高手的上级提问，可以问如下问题。

（1）张三平时是如何工作的？

（2）你平时如何管理张三？

（3）你对张三提出过哪些要求？

（4）你对张三做过哪些指导？

2.下级

向高手的下级提问，可以问如下问题。

（1）张三平时如何管理你们？

（2）张三对你有哪些要求？

（3）你认为张三的哪些行为是成功的关键？

（4）你从张三那学到最有价值的 3 件事是什么？

3. 同事

向高手的同事提问，可以问如下问题。

（1）你认为张三做得好的行为是什么？

（2）张三平时如何与你沟通协作？

（3）张三的哪些行为值得你学习？

4. 客户

向高手的客户提问，可以问如下问题。

（1）张三是如何服务你的？

（2）你为什么信赖张三？

（3）张三做过最令你满意的 3 件事情是什么？

5. 家人

向高手的家人提问，可以问如下问题。

（1）张三每天的作息情况如何？

（2）张三有哪些业余的兴趣爱好？

（3）张三回家后还做过工作上的哪些事？

实际操作时需要注意，萃取经验的问题不应是大而全的，应当将大问题拆分、细化到某个具体场景，针对那些能解决某类具体事项的小问题提问。泛泛的问题并不能有效萃取经验，只有那些能细化到具体行为的问题才能有效萃取经验。

2.3.3 如何提炼知识方法

任何知识和方法都可以经过总结之后，变得流程化、模块化，让其内容变得可执行、可操作、可实施，而且要保持这种操作的简单化和标准化。经过这种操作之后，不论是谁，只要对着操作流程就可以实施操作，而且操作所得的结果是完全相同的。

提炼知识和方法可以分成 4 步。

1. 分析当前情况，找到当前的问题所在。在这个环节，可以问如下问题。

（1）这件事的难点在哪里？

（2）当前最大的问题是什么？

（3）是哪个环节不知道方法？

2. 找到最佳实践，找到做得比较好的人和事。在这个环节，可以问如下问题。

（1）这件事可以向谁借鉴呢？

（2）谁在这件事上做得比较好呢？

（3）做得比较好的情况有哪些呢？

3. 进行经验萃取，在做得比较好的人和事上总结经验。

（1）做得好的原因什么？

（2）有哪些经验可以萃取？

（3）有哪些方法可以借鉴？

4. 形成工具方法，将经验总结成可复制的工具或可实施的方法论。

（1）方法的具体步骤是什么？

（2）这些方法可以变成工具吗？

（3）方法可以被复制吗？

从哪里提炼知识和方法呢？一般来说，可以从4个维度，分别是人、事、网、书。

1. 人

要找到方法，可以先找比较有经验、了解方法的人，问这些人应该怎么做。这些人包括上级、同事或同行。

2. 事

除了人之外，可以找到这件事做得比较成功的情况，也就是找到最佳实践，研究、总结和学习最佳实践是怎么做的。

3. 网

通过关键词搜索功能，可以在互联网上检索到很多相关信息。互联网上还有很多问答类网站可以提供针对性内容。

4. 书

多数领域都有相关的书籍。通过书籍，可以比较系统地学习该领域知识。

高效寻找方法的顺序是"人—事—网—书"，但系统学习知识的顺序恰好相反。一般来说，书的知识体系比较完善，不一定适合快速检索和解决某个特别具体的问题，但适合作为系统学习的有效工具。

【实战案例】华为干部后备梯队管理

华为主要创始人任正非说："华为20年来成功的秘诀就是管好干部分好钱，同时通过坚持正确的干部选拔、使用、管理与培训机制，使华为的力量生生不息。"

在华为，干部的人才梯队建设被认为是所有关键岗位人才梯队建设中最重要的。干部的人才梯队被华为内部称为干部后备队。干部后备队是华为根据战略发展需要而组建的后备干部培养、储备的人才资源池。

华为的干部不仅肩负着践行和传承华为文化、使命、价值观的责任，平衡组织队伍建设，带好团队，保障团队内部人才的能力成长，而且要善于发现客户需求、抓住市场机遇、促进业务增长、保障业务效率提升。所以在华为，对干部的素质和能力要求是比较高的。

华为干部后备队分为管理三级干部后备队、管理四级干部后备队、管理五级干部后备队、员工干部预备队四层，据此进行分类培养。

管理三级干部后备队是从优秀员工中选拔进入华为大学培养的候选资源池成员。

管理四级干部后备队是从优秀的三级干部后备队管理者和优秀的跨部门团队核心成员中选拔进入华为大学培养的候选资源池成员。

管理五级干部后备队是从优秀的四级干部后备队管理者和优秀的高级跨部门团队核心成员中选拔进入华为大学培养的候选资源池成员。

员工干部预备队是指在培训各环节以及上岗试用过程中持续表现优秀，并经过各培训组织部门综合考察评价选拔出来的优秀员工。

华为选拔后备干部的基本原则有3点。

（1）符合华为干部的"四象限原则"，绩效优良、有责任感和使命感、敬业与奉献、对公司忠诚、品德优秀并具备一定任职资格的中外员工和干部；

（2）优秀特招人才参照上述标准可以直接选拔到相应层级干部后备队进行培养；

（3）品德作为后备队员选拔的一票否决条件。

华为干部后备队的选拔和组织工作，由人力资源部和华为大学联合组织。各业务体系管理团队对本体系干部后备队选拔工作集体负责，各业务体系管理团队主任是本体系干部后备队选拔组织工作的第一责任人，对本体系选拔组织工作过程和选拔结果负责。

各业务体系干部部（华为内部管理干部的部门，被称为"干部部"）作为本体系干部后备队选拔执行机构，负责本体系具体选拔工作的组织和落实。公司人力资源部和华为大学对业务体系选拔工作要提供培训支持。

各层级管理干部后备队和员工干部预备队每年选拔一次，每半年复核一次；干部后备队是一个动态的资源池，培养过程中不断有人转出或被筛选出资源池；新干部后备队员可以不断补充进池，但各级干部后备队总体规模根据岗位配置需求保持相对稳定。

华为对干部后备队的培养采取培训与岗位实战锻炼相结合、培训与工作实践不断循环的原则。

华为大学负责通过培训对干部后备队进行培养，重在提高后备干部的素质、能力、团队领导力，更重要的是要培养后备干部掌握科学的学习与工作方法。

各业务部门负责在工作实践中培养锻炼后备干部，重点要培训考察后备干部的责任心、使命感、敬业精神与献身精神、业务能力与绩效贡献。

华为大学对整体培养方案和培养过程负责，包括培养体系的规划、设计与组织实施，过程评价、过程记录和档案记录。

业务部门负责在实践中培养与考察干部，包括对后备干部的岗位锻炼与考察、周边（或跨部门）锻炼与考察、艰苦环境或挑战项目的锻炼与考察等。

公司人力资源部任职资格管理部为干部后备队管理在人力资源部的接口，华为大学重大项目部为干部后备队在华为大学的接口，负责干部后备队培养全过程管理，并负责为各业务部门提供干部后备队培养信息记录和过程文档，干部任职资格管理部门为干部后备队工作在各业务体系的日常工作接口部门。

【实战案例】阿里巴巴的人才培养

一个公司要成长，主要取决于员工的成长和客户的成长。阿里巴巴成立了阿里学院，主要目的也是培训员工和客户。阿里巴巴重视人才培养，把培训人才、开发人才作为一件常抓不懈的重要工作。

人才是可以培养出来的。什么是培？培就是多关注他，但也不能天天去关注，因为一棵树，水多了会死，水少了也会死，如何关注也是艺术。什么是养？养就是给他失败的机会，给他成功的机会，你要看着，不能让他伤筋动骨，不能让他一辈子喘不过气来。这句话是阿里巴巴人才培养的基本策略。

在阿里巴巴，人被视为最宝贵的财富。将每一位"阿里人"的个人能力成长融入持续的组织创新实践、集体文化传承，是对阿里巴巴建立学习型组织的最基础要求。阿里巴巴认为，人才是公司的资产，是借给团队管理者的，团队管理者要想办法让人才增值，让人才超越发现他的伯乐。

阿里巴巴的人才培养理念主要体现在三个方面。

1. 重视新员工培训

对于新员工培训的第一课，阿里巴巴从来不外包。当阿里巴巴的人数达到几千人的时候，管理层还是坚持自己给新员工培训第一课。管理层给新员工做培训讲的不是技能，而是公司的使命、愿景和价值观。

管理层给新员工培训第一课的内容主要包括讲阿里巴巴创业的初心，阿里巴巴为什么会存在，阿里巴巴的文化都有哪些，阿里巴巴的价值观是什么，什么样的事情公司是鼓励的，什么样的事情公司是反对的。

2. 重视一线管理层培训

企业管理中的很多问题其实不是战略层面、产品层面或方向层面的问题，而是在主管、经理这些偏一线管理层身上出了问题。所以阿里巴巴非常重视对一线管理层的培养。

3. 开发员工的潜力

阿里巴巴从不吝惜在人才培养上的投入，把对员工的培养看成是对员工成长的投资。员工是最小的作战单位，驱动团队、驱动管理层，都比不上对每一个员工的驱动。阿里巴巴对人才的培养不仅仅体现在对集中培训的应用上，更重要的是挖掘员工自身的潜力，打造学习型组织，为员工创造进步的氛围，让员工主动学习，主动成长。

阿里巴巴非常注重对内部培训师的培养，鼓励内部员工成为培训师。阿里巴巴内部培训师不一定是业绩最好的员工，但一定是业绩比较好，而且懂得如何传授的员工。

针对不同层次的讲师，阿里巴巴还开设了不同层次的兴趣班、提高班和专业班，鼓励更多的员工加入内部讲师团队。

阿里巴巴的人才培养体系可以简化为三大部分，第一部分是培养新员工的新人系；第二部分是培养人才专业能力的专业系；第三部分是培养管理人员能力的管理系。这三部分的背后，有阿里巴巴在线学习平台的支撑。

阿里巴巴的人才培养体系如图2-9所示。

阿里巴巴通过不同形式的培训，希望为全体员工提供学习和交流的机会。在阿里巴巴，所有阿里人可以自由报名参加线下培训；可以查阅过往学习的视频和文档；可以创建学习计划，监测管理学习的进度；可以通过即时问答系统得到答疑解惑。

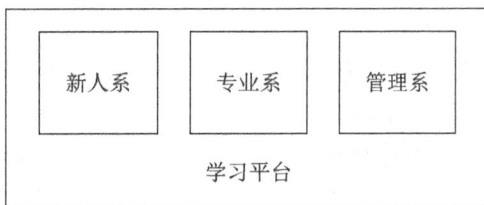

图2-9　阿里巴巴集团培训体系

知识要为公司提供价值需要情境，如果没有了对应的背景和情境，知识只是一种信息。所以，阿里巴巴的学习内容无论是新人系培训、专业系培训或管理系培训，还是技巧、工具或理念、文化，都已经浸透到阿里巴巴不同的业务场景和组织历史当中。

阿里巴巴的学习形式不局限于集中培训，随着阿里巴巴的成长，已经形成了一套知行合一的学习体系。除了培训课程学习之外，每一个员工可以根据公司提供的人才培养体系，根据自己的成长计划和发展路线，完成自己的学习图谱，找到适合自己的学习路径。

【疑难问题】员工轮岗如何规避法律风险

岗位调整是企业人力资源管理过程中比较敏感的问题，也是员工和企业之间比较容易产生劳动纠纷的问题之一。

企业要执行好内部轮岗机制，需要有效规避轮岗可能存在的法律风险。要规避轮岗的法律风险，有三大注意事项。

1. 协商一致

要避免法律风险，企业在要求员工轮岗前，一定要和员工协商一致。企业并不是制定了内部轮岗管理制度后，就可以不顾员工的个人意愿随意调整员工的岗位。

从劳动法的角度，岗位调整涉及劳动合同的变更，根据《中华人民共和国劳动合同法》（2012年12月28日修正版）第三十五条的规定。

用人单位与劳动者协商一致，可以变更劳动合同约定的内容。变更劳动合同，应当采用书面形式。变更后的劳动合同文本由用人单位和劳动者各执一份。

可见，只要企业和员工协商一致、意思表示一致，那么不管劳动合同之前是如何约定的，双方都可以就劳动合同的内容进行变更，企业可以合法合规地对员工进行调岗。

为了体现企业与员工协商一致，可以就与员工调岗的协商过程形成文字内容，要求员工签字确认，或者在与员工协商后，要求员工主动填写《员工调动申请表》，让员工提出岗位调动的申请，走岗位调动的流程。

2. 薪酬不降

在绝大多数情况下，在内部轮岗机制中不应降低轮岗员工的薪酬。如果因为调整岗位要降低员工的薪酬，企业同样必须要和员工协商一致，保留协商一致的证据，并且要求员工在《员工调动绩效薪酬变化单》上签字确认。

3. 重签合同

为了保证员工轮岗的合法合规性，除正常实习轮岗的情况外，企业在调整员工岗位后，可以与员工重新签订劳动合同，新合同上的岗位应当是员工轮岗后的新岗位。

第 3 章

如何搭建培训管理体系

　　无数成功企业的实践证明：企业中回报率最高、最具价值的投资就是对培训的投入。持续有效的培训需要培训管理体系的支持。落后的培训管理体系会阻碍人才的成长，影响企业的发展；优秀的培训管理体系，能够使企业各层级人员得到能力上的提升，加强企业的凝聚力和员工的归属感，促进企业良性发展。

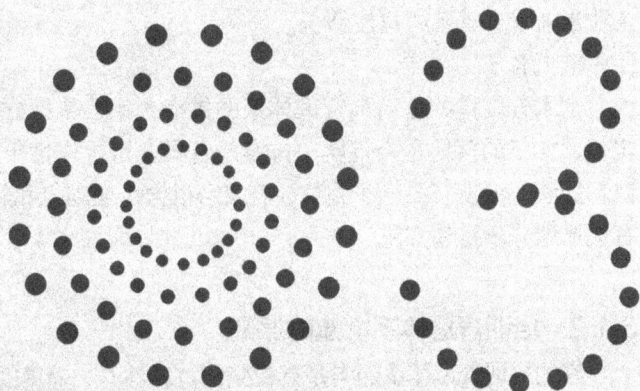

3.1　培训管理体系的搭建

培训管理体系不是简单地搞几场培训，也不是机械或单一维度的培训管理，而是对培训管理有计划、有方法、有目标的顶层设计、资源整合和有效实施的过程，从而使员工能够更好地胜任现在岗位的工作，并为担负更高级别的职务做好准备。

3.1.1　培训管理体系搭建的准备工作

在搭建培训管理体系之前，培训管理者需要提前注意三个层面的状况，分别是"空气"、"土壤"和"水分"。培训管理体系就好像是一粒种子，这粒种子能不能在企业这个生态环境中生根、发芽、开花、结果，企业中的"空气"、"土壤"和"水分"起着决定性的作用。

1."空气"

"空气"指的是企业各层级对培训管理体系的观念，包括"一把手"的观念、各部门管理层的观念以及员工的观念等。在实施培训管理体系之前，培训管理者需要让企业各层级对培训管理体系具备客观和理性的概念，而不是想当然，从观念上为培训管理体系搭建做好思想准备。

2."土壤"

"土壤"指的是企业的环境，包括企业的管理基础、整体氛围、员工关系管理等。完整的培训管理体系是比较高阶的管理工具，如果企业不具备基本的管理基础，是无法有效实施的。在搭建培训管理体系之前，培训管理者要判断企业当前管理基础的适应情况。

3."水分"

"水分"指的是培训管理体系的搭建方案，包括方案本身是否符合企业的实际、方案的落地是否现实、方案是否具备可操作性等。对大部分企业来说，都不能够或者没必要一步到位，而应当根据企业观念和管理基础的情况有计划、有选择地分步搭建实施。

3.1.2　培训管理体系搭建的原则

好的培训管理体系通常是具备整体协调性的、简单的、能够被企业内部通俗化地理解和接受的管理系统。它不以宏大的目标为追求，而是追求可落地、有效果，追求资源配置的效率和均衡性。搭建培训管理体系需要遵循如下八个原则。

1. 战略性原则

培训管理体系要服务组织的战略，要拥有长期的目标和系统的规划，并形成持续运转的体系和制度。培训管理除了为当前的经营服务、解决组织目前经营中需要解决的问题之外，还要有战略意识，要看到组织未来的发展和需求，变被动为主动。企业要通过培训，使员工能够满足组织变革发展的需要，能够随时迎接未来的挑战。

2. 针对性原则

培训管理体系是为了提高企业的基础能力，提高员工在生产经营中解决具体问题的能力，进而提升组织的绩效。所以，培训管理体系中的培训项目要有目的性，培训内容要与实践相结合，要务实、有效，要针对某一具体待解决的问题或者实际的培训需求进行，要按需施教、学以致用。

3. 计划性原则

培训管理者要根据培训需求制订培训计划，并保证计划的实施。为了培训计划能够进一步明确和实现培训目的，要形成具体的行动路径和方案，避免盲目性，使培训管理工作有章可循、循序渐进、有条不紊。

4. 全方位原则

培训管理在内容上要把基础培训、素质培训、技能培训结合起来，在方式上要综合运用讲授、讨论、参观、外聘、委培等多种方式，在层级上要划分并覆盖到高层领导、中层管理者和基层员工。

需要注意，这里的全方位并不代表着全覆盖，培训不需要也不可能面面俱到地覆盖到每名员工的每个需求。培训管理者要抓大放小，要全方位地考虑。

5. 有效性原则

培训管理体系不是"花架子"，培训管理工作也不能"走过场"，培训管理者要针对企业经营管理的需要策划培训的内容、方式、方法，使培训对企业的经营活动产生实质性的效果。为保证培训的有效性，培训结束后要对培训内容进行考核、对培训效果进行评估，以促进培训管理工作的持续提升；培训后要巩固所学，强化应用，并定期检查，及时纠正错误和偏差。

6. 重意识原则

思想和意识是人们行为的根源，企业首先要注重对员工价值观、态度、责任心、思想观念等的培训，要有真正打动人心的思想、出色的表达技巧和形式，引起员工强烈的共鸣，才有可能引起预期的行动。要激发员工的学习兴趣和学习意愿，变"要我学"为"我要学"。

7. 统筹兼顾原则

要协调好培训管理工作和日常的生产经营活动之间的关系，不能为了搞培训影响正常的生产或经营。在时间上，要避开生产经营的高峰期，在培训项目的安排上，要根据企业的能力做出妥善的安排。不需要同时进行过多的培训项目，要从企业整体出发，综合考虑、分清轻重缓急，使培训管理工作与正常经营两不误。

8. 低成本原则

培训经费和培训效果并不一定成正比，培训投入的经费越高，并不代表培训越有效。培训管理部门要对培训资金做出合理安排，在保证效果的前提下量力而行，使培训投入的每一分经费都物有所值。

3.1.3　培训管理体系的三大层面

一套完整的培训管理体系至少包含三个层面，分别是制度层面、资源层面和运作层面。培训管理体系的组成如图 3-1 所示。

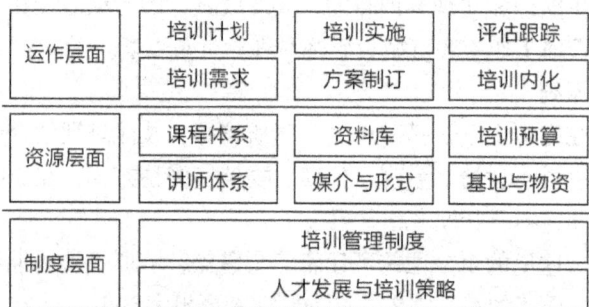

运作层面	培训计划	培训实施	评估跟踪
	培训需求	方案制订	培训内化
资源层面	课程体系	资料库	培训预算
	讲师体系	媒介与形式	基地与物资
制度层面	培训管理制度		
	人才发展与培训策略		

图 3-1　培训管理体系的组成

最底层也是最基础的层面，是培训管理的制度层面，是企业基于自身的战略制订的人力资源规划中关于人才培训与发展的纲领性政策或导向性思路。

中间层是培训管理的资源层面，是企业内部为培训策略和制度能有效实施所提供的可调配或者可以使用的资源。

最上层的培训运作层面，是企业在贯彻培训策略、动用各种培训资源的过程中，为了保证培训能够有效、有序地进行所采取的一系列关键行为。

培训管理者在评估企业的培训管理体系建设质量时，如果发现企业当前培训管理工作关注的模块有缺项，那么说明企业当前的培训管理体系是不完整的。当前企业培训效果或效能存在问题的原因很可能就是培训管理体系模块的缺失。

培训管理体系的三个层面之间的关系是递进、相互作用、共同发展的。完善的培训管理体系是人才培养的保证，是培训持续有效运转的重要保障。培训管理体系还不完善的企业，需要不断地创建和完善这三个层面的内容。

3.2 培训管理制度层面建设

培训管理制度处在培训管理体系中最底层、最基础的层面。培训管理制度层面可以分成两部分内容，一是人才发展与培训策略，二是培训管理制度。

3.2.1 人才发展与培训策略

人才发展与培训策略是根据企业的战略，制订出人力资源管理策略和人力资源管理规划，从而形成人才发展与培训策略。根据企业的战略不同，不同企业的人才发展与培训策略是有所不同的。

举例

以一般的企业为例，企业可以把员工按照能力和态度两个维度划分成高低两种层级，针对企业当前不同类型的人员，根据其能力和态度分别归类，如图3-2所示。

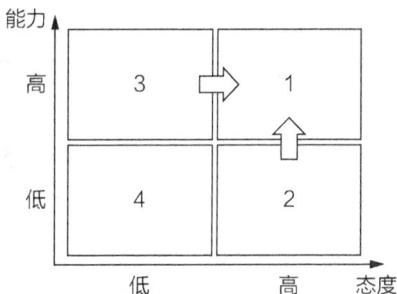

图3-2 按照能力态度高低归类

处在第一个区域的人员，他们工作态度的积极性比较高、能力比较强。他们是企业发展的中流砥柱。可以说，在推动企业发展、为企业创造价值方面，绝大多数的贡献都是由这部分人员完成的。

对于这类比较杰出的人员，企业应该重点给予晋升和发展，或者给他们提供一些特别的福利或者特殊的照顾。如果企业持续对他们不闻不问的话，这种比较优秀的人员很容易受到其他企业尤其是竞争对手的青睐。当外部的诱惑足够大时，这类人员很可能最终会选择跳槽离开。

处在第二区域的人员，他们拥有较高的工作积极性，但是在工作能力上有所欠缺。他们具备成为企业发展中坚力量的潜力。对于这类人员，企业应该给他们提供一些必要的培养和培训，想方设法提高他们的能力，让他们朝第一类人员努力。

处在第三区域的人员，他们的能力虽然比较强，但是他们的工作积极性比较差，甚至有劲儿不愿使。对于这类人员，企业要对他们加强管理，通过完善的规章制度和科学的绩效管理来评估、规范和引导他们的行为，让他们也能够向第一类人才靠拢。

处在第四区域的人员，他们的工作态度比较差，工作能力也比较弱。这类人员对于企业来说相对价值比较低。对待他们的策略通常是先具体了解和分析他们的情况，实施必要的轮岗，或者降级在本岗位继续观察和锻炼，并且给予必要的关注和培训。

如果企业目前没有比较明确的人才发展与培训策略，那么可以对上例的策略稍做修改后在本企业应用。但需要注意，实现人才发展与培训策略本身也需要一些其他的管理体系支持。

比如，首先需要企业有一套相对比较完善的人才评价机制，其次需要企业有一套能够操作人才盘点的管理机制，最后需要企业的人力资源管理者具备一定的管理能力。

3.2.2　培训管理制度的内容

当企业有了人才发展与培训策略之后，相当于有了培训管理工作的指导方针，培训管理工作有了相对明确的方向，接下来就需要有培训管理制度的支持。

培训管理制度是保证培训管理工作能够专业化、规范化、流程化的前提，是提高全员整体素质、保证全员达到岗位要求的能力、打造优秀的员工团队、建立学习型企业、增强企业核心竞争力的有力保障。

很多企业都有培训管理制度，就算没有，照搬其他企业的制度，稍做修改，也能够形成自己企业的培训管理制度。但是这些企业即使实现了培训管理制度的从无到有，但是培训管理却很难落地。培训管理制度不仅是有没有的问题，还要考虑是否适合、是否科学、是否完整、是否有效。

培训管理制度其实就是企业实施培训的游戏规则。在开展培训管理之前，企业要事先把一切规则都想明白、列明白、讲明白，后续的一系列培训管理工作才可能很好地开展。所以，培训管理制度一定要涵盖培训管理的资源层面和运作层面的所有工作，主要包含的内容如下。

1. 培训机构及其职责

企业要执行培训策略，就必须建立科学有效的培训机构，并且确定各参与方的角色定位和职能。在明确了培训管理的组织机构和培训管理相关的岗位职责之后，培训管理者才能有效地开展工作。

2. 培训对象和培训形式

这部分要详细地规定企业针对什么样的员工，由谁提供什么样的培训，以及怎么提供。企业要根据自身的特性、所处的时期和各部门的需求等实际情况，选择合适的培训模式。

比如可以规定人力资源部负责企业级别的培训，新员工培训以及外出培训的计划、组织和实施工作。各部门、各子企业负责做好部门内部的培训管理工作，培训形式可以更加灵活，比如采取授课式、视频式、讨论式、情景模拟式等多种方式。人力资源部负责配合并督促指导，保证各项培训计划顺利完成。

3. 培训计划管理

这部分要详细规定企业应该有多少种培训计划，什么时候开始做，由谁来做这些培训计划，培训计划的编制规范是什么，培训计划执行什么审批流程。

4. 培训资源管理

这部分要规定培训讲师应如何开发，如何培养，如何管理；培训课程要如何开发，如何更新，如何管理；培训的基地和物资要如何开发，如何管理；培训的资料库要如何更新，如何管理。

5. 培训实施管理

培训实施管理，指的是企业为了更好地实施培训而做出的规定，包括培训组织人员的纪律要求，如何管理培训的档案，培训的实施流程，培训期间的考勤管理等。

6. 培训评估管理

培训评估管理包括规定培训评估方式都有哪些；针对不同的培训类型和培训目的，企业应当采取什么样的培训评估方法；如何实施这些培训评估方法；培训评估的结果如何应用等。

7. 培训协议管理

企业中经常会有一些花费成本较高的培训，企业选择员工参加这类培训，目的是为了能让员工为企业长久地创造价值。在这部分，企业要规定当有什么样的培训时需要和参训人员签署什么样的培训协议；培训协议中要明确在什么条件下员工的服务期是多长；当员工违反培训协议离职时要承担什么样的违约责任。

8. 外派培训管理

这部分要规定企业可以外派学习的类别；选择外派培训员工的标准；外派培训申请和审批需要经过的流程；外派学习之后需要如何转化等。

9. 培训费用管理

这部分要规定：培训费用都有哪些分类；培训费用预算是怎么制订出来的，由谁制订，由谁审批；培训费用的使用原则是什么；培训费用的支付、报销和审批流程是什么样的。总之，一切在培训管理中涉及费用的问题，都应在这部分做具体的规定。

培训管理制度如果缺项，是不能作为培训管理体系基础的。以上九点是培训管理制度包含的通用内容。在实际操作中，培训管理者可以根据企业实际情况自行增减和填充内容。

培训的政策制度不仅要全面，而且要有效。有效的前提是让培训管理能够与员工的利益紧密关联。比如，通过把培训的参与程度与员工晋升相联系，将担任内部讲师工作与员工福利和荣誉相联系等方式，保证培训管理工作的顺利进行。

3.3 培训管理资源和运作层面包含的模块

培训管理的资源和运作层面包含较多的管理模块，不同的管理模块有不同的含义、功能和作用。这些模块的含义分别是什么？这些模块都包含哪些内容？

3.3.1 培训管理资源层面包含的模块

资源是管理行为的基础，很多项目要正常开展，都离不开资源。培训管理的资源层面正是为企业培训能够有效实施和落地提供各种资源上的支持作用。培训管理资源层面包含如下管理模块。

1. 讲师体系

讲师体系指的是在培训管理中对培训讲师的开发和管理。讲师体系管理模块中探讨的内容包括从哪里获取培训讲师；如何选拔培训讲师；如何开发和培养培训讲师的能力；如何激励培训讲师；如何管理培训讲师等。

2. 课程体系

课程体系指的是在培训管理中，对培训课程的开发和管理。课程体系管理模块中探讨的内容包括如何开发培训课程；如何定期更新培训课程；如何管理培训课程等。课程体系的建设应首先保证关键岗位员工的课程体系是完整的。课程体系要从职位设置的纵向和横向两个方面设计。

3. 媒介和形式

媒介和形式指的是企业培训可以用到的传播渠道和能够驾驭的培训形式资源。媒介与形式管理模块探讨的内容包括培训可以通过怎样的媒介进行传播；企业可以操作的培训形式有哪些；不同的培训形式适合哪种类型的培训等。

4. 资料库

资料库与课程体系有着不一样的功能和定位，它指的不是企业的档案资料室，也不是指培训档案的存放处，而是指在企业中有价值的、能够被组合或加工后转化为培训课程的原始资料体系。

5. 基地与物资

基地与物资指的是培训场所资源和培训需要的物资资源。基地与物资管理模块中探讨的内容包括企业可以用来开展培训的培训场所都有哪些；不同的培训场所适合开展什么类型的培训；企业拥有开展培训需要的物资有哪些；如何管理这些培训物资等。

6. 培训预算

培训预算指的是企业为培训管理提供的可支配的资金资源。培训管理者在管理培训预算模块时需要注意，不能被动地等着企业提供资金，不能以一种企业出多少资金就办多少事的态度做事，而应当根据培训的需求，提前做好培训资金使用的筹划和各项目的预算，提前和企业的相关管理层沟通。

关于培训资源层面各管理模块搭建和操作的具体内容将在本书第5章详细介绍。

3.3.2 培训管理运作层面包含的模块

当培训的制度层面和资源层面比较完善之后，通常培训举办后有问题，或者培训之后没有效果，大都是因为培训在运作层面出现了问题。运作培训时，如果不有效地采取一系列行为的话，那么培训的实施就是不完整的。培训管理运作层面包含如下管理模块。

1. 培训需求

培训需求管理模块是对企业内什么样的人适合什么样的培训等信息进行了解、加工、处理并形成管理决策的过程。

企业层面的培训需求调查一般是在每年11月底之前，由人力资源部、各子企业、各部门的培训管理者对培训需求进行客观、准确、细致、全面的调查分析，并统一汇总至总企业人力资源部。培训管理者对培训需求进行分类汇总，对于共性的需求由人力资源部统一组织企业级别的培训，对于某个子企业或部门的个性需求，则由子企业或部门的培训管理者自行组织部门培训。

2. 培训计划

培训计划是当培训管理者了解了企业的培训需求之后，在考虑企业战略、人力资源规划和策略以及现有的培训资源之后制订的培训计划。

培训管理者一般应在每年的 12 月底前制订出下一年度企业级的培训计划，并且要报企业领导审核批准后执行。各部门要参考企业级的培训计划，在 12 月底前制订出各部门的培训计划，由部门负责人审核批准后，交人力资源部备案。

培训计划需结合受训部门的实际情况，做到详细具体、切实可行，并明确每次培训的培训对象、培训主题、培训时间、培训负责人、培训讲师等，做到分工明确、保障有力，保证培训计划的可执行性。

培训计划一旦通过，就要严格执行，并根据实际需要及时更改培训计划。人力资源部组织企业级培训要以书面形式通知各参训部门，参训人员需要按时参加，并且严格执行签到制度。一般各部门组织的部门内部培训需要至少提前几天通知人力资源部，以备人力资源部定期对各部门的培训计划的执行情况进行跟踪。

3. 方案制订

培训方案是具体培训活动实施参照的依据。在收集、审核、确认并审批通过企业整体和各部门的培训计划之后，培训管理者要根据每一次培训的目的和预期效果的不同，制订有针对性的、具体的、可操作的、可执行的培训方案。

4. 培训实施

培训正式实施时，有实施前的准备、实施过程中的组织协调和实施之后的总结。很多培训管理体系不完善的企业，培训的重点工作都是放在了培训实施前、中、后这些操作环节。

5. 培训内化

培训内化管理模块是培训管理者让参训人员把培训中获得信息内化为自身的知识、技能、观念等的过程。这一步主要是通过培训过程中或结束之后，培训管理者保证参训人员持续运用和实施培训内容而实现的。

6. 评估跟踪

培训的评估和跟踪是培训结束之后，跟踪和评估参训人员对培训信息的掌握程度，以及对培训内容的落地程度。具体方式包括培训结束后的满意度调查、对比培训前后行为的改变、对培训后的行动计划和结果的评估、评估培训前后绩效改善情况等。培训内化和培训评估跟踪两个管理模块也可以合并实施。

关于培训运作层面各管理模块搭建操作的具体内容将在本书第 6 章详细介绍。

【疑难问题】外派员工培训管理流程

企业外派员工参加培训，首先应由员工本人填写外出培训申请表，如表 3-1 所示。

表 3-1　外出培训申请表

申请日期：　　年　月　日

申请人		所在企业	
所在部门		所在岗位	
培训内容		申请事由	
培训机构		培训时间	
培训地点		培训费用	
直属领导意见		部门负责人意见	
人力资源部意见		总经理意见	

外出培训申请表由相关的审批人全部审批通过后，在人力资源部备案。对于设置了相应审批权限的企业，参考本企业审批权限设置签批的流程。审批通过后，员工方可外出参加培训。

根据企业的规定，当每人次的培训费用超过一定金额时，参训人员需要和企业签署服务协议，未满服务期离职的，须按照协议处理。

外出培训结束后，参训人员一般应在回到企业一周时间内填写外出培训记录表，如表 3-2 所示。

表 3-2　外出培训记录表

填表日期：　　年　月　日

参训人员		所在企业	
所在部门		所在岗位	
培训课程		培训机构	
培训时间		培训地点	
培训内容：			

培训资料：			
培训收获及感想：			
直属领导审阅		部门负责人审阅	
人力资源部审阅		总经理审阅	

外出培训记录表同样应报人力资源部，作为参加外训员工的资料保存。在提交外出培训记录表的同时，参训人员要在一周内把培训相关的纸质或电子版资料交到人力资源部存档。一般回到企业的两周之内，要把培训内容向企业相关人员分享。

签署培训协议后，企业承担培训费用的，员工在培训结束之后如果有结业证、资格证或者其他证明材料的，应把原件交人力资源部统一存档。人力资源部可以在员工签署培训协议的服务期满后，将相关证书原件交还外派参训人员。

有时候，企业为了提升员工的综合素质和学历层次，会鼓励有发展前途和学习潜力的干部或员工在岗期间继续学历教育，鼓励员工参加国家职业资格认证学习。这时，同样可以按照外派员工培训管理流程实施。由企业承担培训费用的，达到一定金额标准后签署培训协议，有证书的同样应当由企业对证书原件进行统一保管。

【疑难问题】如何设计培训服务协议

《劳动合同法》（2013 年 7 月 1 日）第二十二条规定如下。

用人单位为劳动者提供专项培训费用，对其进行专业技术培训的，可以与该劳动者订立协议，约定服务期。

劳动者违反服务期约定的，应当按照约定向用人单位支付违约金。违约金的数额不得超过用人单位提供的培训费用。用人单位要求劳动者支付的违约金不得超过服务期尚未履行部分所应分摊的培训费用。

用人单位与劳动者约定服务期的，不影响按照正常的工资调整机制提高劳动者在服务期期间的劳动报酬。

培训服务协议是从法律角度约束培训后员工行为、保护企业合法权益的工具。如果企业付出了大量的时间、投入了大量的培训资源予以培训的员工离职，不仅是企业岗位的损失，同时也很可能为竞争对手节省了培训资源，为其提供了素质和能力较强的人才。

如何预防企业投入了大量培训资源重点培养的员工离职，成为许多企业需要解决的一大难题。除了情感、文化、薪酬、福利等这些常用的留人手段之外，从培训管理的角度来说，可以与参训人员签订培训协议，格式模板如下。

甲方：＿＿＿＿＿＿＿＿＿＿＿　　经营地址：＿＿＿＿＿＿＿＿＿＿＿

乙方：＿＿＿＿＿＿＿＿＿＿＿　　身份证号：＿＿＿＿＿＿＿＿＿＿＿

家庭住址：＿＿＿＿＿＿＿＿＿　　联系电话：＿＿＿＿＿＿＿＿＿＿＿

甲乙双方经友好协商，就乙方在甲方工作期间，关于乙方培训事项达成如下协议。

1. 培训内容：＿＿＿＿＿＿＿＿＿＿＿＿＿＿＿＿＿＿＿＿＿＿。

2. 培训方式：＿＿＿＿＿＿＿＿＿＿＿＿＿＿＿＿＿＿＿＿。

3. 培训费用：指甲方为乙方培训所实际支出的全部费用。

本次培训费用数额为：＿＿＿＿＿＿元。培训费用包括但不限于培训场地费用、师资费用、学费、教材费用、食宿费用（包括培训师资人员和乙方）、差旅费用、考试报名费、培训期间向乙方支付的工资以及因培训产生的用于乙方的其他直接费用。

4. 服务期限

甲方选派乙方参与培训的，乙方服务期自培训期满之日起开始计算，培训费每增加＿＿＿元，服务期相应增加＿个月。合同期限内连续培训或者多次培训，服务期可累加。通过本条确定的服务期限，如果短于双方劳动合同期限，以双方劳动合同期限为服务期限；如果长于双方劳动合同期限，则双方劳动合同期限延长至服务期限截止之日。

5. 甲方的权利、义务

（1）甲方有承担培训费用的义务，但本协议和甲方规章制度另有规定的除外。

（2）因乙方的原因导致劳动合同解除或提前终止的，乙方应赔偿甲方支出的培训费用；给甲方造成其他损失的，甲方有权要求其赔偿实际损失。

（3）甲方有权选择培训的内容、方式、地点、人员、时间等。

（4）甲方在培训结束后，有权根据培训内容以及甲方经营之需要，调整乙方的工作岗位。培训结束后乙方应将培训证书原件交给甲方。

（5）服务期未满擅自解除劳动合同或无甲方书面同意而擅自离职，乙方需赔偿甲方支出的培训费用。赔偿培训费用的计算方式为：

培训费用总额－[（培训费用总额÷服务期限）×乙方实际服务时间]。

培训期间乙方辞职的，也视为违反服务期限约定。

6.乙方的权利、义务

（1）乙方享有要求甲方依照本协议约定承担相关培训费用的权利。

（2）在培训期间，乙方应当遵守甲方、培训方的规章制度，认真完成培训任务并取得培训合格的证明材料。培训方提供合格证明而乙方未能取得的，甲方有权要求其重新参加培训并且乙方应承担当次培训的费用。

（3）在培训期间，维护甲方的声誉、利益和自身安全。

（4）非工作地点培训结束后，乙方应当于合理期限内返回工作地点参加工作，否则视为旷工。

（5）乙方凡取得证书须交由甲方存档。

甲方（盖章）：　　　　　　　乙方（签字）：

__年__月__日　　　　　　　__年__月__日

另外，最好在本协议后附上本次培训的费用清单。

【疑难问题】培训管理体系搭建的常见问题

搭建培训管理体系是一套完整的管理项目，它不像购买一件商品那么简单。结果再成功的管理项目，在搭建的过程中也会出现各种各样的问题。培训管理体系搭建中最容易出现的问题包括如下四个方面。

1. 不重视战略

很多企业搭建培训体系的重点局限于培训的需求判断、计划方针、执行实施和评估落地上。而这些，其实只属于培训运作层面的内容。培训体系搭建的第一步应该是以企业的战略目标为出发点，从企业战略发展的角度制订人才培训发展策略，保证培养出符合企业战略的人才，而不是机械地传授知识和技能。

2. 放错了重点

有的企业把培训管理的工作重心放在了追求课堂效果上，却忽视了培训之后的应用和绩效改善；有的企业把培训管理的工作重心放在了课程选择上，却忽视了课程体系建设；有的企业看重培训管理的短期目标，却忽视了培训管理的长期目标；有的企业重视员工个体技能的提升，却忽视了企业整体绩效的提升。

3. 看不清差异

不同类别、不同性质的企业培训管理体系的侧重点是不同的。完善有效的培训管理体系，是从企业自身的特点和需求出发，最大限度地令员工能力与工作相匹配，最终有效达成企业业绩的系统化过程。

要完善培训体系，应全面研究培训体系中各要素的功能结构的含义以及各功能结构之间的关联性；要按照系统性的思维、原则和要求，让培训管理体系中的各种要素之间能够达到最合理的配置，充分发挥各个要素之间的功能，最终实现培训资源的最优化配置，打造学习型组织。

4. 观念有问题

有的企业做培训时只知道低头走路，不知道抬头看天；有的企业不会做计划，不会做评估，不会做改进；有的企业认为效益好时，不需要做培训；有的企业认为效益差时，没资金做培训；有的企业认为高管人员薪酬高，不需要培训；有的企业认为培训是成本，培训了员工总会离职，不如不做培训。

【实战案例】培训管理体系搭建的咨询项目

这是笔者曾经参与过的一个管理咨询项目。A 企业开始做管理咨询的时候，并不是想搭建培训管理体系，而是想让笔者在销售岗位的薪酬体系建设方面提供意见。但是在深入理解了这家企业的具体情况和问题之后，我发现这家企业的核心问题其实并不在薪酬管理体系上，而是在人才的培养和培训管理体系上。

A 企业销售部的工资构成为固定工资和提成工资两部分，每月整个销售部固定工资的费用是 10 万元，提成工资则根据业绩情况有所浮动。

随着时间的推移，销售部的员工对工资的要求越来越高，可是这个部门每月的整体业绩变化不大，员工到手的工资没有太大变化，这直接导致销售部的离职率和去年同期相比增长了一倍。这家企业的销售总监提出了一个方案，想把销售部每月固定工资的费用增加到 12 万元 / 月。其实就是给销售人员增加基本工资，解决员工的离职问题。

这让企业的 HR 陷入了一个两难的局面，因为增加的这 2 万元 / 月的成本没有为企业带来任何价值。可是，如果企业不增加固定工资的话，很难再招来人才，即使招来了也很难留住。这样的话，企业还要付出更多的招聘成本以及员工离职的成本。

看起来工资加与不加，对企业来说都没有好处，最终他们呈报给老总的方案还是加工资，这样员工会比较高兴。A企业的总经理认为这里面肯定有问题，于是找到了笔者。

当时恰巧销售部的小李提出离职，笔者对他进行了离职访谈。得知小李是在大学毕业后就来到这家企业。他当初选择这家企业的原因是因为看好这个行业。当初的几个offer（录取通知）中，这是唯一的销售岗，他想挑战一下自己。

小李来的时候人力资源对他进行了简单的面试，让他填写了一些表格以后就直接安排他上岗了。上岗后，没有人带他，销售经理只给了他一摞宣传材料，里面有企业简介和产品介绍，向他介绍了一下部门的其他同事，给他安排了办公位置，安排他领了一些办公用品，给他下达了销售任务，给了他几页客户名单，然后就让他直接开展工作。

小李刚毕业，没什么实质的工作经验，但凭着对这份工作的热情，还是选择了坚持。可是，他对产品了解得很少，对业务套路也是一头雾水，转眼半年过去了，他连一单生意都没做，每月只能拿到固定工资。这让他看不到希望，所以才选择离开。听完小李的描述，笔者已经基本知道问题出在哪里了。

A企业销售部的问题，是员工入职之后没有得到岗位需要的培养和培训，员工的能力增长缓慢，能力水平较低，造成了员工的业绩较差。因为员工的业绩差，造成了员工的收入降低；因为员工的收入低，员工的离职率增加；因为员工离职率的增加，经验较少的新员工比例逐渐增多，加上企业人才培养和培训体系的缺失，进一步造成企业销售部整体的员工能力较低。因此A企业销售部形成了一个恶性循环，如图3-3所示。

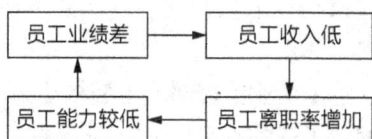

图3-3 A企业销售部的恶性循环

现在想象一下，假如小李现在到了另外一家B企业，也是做他想从事的销售岗位，销售的产品、工资计算方式和这家A企业完全一样。不同的是，B企业的人力资源部在小李上岗之前，对他进行了关于企业发展史、企业文化、规章制度等各方面的培训，使他先对企业有了非常全面的了解。到销售部上岗后，小李又参加了产品知识、销售技巧等方面的培训，随后销售经理给他安排了一位资深销售人员做他的帮带师傅，要在3个月之内给他实战上的技能传授。

在这之后，才让他独立开展工作。在部门每周的例会上，销售经理还会不断组织大家对销售过程中的疑难问题进行讨论，帮助大家解决问题，不断提高能力。小李不笨不傻，在这种能够提供周到的培养、训练和辅导的环境下，很快就能入门，加上他自身也有做好这份工作的意愿，能够做出理想的业绩。

这时他的月工资不仅是固定工资，而是随着自己能力的逐渐增强、业绩逐渐提升，每月的提成工资也会逐渐增加。因为员工能力越来越强，员工的业绩较好；因为员工的业绩好，员工的收入高；因为员工的收入高，员工的离职率降低；因为员工离职率降低，员工队伍的能力会越来越强。B 企业的销售部内部形成一个良性循环，如图 3-4 所示。

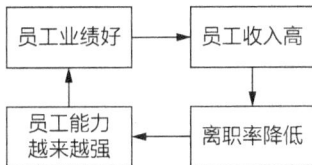

图 3-4　B 企业销售部的良性循环

所以，A 企业销售部的核心问题其实并不是固定工资涨或不涨的问题，而是在人才培养和培训方面的工作开展有问题。正是由于对人才能力认识的不同，B 企业通过对人才的培养，把人才的能力转化成价值创造，而 A 企业只是简单孤立地看待能力价值和工资之间的关系。

这两种做法导致的结果是：A 企业只会不断地感叹人才难求，一直疲于奔命地招聘人才，一直被动地给员工提升固定工资，但是却没有效果；而 B 企业将会人才济济，经营业绩不断提高。而实际上他们可能原本都拥有同样的人才，就像小李。

笔者后来向 A 企业的总经理说明了问题的源头，帮助 A 企业搭建了一套人才的培训管理体系，A 企业销售部的员工能力增强了，部门业绩提升了，在没有增加固定工资的前提下，销售部员工的收入自然而然提升了，而且员工的离职率也下降了。A 企业由原来的恶性循环，转为良性循环。

第 4 章

如何发现和分析培训需求

　　许多企业在开展培训前，不知道该给员工培训什么。有的企业是市面上流行什么就培训什么，有的企业是在市场上遇到什么就培训什么，还有的企业是人力资源部有能力组织什么课程就培训什么。这些企业的培训都没有建立在需求分析的基础上，结果浪费很多资源，却达不到企业需要的结果。

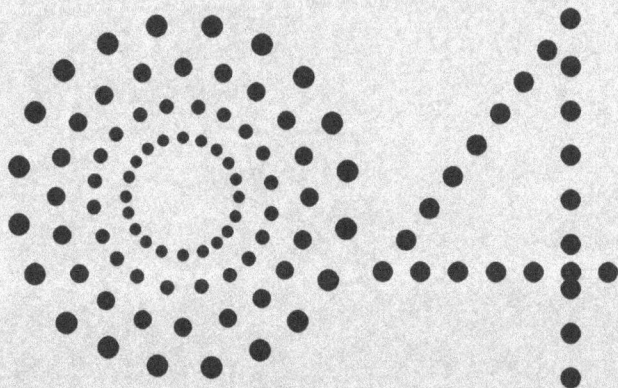

4.1　培训需求分析的正确认识

培训需求分析是企业在设计与规划每个培训活动前，对各部门及其员工要达到的目标、需要的知识和技能等方面与现状之间进行的系统分析、鉴别与差别分析，用来确定是否需要进行培训或需要什么样培训内容的管理活动。

4.1.1　如何找准培训需求

培训管理者只有挖掘出真正的培训需求，才能对症下药，达到最佳的培训效果。培训管理者要准确找到培训需求，可以参考如下公式。

需求＝期望－现状。

这个公式是培训需求分析的核心公式。从这个公式中，培训管理者应当能够清楚培训需求分析到底要分析什么。培训需求分析，是找出企业、部门、员工或者说企业的最高管理层、各部门管理层以及员工个人的期望与现状之间的差距。

[举例]

有一位女士，觉得自己体重较重，想要减肥。于是，她找到一家减肥中心。这时，这位女士的需求确认了吗？没有！

目前只知道女士有减肥的需求，但这并不是一个准确而有效的需求。假如这位女士现在的体重是 140 斤，她想在 3 个月后，把体重减到 100 斤。这 3 个月的时间和体重由 140 斤到 100 斤之间 40 斤的差距，就是这位女士的需求。这时，需求找准了吗？没有！

这里的 140 斤和 100 斤，都是女士自己说的，这两个数据还需要一个工具对其进行准确测量，这个工具就是电子秤。而且这个工具，最好是唯一的，因为不同的电子秤可能在测量体重上会有一定的差异。女士家里的电子秤和减肥中心的电子秤可能对同一时刻、同一个人的体重测量结果是不同的。这里以减肥中心的电子秤测量的结果为准。

采用统一的电子秤还有另外的功能，即女士在减肥过程中可以通过电子秤的数据实时得到自己当前的体重，确定自己离目标体重之间的差距。这样不论是减肥中心还是这位女士都很清楚减肥的进度。通过这种反馈方式，她可以每天鞭策自己达成该目标。这时，需求确认了吗？没有！

目前只是女士单方面说出了自己的要求，减肥中心还没有发表对这个要求的意见。女士来到减肥中心，说出了自己的要求，到电子秤上称完体重后，发现电子秤显示女士当前确实是140斤。但是根据健康人体身高和体重的比例，这位女士减到110斤已经是她的身高对应的健康体重的最低值了。到了110斤之后她就不需要再减肥了，再减对这位女士来说就是不健康的了。

这时，减肥中心告诉这位女士："我们这里可以接受您，但我们建议您最多只需要减到110斤。我们有明确的规定，最多只能帮助您减到110斤，也就是减重30斤。而且我们不建议在3个月之内完成，因为这也是不健康的，建议这个计划最快在半年内完成。"

女士听完减肥中心的意见后，觉得可以，因为她也希望健康减肥。于是双方达成了共识，女士的需求是以减肥中心的电子秤测量结果为基准，在半年时间内，体重由140斤减到110斤（减肥30斤）。这时，需求才算是最终确认。

从女士减肥这个案例中，培训管理者能够看出培训需求分析的整个流程。从最初的提出需求，到测量需求，到分析需求，再到确认需求，这就是培训需求分析的过程。不是只要需求被提出来，企业就要满足，企业一定要通过培训需求确认的过程来确认培训需求。

培训管理者要先了解最高管理层、各部门管理层以及员工个人的需求，然后通过一些管理工具，把这些需求量化，让这些需求具备可实施性和可操作性，并且在未来同样能够被测评，接着对培训需求进行具体的分析、沟通，最终形成确认的需求。

举例

某生产制造企业的某个车间内，当前某工序的生产操作工人的技能水平是平均每天生产100件某产品。该企业的生产经理期望在1个月的时间之内，把这个工序所有工人的生产效率提升到每天能够生产120件该产品。

该企业培训管理者经过调研，发现该生产经理的这个期望目标并不是没有依据的。在该岗位上，有一部分员工每天最多可以生产150件该产品。这种速度，并不仅和从事该岗位操作工人的熟练程度相关。

培训管理者通过调研，发现这种生产效率的差距主要与生产操作工人的作业方法和流程直接相关，而这种作业方法和流程是能够被操作工人快速学会，并且有可能在1个月的生产实践中经过不断练习、操作、内化而转化成操作工人习惯的。

这时，该培训需求就比较明确了——在1个月内，将该生产工序上操作工人的平均生产效率由平均每天生产100件该产品提升到平均每天生产120件该产品（生产效率平均每天增加 20 件）。

4.1.2 培训需求分析的注意事项

就算完全理解了女士减肥案例的精髓，在实践操作的环节，培训需求分析还是很容易出问题。为了精确地进行培训需求分析，培训管理者在实施培训需求分析时，需要注意三个方面的问题。

1. 找问题

培训需求分析要求培训管理者要找出企业、部门或员工待解决的核心问题究竟是什么，要找到他们期待达成的目标是什么，他们期望的效果是什么。在找问题的层面，培训管理者相当于要找到病根，才能对症下药。

2. 定内容

定内容是培训管理者通过对问题的查找，确定和分析出哪些事项是可以通过培训解决的，哪些事项是培训无法解决的。培训管理者可以从态度、知识和技能三个层面分析。

这里需要注意，培训并不是什么问题都能解决，比如不是所有的态度问题都能通过培训解决，不是所有的技能问题一定需要通过培训解决，同样的问题对不同员工来说，有的通过培训后就能够解决，有的却不能解决。

3. 定对象

当培训管理者确定解决这些问题需要哪些人、接受什么样的培训和学习之后，接下来要搞清楚这类参训人员有着什么样的特征，包括个性、共性、能力、风格、态度等基本信息。另外，还有一些其他的培训辅助信息，比如培训时间、培训地点、培训方式等都需要在培训需求分析的时候一并考虑清楚。

4.2 查找培训需求的层面

企业中的培训需求分析可以分成三个层面——战略层面、任务层面和个人层面，分别对应着高层管理者、中层管理者和员工的培训需求。战略层面更关注企业战略、发展目标和企业文化等企业顶层的需求；任务层面更关注业绩结果、具体问题和具体工作等承上启下的需求；个人层面更关注员工的个人发展、遇到的困难、员工兴趣等员工个体的需求。培训需求分析的三个层面如图 4-1 所示。

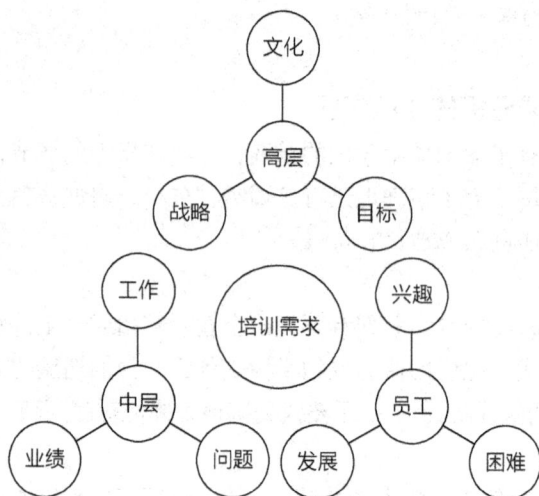

图 4-1 培训需求分析的三个层面

4.2.1 培训需求分析的作用

培训需求分析的三个层面承担的角色各不相同，发挥的作用也有所不同，比较常见的作用如表 4-1 所示。

表 4-1 培训需求分析三个层面发挥的常见作用

层面	作用		
战略层面	确定培训目标	针对培训需求	了解工作任务
任务层面	获得中层支持	提供评估依据	避免浪费资源
个人层面	了解员工态度	了解能力差距	了解员工信息

1. 战略层面的常见作用

战略层面的需求也可以被理解为企业层面的需求。它指的是把握企业整体发展方向的高层领导，为实现战略发展目标，涉及企业关键部门、关键岗位、关键能力的培训需求。当这个层面的培训需求得到满足时，企业的战略发展才能够得到保障。

（1）确定培训目标。

确定培训目标是帮助培训管理者搞清楚什么层面的问题，能够帮助培训管理者了解企业业务目标的具体需求，澄清问题、明确目标。

（2）针对培训需求。

针对培训需求能够帮助培训管理者针对性地解决问题，而不是盲目地搞培训。有的培训可以给员工传递知识，有的培训能帮助员工提升技能，每一种培训能够达到的效果不一样，培训管理者要根据培训需求有针对性地应用。

（3）了解工作任务。

了解工作任务是让企业的战略管理层了解培训管理相关工作的具体任务。通过培训需求分析，能够把企业的战略管理层拉进培训项目设计工作中，让他们能够审视、了解企业当前的需求，而后培训管理者可以充分听取他们的意见，确认培训需求和行动方案。

在这个过程中，培训管理者通过和企业的战略管理层充分接触和沟通，增加了培训管理者得到战略管理层理解并支持培训管理工作的机会，而且能够把战略管理层拉进对后续培训需求行动方案的贡献当中。

2. 任务层面的常见作用

任务层面的需求也可以被理解为绩效层面的需求、部门层面的需求或中层管理者的需求。它指的是与岗位绩效提升直接相关的培训需求。这个层面的重点是要判断员工目前是否胜任岗位。当这个层面的培训需求得到满足时，各岗位的绩效水平能得到保障。

（1）获得中层支持。

企业中的培训管理要取得成功，除了获得战略管理层的支持外，还要得到中层管理者的支持。培训需求分析过程中与中层管理者充分的沟通和交流，能够让中层管理者了解并参与到培训需求分析的全过程工作，明白企业将要开展培训的目的，让中层管理者真正感受到培训管理者是真心实意想帮助他们解决部门工作中的实际问题。中层管理者也希望自己部门的管理问题能够得到别人的帮助，所以自然会支持培训管理者后续为了帮助自己而开展的一系列培训管理工作。

（2）提供评估依据。

培训评估的一个重要环节是制订评估标准。培训需求分析能为培训评估标准的制订提供有用的资料。管理者的希望、员工的现状，通过需求分析可以被了解，再和培训后的情况进行对比，结果就显而易见了。

通过培训需求分析也能帮助我们收集大量的资料，比如组织的工作流程图、各岗位工作程序、工作的典型案例，这些能够为后续的培训设计提供重要的数据和参考，为后续的培训评估提供方法。这样培训也能够更贴近部门的实际，更能够针对性地解决实际问题，对员工工作的改善更有帮助。

（3）避免浪费资源。

培训管理者只有找准培训需求，才能让培训更有针对性、更加有效、更加精准，避免浪费不必要的人力、物力。

3.个人层面的常见作用

个人层面的需求也可以被理解为个人职业发展层面的需求。它指的是个人对培训需求的意愿。当个人层面的培训需求得到满足时，能够对岗位绩效有一定的帮助，同时对员工个人的职业发展、能力提升等也有一定的帮助。

（1）了解员工态度。

培训需求分析，是培训管理者和员工深度接触的好机会。其实当培训管理者和员工充分沟通的时候，不仅可以做培训需求分析，还可以了解员工的工作态度、工作状态、对企业的想法等。这一过程可以和企业定期的员工面谈或员工关怀活动相结合。

（2）了解能力差距。

培训管理者能够了解到不同员工当前的实际能力和培训需求期望的能力之间的差距，做到记录在案，为培训提供数据和信息支持。这一过程可以和员工的岗位能力评估相结合。

（3）了解员工信息。

如果培训管理者原本并没有深入了解员工信息，可以通过这个机会直观地了解员工的个人基本信息，比如兴趣爱好、家庭情况、职业期望等，这些信息对组织培训是有价值的。这一过程也可以和员工的职业生涯规划面谈相结合。

4.2.2　培训需求分析的方法

很多人一谈起培训需求分析方法，第一时间想到的就是培训调查问卷。先编制一个培训需求调查问卷，然后把调研问卷发给全企业的员工，再根据回收后调查问卷的信息整理得到培训需求调研结果。这种通过调查问卷得出来的结果因为基于大量的数据信息，往往能做出一份非常漂亮的培训需求调查报告。

如果培训管理者只用这一种方法在企业做培训需求调查的话，往往有效性较差，而且解决不了企业最根本、最需要解决的问题。因为在培训需求分析的三个层面中，战略层的培训需求分析是最重要的，可是实务操作时，调查问卷通常很少能够发到企业的中高层管理者手中。即使发到了，他们通常也不做答卷；即使答了，培训管理者在统计的时候也很少会把中层管理者和高层管理者的意见单独分析。所以，最终问卷调查法中的问卷往往大部分都是基层员工填的，而且很难保证员工填写问卷的质量。

培训管理者只有把企业三个层面的培训需求全部调研完整，才能说培训需求分析工作做得到位。根据培训需求分析三个层面关注的侧重点不同，确认培训需求的方式也有所不同。

战略层面的需求信息往往来源于企业的高层。想获取到这类信息，培训管理者可以通过参加企业的高层会议或者直接与企业高层管理者面谈。如果这种机会比较少，可以通过研究企业战略相关的重要文件、企业重要会议资料、企业重要的咨询文件、企业的纲领性文件等档案资料法获得。

任务层面的需求信息一般来源于企业的中层管理者。想获取到这类信息，培训管理者可以通过小组访谈法、绩效分析法、工作观察法、关键事件法、经验判断法等方法，或者参考对各部门的胜任力测评结果。

个人层面的需求信息一般来源于基层员工。想获取到这类信息，培训管理者除了运用常见的问卷调查之外，还有可以运用小组讨论法、工作观察法、绩效分析法、专项测评法、关键事件法等方法。

实操过程中，常见需求分析方法可以归类为八种，这八种不同培训需求分析方法的功能与适用性比较如表4-2所示。

表4-2 培训需求分析方法的功能与适用性比较

需求调研方法	员工参与度	管理层参与度	所需时间成本	量化程度
绩效分析法	中	高	中	高
小组访谈法	高	低	高	中
小组讨论法	中	中	中	中
问卷调查法	高	低	低	高
工作观察法	中	低	高	中
关键事件法	高	低	高	高
档案资料法	低	低	低	中
专项测评法	高	低	高	高

绩效分析法是通过部门或员工的绩效结果表现出来的问题，根据绩效的薄弱环节，找到某类员工对应的知识或技能需求，得到培训需求。

绩效分析法的优点是以绩效为导向，对绩效问题的改变针对性强；缺点是绩效更多代表着结果，而培训主要影响的是过程，从过程到结果需要因果关系的判断，而因果关系并不容易直接判断。

小组访谈法是通过组织访谈小组和被访谈人面对面地交流和谈话来获取培训需求的信息。还有一种访谈法是不通过小组的单独访谈。不论是小组访谈还是单独访谈，要注意把问题摸清，过程中最好利用录音笔记录，并在访谈过程中做好文字记录，以备后续进一步的整理分析。

小组访谈法的优点是小组成员之间在访谈过程中可以沟通、讨论，可以减少对同一信息理解上的误差，缺点是时间成本相对较高。单独访谈的优点是时间成本比较低；缺点是可能存在个人信息理解上的误差。

小组讨论法是成立一个关于培训需求分析的专题小组，在小组内部正式或非正式地讨论培训需求。小组讨论法中的小组成员最好针对某一类人群或某一类问题进行聚焦，选择聚焦于某一个层级的人员。如果要把不同层级的人混在一起讨论，培训管理者要注意谈论过程中对主题和节奏的控制和把握。

小组讨论法的优点是能够通过头脑风暴快速地查找、发现问题，通过过程中的意见碰撞，在聚焦问题的同时能够快速地形成解决方案；缺点是如果层级较高的人员只通过小组讨论聚焦培训需求，可能会有脱离实际的情况。

问卷调查法是很多企业最常用到的方法。这种方法是设置一份标准化的调查问卷，让员工根据调查问卷进行打分或选择。调查问卷的对象可以是针对某一类人的，也可以是针对一个人的。调查问卷的形式可以用纸质的问卷，也可以用电子的问卷，还可以通过电话调查的方式。

调查问卷法的优点是可以同时针对很多人，资料的来源比较广泛而且节省调研人的时间；缺点是很难保证调查问卷结果的真实性和准确性。同时，填写调查问卷的人可能并不能了解调查问卷背后的真实意图，培训管理者没有办法去澄清问题，容易造成人们在填写的时候产生误解。

工作观察法是培训管理者到员工实际的工作岗位上进行调研和观察，过程中可以和员工一对一地交流沟通，了解他的问题和需求。对某一类岗位实施工作观察法的时候，最好找一位对这类岗位比较熟悉的人一起，便于培训管理者快速理解岗位。

工作观察法的优点是培训管理者能够直观、直接地了解到岗位的实际情况，针对实际问题，聚焦培训需求；缺点是工作观察法通常只能代表较微观层面的需求，而且这种方法聚焦培训需求的效果受限于对该岗位的理解。

关键事件是能够影响企业战略目标或业务开展的、比较关键的、起到一定积极或消极作用的事件。当企业发生这些事件时，可以收集到需求信息。比如当企业某类产品受到客户的严重投诉，针对这一事件，培训管理者可以了解事件背后潜在的培训需求。

关键事件法的优点是培训管理者能够根据对企业有较大影响的事件改进企业的运营流程，与企业经营发展的相关性较密切；缺点是一些关键事件的分析过程往往是比较复杂的，可能很难短时间内得出结论，也很难短时间内实现有效的改善。

档案资料法是利用企业现有的资料进行培训需求分析。比如对高层的会议纪要或者战略指导书等文件进行分析就是一种档案资料法；分析员工的岗位说明书、任职资格、岗位阶段性报告等同样属于档案资料法。

档案资料法的优点是不需要管理层和员工的参与，减少培训需求分析占用部门和员工的时间成本；缺点是没有沟通交流，只通过文字的资料可能会与实际情况有所偏差。对资料的解读需要具备一定的信息基础、认识基础、能力基础及经验基础。

专项测评法是针对某一个具体的问题或领域，利用某一套标准，形成一套标准的统计分析量表；通过这套量表对需要调研员工的某种技能、某个观念或某项素质进行定向的测评；通过得到的结果，进行培训需求分析。比如胜任能力评估就是专项测评法的一种。

专项测评法的优点是专业度较高，如果能有效地运用，测评的结果往往具备一定信度和效度；缺点是因为这种方法的专业度高，需要培训管理者具备一定的能力基础，否则无法得出准确的结果。

4.2.3 临时培训的需求分析

年度的培训需求分析和调研一般应在上一年的12月底之前完成，这里的培训需求调研报告和对应的培训计划是预估的。然而在企业经营过程中，情况是不断发展变化的，必然会产生临时的培训需求。这时如果培训管理者不能及时地发现、分析和聚焦培训需求，就不能对企业的经营管理形成有效的支持。

常见的容易产生临时培训需求的情况如表4-3所示。

表4-3 常见容易产生临时培训需求的情况

层面	情况		
战略层面	组织变革	市场扩张	业务增加
任务层面	技术革新	绩效改善	生产需要
个人层面	解决问题	能力提升	岗位变动

1. 组织变革

当企业面临组织变革或高层设计发生变化时，培训管理者需要进行培训需求分析，比如企业外部的收购、兼并、内部部门合并、组织机构变化、管理关系变化、运营流程变化等。这时，很多员工对企业的变化看不清、看不懂，可能导致他们不知道该如何工作。

2. 市场扩张

当企业的市场不断扩张时，随着市场规模的扩大、组织规模的变化，这时必然带来一些经营管理或流程上的变化。比如某企业原本有10家店，由于资本注入，需要在一年内再开100家连锁店，这时企业现有规模和期望达到的规模对应的员工能力也会出现较大差距。

3. 业务增加

当企业增加新业务时，由于在新增的领域企业没有能力或经验，就需要做培训需求分析。比如某企业原本是属于某个传统产业，但是由于产业环境的变化，该企业决定做产业升级，需要在两年内涉足某高新技术产业。企业当前只具备在原来行业熟悉的能力，因此需要通过培训来提高对新行业的驾驭能力。

4. 技术革新

随着技术环境的变化，企业必然会面临技术升级，新技术同时要求企业需要有新的能力支持。比如某餐饮企业，原本生产加工某类食品的工序靠的是人工的炒制，但市场上已经出现该段工序的纯自动化生产的机械设备。该企业只需要增加几套设备，就能够将生产效率提升为原来的 2 倍。原相关岗位的主要能力是炒制该食品的加工技术，此时就需要通过培训转变为对该机械设备的操作技术。

5. 绩效改善

企业临时产生的绩效问题、临时的绩效改进需要是动态性最强的培训需求。比如当企业在做完第一季度的绩效评估之后，发现销售部的某项业绩没有完成，原因是销售人员对企业新出的产品不了解。在绩效评估结束之后，对于绩效较差的部门，培训管理者应该了解他们绩效差的原因，是否需要相应的培训。

6. 生产需要

当企业的生产或经营临时出现问题需要解决的时候，往往也会伴随着培训需求分析。比如某企业的质量管理者发现某条产品线员工的质量管理意识非常差，并在某次会议上提出了批评。这时培训管理者应当深入了解其中的培训需求，探求是否可以通过培训来缓解该问题。

7. 解决问题

当企业临时发生一些特定问题时，往往需要尽快解决，或者在解决后尽快推广。比如某企业在生产过程中发现原本从未出现质量问题的某产品近期频繁发生质量问题。该企业工作人员在初步查找原因后没有发现问题，经某专家小组攻克该问题后，发现该问题具备一定的典型性，为避免其他生产系统产生同样问题，此时需要实施相应的培训。

8. 能力提升

当企业某一类员工临时需要增强某种能力时，同样需要提供相应的培训。比如某企业发现新入职的员工在使用办公软件方面的能力普遍较差，有的甚至连一些基本的操作都不会。为了提高这部分人员的办公能力，可以做详细的培训需求调研并实施相应的培训。

9. 岗位变动

员工临时的岗位变化通常伴随着能力需求的变化，原本工作岗位上熟练的能力在新的岗位上不一定适用，这时，员工通常需要获得新岗位能力的相关培训。

4.3　如何根据培训需求制订培训计划

发现企业的培训需求之后，培训管理者需要对培训需求进行进一步分析和确认，再根据确认后的培训需求制订培训计划。

4.3.1　培训需求汇总

当培训管理者按照战略、任务和个人三个层面对培训需求进行完整的调研后，可以将结果初步整理成培训需求汇总表，如表4-4所示。

表4-4　培训需求汇总表

层次		序号	问题	培训内容	针对对象
当前发展 需要	战略层 需求	1			
		2			
		3			
	任务层 需求	1			
		2			
		3			
	个人层 需求	1			
		2			
		3			
未来发展 需要	战略层 需求	1			
		2			
		3			
	任务层 需求	1			
		2			
		3			
	个人层 需求	1			
		2			
		3			

培训需求汇总表分成企业当前发展需要和未来发展需要两部分，这两部分分别按照战略、任务、个人三个层面的需求分类，又分别分成表现出的问题、需要的培训内容和拟针对的对象三个环节。

在培训需求汇总表中，最关键的是"问题"，不论是培训需求分析表中的培训内容和针对对象，还是后续的培训需求确认环节，都需要厘清和明确问题。所以，这张表中的问题一定要客观、具体。

注意，在做表之前培训管理者应列清楚通过调研发现的全部问题，并剥离出能够通过培训解决的问题和不能通过培训解决的问题。能够通过培训解决的问题在培训需求汇总表中体现，不能通过培训解决的问题可以不在培训需求汇总表中体现，但需要在后续的培训需求分析报告中体现。

4.3.2 培训需求量化

前文女士减肥案例中的电子秤是一个有效的度量工具。培训管理者在做培训需求分析的时候，也需要找到这样一种工具，在量化培训需求的同时，也为后续的评估做准备。量化培训需求的方法除了财务数据、生产数据等相关运营数据之外，为了提升员工能力，可以用胜任能力模型测评工具。

【举例】

某企业客户经理岗位需要的胜任能力模型如表4-5所示。

表4-5　某企业客户经理岗位胜任能力模型

胜任能力	最高能力等级	岗位要求等级
产品知识	5	4
客户关系	5	4
市场策略	5	3
销售技巧	5	4
预算与控制	5	3
促销技巧	5	3
管理技巧	5	4
跨部门合作	5	3

经过岗位能力评估后，发现该岗位员工当前的能力等级和岗位要求等级之间的差异情况如表4-6所示。

表4-6　某企业客户经理岗位当前能力等级和岗位要求等级间差异

胜任能力	最高能力等级	岗位要求等级	当前能力等级	能力等级差异
产品知识	5	4	3	1
客户关系	5	4	3	1
市场策略	5	3	2	1
销售技巧	5	4	4	0
预算与控制	5	3	3	0
促销技巧	5	3	2	1
管理技巧	5	4	2	2
跨部门合作	5	3	1	2

从表4-6中的数据，培训管理者能够看出当前岗位员工在"销售技巧"和"预算与控制"两方面对应的能力水平能够达标，在"产品知识"、"客户关系"、"市场策略"和"促销技巧"方面对应的能力等级与岗位要求差1级，在"管理技巧"和"跨部门合作"方面的能力等级与岗位要求差2级。

胜任能力模型测评工具不仅可以用在某单一岗位上个体员工的胜任能力水平分析，也可以用来分析某一类岗位所有员工的平均水平。使用该工具后，企业所有岗位的能力都能够被量化地表示出来。但使用该工具的前提是企业胜任力的管理、测评和评估机制要达到一定的管理水平。

4.3.3　培训需求确认

培训需求分析后的重要步骤，是培训需求确认。培训需求的种类和数量可能会比较多，但企业的资源有限，对企业来说，先满足哪类培训需求，再满足哪类培训需求？企业应当动用较多的资源重点解决哪类培训需求，对于哪类培训需求企业只需要动用较少的资源甚至可以忽略？培训需求确认，正是分类确定所有培训需求的重点和优先级的过程。

没有经过确认的培训需求，都不是真正的培训需求。确认后的培训需求才有可能是真正符合企业业务需要的需求。培训计划的制订必须用确认过的培训需求。对于某一类具体的培训需求的重点和优先级选择，需要考虑该需求对企业的重要程度和紧急程度，如图4-2所示。

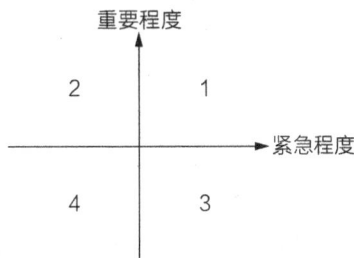

图4-2　某类培训需求的优先级选择示意图

对企业来说，重要程度高、紧急程度高的培训需求应当优先满足、尽快满足；其次是重要程度较高但紧急程度较低的培训需求；再次是紧急程度较高但重要程度较低的培训需求；最后是既不重要也不紧急的培训需求。

举例

延续上一节中对某企业客户经理岗位当前的能力等级和岗位要求等级之间差距的分析后，培训管理者并不能简单地因为该岗位在"管理技巧"和"跨部门合作"两方面的能力差距较大，就认为企业就需要马上在这两方面实施培训。

培训管理者首先要评估不同的能力差距对企业的紧急程度和重要程度，某岗位差别大的能力类目不代表是对企业来说最紧急或最重要的。

比如"产品知识"和"客户关系"这两项能力与这类岗位的绩效关联特别大，对企业绩效的影响也比较大，而"管理技巧"和"跨部门合作"虽然会对该岗位的工作造成一定的影响，但和该岗位绩效的关联度以及企业绩效的关联度并不大。

在数据管理能力较强的企业，也可以用数据来说明问题。比如这家企业以往的数据显示，如果把该岗位的"产品知识"和"客户关系"两项能力提升到岗位要求的 4 级水平，那么该岗位的绩效有望提升 20%，而提高"管理技巧"和"跨部门合作"两项能力后，岗位绩效并无明显的提升。

那么这时，培训管理者对培训需求确认后得出的结论应当是：优先进行"产品知识"和"客户关系"方面的培训。

培训管理者对培训需求进行评估和判断是培训需求确认的第一步，企业培训需求的最终确认需要企业相关管理者和最高管理层审核后确定。

培训管理者要形成培训需求分析报告。培训需求分析报告中要详细介绍培训需求分析的全过程，包括培训需求分析采用的方法、用到的工具、参加培训需求调研分析的对象、参与调研的人员数量等。

培训需求分析报告中要写清楚培训的计划或规划，包括企业各部门管理者为了满足培训需求、达到培训需求的效果，需要做出哪些努力，需要做哪些具体工作。要明确这部分，可以让培训管理者在提交培训需求分析报告时与相关管理者沟通确认。

此环节有三点注意事项。

1. 充分沟通

培训管理者在初步完成培训需求分析报告后，不要马上走企业正式的审批流程，最好先与各部门的管理者或曾经参与培训需求调研的相关人员确认报告中的信息是否准确，理解是否到位。这个过程不仅可以起到查漏补缺的作用，同时能够加深培训管理者和各部门管理者之间的沟通和相互理解。

2. 提出建议

培训需求分析报告中可以体现培训管理者对培训无法解决问题的建议解决方案。如果培训管理者对此项没有把握的话，则不需要硬提建议，只需要列出培训需求调查过程中发现的问题即可。

3. 组成培训需求分析小组

培训需求确认的环节，一般需要企业"一把手"主要负责，分管人力资源管理的副总、人力资源总监、相关部门的负责人以及培训部门全体成员等组成培训需求分析小组，共同分析及讨论相关培训需求的信息，最终确定适合企业战略需要、符合企业实际情况的"培训内容"和"针对对象"。

4.3.4　培训计划制订

经过培训需求确认之后，培训管理者应当根据确认后的培训需求，同样从战略、任务和个人三个层面考虑后，制订企业层面总体的培训计划和行动方案，如表 4-7 所示。

表 4-7　培训计划总表

层次	序号	培训内容	针对对象	培训目标	培训形式	培训资源	培训场所	培训时间	培训费用
战略层需求	1								
	2								
	3								
任务层需求	1								
	2								
	3								
个人层需求	1								
	2								
	3								

培训计划总表中三个层面需求的"培训内容"和"针对对象"与培训需求汇总表中形成对应。不同的是培训计划总表中的这两部分已经经过确认，并考虑和平衡了当前发展需要和未来发展需要的重要性和优先级。

企业年度的培训计划样表，如表 4-8 所示。

表4-8 企业年度培训计划样表

序号	培训类别	培训名称	培训形式	举办部门	参训人员类别	培训人数	培训时间	培训内容	培训讲师	需要资源	评估方式	培训教材	培训地点	培训费用	备注

【前沿认知】培训计划是动态变化的

当培训管理者制订出企业的培训计划总表后，各子企业、各部门将根据企业的培训计划总表制订各自的培训计划。在得到企业最高管理层审批后，这些制订好的培训计划往往会变成培训管理者、各子企业和各部门的绩效考核依据。

看似培训管理体系和绩效管理体系把计划安排得很妥当，企业上下只要按照年初定好的计划执行即可。即使是企业在经营过程中发生一些临时的培训需求，也只需要在临时的培训需求后增加新的培训内容。

然而，这里的培训计划是基于收集的需求、未来的判断和以往成功的经验三部分得出来的。即使收集需求过程的工作全部做到位，可是这里另外的两个问题是难以确定的：企业对未来的判断一定准确吗？企业以往成功的经验在未来一定适用吗？答案都是否定的。

企业在制订培训计划的时候，是基于当前相对稳定的经营环境的。然而企业的经营如同大海航行，此刻风平浪静，不代表下一刻不会巨浪滔天。企业上半年业绩还在稳步上升，不代表下半年就不会濒临破产。

相对静态的计划，是没有办法完全拿来指导实际动态的环境的。尤其在未来伴随着人工智能、物联网、太空科技等技术迅猛发展的 VUCA（volatility、uncertainty、complexity、ambiguity，易变性、不确定性、复杂性、模糊性）时代。技术环境、经济环境、人文环境的迅速变化使得企业经营上的不确定性越来越强。

企业已经不能指望年初定好的目标或计划到了年底依然不变。对目标和计划的调整不再是只是中小企业或者创业企业才需要做的，大型企业更要具备一定的环境敏感性，不然企业可能会遭遇灭顶之灾。

因此，企业的培训计划应当是动态变化的，而不是一成不变的。企业不能机械地用年初制订的培训计划内容的完成率作为绩效考核的指标，而应当在过程中及时调整培训计划内容或者绩效考核的指标定义。

培训的本质是通过提高员工的能力从而提高企业的绩效水平，对培训计划完成情况的考核应当回归到培训的本质。随着企业外部环境和内部经营的变化而动态变化的培训计划，才是有效的计划，而不是停留在形式上的计划。

【实战案例】某企业年度培训计划模板

某企业根据培训需求调研和培训资源分析，制订年度培训计划内容如下。

1. 企业年度培训计划的依据

为确保每项工作的能力需求因素被识别，使本组织的培训活动具有明确的行动方向，人力资源部特制订了培训原则、方针和要求，用以指导全年培训管理工作的开展。

2. 培训原则和方针

本着实用性、有效性、针对性的原则，以企业文化为基础，以提高员工实际岗位技能和工作绩效为重点，建立全员培训机制，全面促进员工成长与发展和员工队伍整体竞争力提升，确保培训对企业战略实施的推进力。

3. 年度培训的工作目标

（1）在集团范围内形成学习氛围，初步建立学习型组织。

（2）提升中高层管理团队业务与领导能力，进而提高组织整体竞争力。

（3）提升员工基本职业素养，打造职业化的工作团队。

（4）建立与不断完善企业培训组织体系与业务流程，确保培训管理工作高效率运作。

（5）传递和发展企业文化，建立员工（尤其是新员工）对企业的归属感和认同感。

（6）所有在岗员工年内至少平均享有×小时的业务或技能培训。

（7）进一步完善培训课程体系，确保培训内容和企业文化的一致性。

（8）建立并有效管理内外部培训师队伍，确保培训师资的胜任能力与实际培训效果。

4. 培训体系建设

年度培训管理体系建设的主要任务如表4-9所示。

表4-9　年度培训管理体系建设计划

序号	任务	作用和措施	备注
1	编撰培训管理手册	规范培训管理工作。主要包括培训管理程序，培训活动管理与效果评估指南，培训师的管理规定，培训课程开发与采购管理规定，委外培训管理规定，培训档案管理规定，培训费用管理规定，员工职业生涯发展与管理规定等	
2	继续"周末学校"培训活动	增强了企业的凝聚力和影响力，促使企业内部产生重学习、爱学习的文化； "周末学校"培训活动计划每一个月发布一次，员工依据自己的需要选择课程	
3	建立内外部讲师队伍	提高培训管理水平，降低培训成本； 在20××年度，人力资源部将通过甄选、培训、考核和评定，开发15位内部培训讲师，而且年授课量不低于25小时；另外与20位左右外部独立讲师建立联系，科学筛选重要、必需课程	
4	实施多样化的培训方式	提高培训的灵活性和有效性，使得员工可以自由安排培训时间，长期出差的员工也有参加培训的机会； 具体包括开展读书活动、互联网培训、光盘教学、建立学习小组等	
5	建立品牌课程和巡回演讲机制	打造"中层干部管理技能培训"和"人力资源团队专业技能培训"两门品牌课程，在集团内部大范围推广，以提升集团全体中层管理者及人力资源专员的管理素质和技能； 20××年度，集团内巡回演讲次数不低于6次	
6	建立员工职业生涯发展系统	建立以企业全体正式员工为基础，以业务主管/骨干及其以上人员为重点的职业生涯发展系统； 为每个员工建立培训档案和企业内职业发展规划，制订与职位升迁相关的必须参加的培训项目列表，完善职务晋升所必需的培训管理体系	

5. 培训需求分析

培训需求分析结果如表4-10所示。

表4-10　培训需求分析结果

需求分析	目的	需求点	需求内容
战略层	确定哪些方面需要培训	（1）企业战略和未来发展对管理者的领导决策能力和对团队、业务的管理能力提出更高要求； （2）企业须通过持续不断地改善生产制造来提高生产效率、降低成本	（1）高效管理团队的建立、管理者管理技能的提升和后备管理者的培养； （2）精益生产和IE（工业工程）工作改善
任务层	决定培训内容是什么	企业成长所需要的各种业务技术和管理能力与现有团队工作能力之间的差距	各业务部门核心能力的建设与提升（财务管理、生产管理、人力资源管理、市场营销与销售管理）
个人层	决定谁应该接受培训和需要什么培训	（1）员工工作表现不佳的原因分析（不愿做/不会做）； （2）员工职业发展	（1）新员工试用期培训； （2）员工职业素质培训； （3）岗位技能进阶培训； （4）重要关键岗位人员培养

6. 培训资源分析

集团现有培训资源不足，不能有效支撑集团、事业部、基地的培训项目正常开展，具体表现在如下方面。

（1）讲师资源：内部讲师缺乏，成功的经验和技术不能得到有效分享和传承，造成人力资源的浪费；外部讲师专家尚未建立对应服务专长（如领导力、财务管理、生产管理等）的资源库，对讲师的选择缺乏统一的标准。

（2）课程资源：集团及各职能部门缺乏系统规范的课程体系以保证员工具备相应的工作知识和技能，导致新员工成长缓慢，不能尽快适应岗位工作要求，在职员工缺乏明确的学习目标和学习热情。

（3）培训组织：培训组织（集团、事业部、基地）职责分工不清，不能对培训管理工作的推动达成共识，严重影响了培训各项工作的有效执行。

7. 培训管理工作重点

（1）培训项目重点：管理者的能力提升（高管团队领导决策能力培养开发、中层管理技能提升、基层督导能力提升）；建设各职能部门的业务管理能力；精益生产和IE工作改善；全员职业素质提升。

（2）资源开发重点：培训组织的共识达成和能力建设；内部、外部讲师的开发；集团及各职能部门的标准课程库建立。

8. 培训管理工作开展思路

培训管理工作开展思路如表4-11所示。

表 4-11　培训需求分析结果

类别	项目名称	重点内容		培训安排
培训项目	1. 管理者能力提升	高层	领导力、决策力、影响力、个性化需求、文化研讨	每季度一次课程、一次读书活动
		中层	管理业务、管理团队、文化的理解和认同	每两个月一次课程 / 每季度一次读书活动
		基层	业务能力、自我管理、员工督导、文化的理解和认同	每两个月一次课程，课堂学习与工作实践案例相结合（内训为主、外训为辅）
	2. 各职能部门核心业务能力		从解决现有问题切入，有侧重、有步骤开展业务系统培训，以提升整体业务水平	（1）以外训为主，逐步转化为内训；（2）依据各部门实际需求和外部课程安排，原则上由部门主管和骨干员工参加
		财务管理	内部控制与风险管理、现金流量与营运资本管理、成本分析与控制	
		人力资源管理	平衡计分卡、素质模型的建立、绩效管理	
		销售管理	产品推介与市场开发、卓越的客户服务与管理、大客户的战略营销	
		供应链管理	采购与供应商管理、仓库管理实务	
	3. 精益生产和 IE 知识		TPM（全员生产维护），现场八大浪费、品质管理工具、IE 改善手法、6Sigma	配合持续改善委员会按计划推动
	4. 全员职业素质提升		员工职业化、职业礼仪、团队合作、时间管理	（1）每季度选定一个主题在集团 / 事业部 / 基地循环授课；（2）每个主题前两次外训，第三次内训
培训资源开发	5. 培训组织建设		职责与分工、共识达成	
	6. 内外部讲师开发	讲师来源	管理干部、人力资源管理者、技术专家、外部讲师	内部讲师 TTT 培训上下半年各一次，采取外请内训的方式进行
		培养方式	TTT（培训培训师）、内部经验交流、外派学习	
		开发目标	管理类 3 ~ 5 位、通用类 8 ~ 10 位、专业技术类 5 ~ 8 位、外部长期合作的专家讲师 5 位	
	7. 标准课程库的建立		管理学院建立一套集团通用类（基础知识、管理知识）课程清单，各职能部门依据岗位工作要求开发出对应的应知应会类课程，为后续的任职资格认证和评定开展做前期的积累	

9.培训课程计划

（1）高管团队。

高管团队的培训是以领导决策能力提升为重点的培训课程，如表4-12所示。

表4-12　高管团队培训课程

时间	课程类别	课程名称	培训对象	培训方式	培训讲师	培训地点	培训时间	费用预算
	管理系列之高级领导力、决策力、影响力	领导力研修		外请内训	待定		3天	
		企业战略与执行		外请内训	待定		2天	
		卓越的领导力		外请内训	待定		2天	
		管理教练		外请内训	待定		2天	
	企业文化	文化主题研讨		内训	董事长		1天	

（2）中层管理者。

中层管理者的培训是以技能提升为重点的培训课程，如表4-13所示。

表4-13　中层管理者培训课程

时间	课程类别	课程名称	培训对象	培训方式	培训讲师	培训地点	培训时间	费用预算
	管理系列之中级团队管理、业务管理	非人力资源经理的人力资源管理		内训			2天	
		绩效管理		视频学习			2天	
		部属培育与启发		外请内训			2天	
		建立高绩效团队		视频学习			2天	
	企业文化	文化理解与认同		内训			1天	

（3）基层管理者。

基层管理者的培训同样是以督导技能提升为重点的培训课程，如表4-14所示。

表 4-14   基层管理者培训课程

时间	课程类别	课程名称	培训对象	培训方式	培训讲师	培训地点	培训时间	费用预算
	管理系列之基层自我管理、员工督导	工作计划		外请内训			2天	
		工作教导		外请内训			2天	
		工作改善		外请内训			2天	
		工作关系		外请内训			2天	
	企业文化	文化理解与认同		内训			1天	

（4）核心业务人员。

核心业务人员的培训是以核心业务管理能力为重点的培训课程，如表4-15所示。

表 4-15   核心业务人员培训课程

时间	课程类别	课程名称	培训对象	培训方式	培训讲师	培训地点	培训时间	费用预算
	业务系列之供应链	采购与供应商管理、仓库管理实务	集团及事业部供应链系统员工	外请内训	待定		4天	
	业务系列之销售与市场	产品推介与市场开发、大客户的战略营销、卓越的客户服务与管理	集团及事业部营销系统员工	外请内训	待定		4天	
	管理培训之财务管理	成本分析与控制、现金流量与营运资本管理	集团及事业部财务系统员工	外派公开课			依据财务部安排确定	

续表

时间	课程类别	课程名称	培训对象	培训方式	培训讲师	培训地点	培训时间	费用预算
	管理培训之人力资源管理	基于战略的KPI（关键绩效指标）设计、素质模型的建立	集团及事业部人力资源系统员工	外派公开课			依据人力资源部安排确定	
	业务系列之精益生产	精益生产管理	集团及各事业部高管层	内训			2天	
			各事业部中层	内训			3天	
		IE现场改善	基地现场主管	外请内训	待定		2天	
		生产现场八大浪费	基地现场主管、员工	外请内训	待定		2天	
		6Sigma	事业部及基地总经理、技术、质量及生产系统的中高层人员	内训			4天	

（5）全员基本职业素质。

对全员基本职业素质的培训课程如表4-16所示。

表4-16　全员基本职业素质培训课程

时间	课程类别	课程名称	培训对象	培训方式	培训讲师	培训地点	培训时间	费用预算
	通用系列之基础职业技能	员工职业化	集团总部、事业部、基地工程师级	外请内训			4小时	
		职业礼仪		内训			2小时	
		团队合作		外请内训			4小时	
		时间管理		外请内训			4小时	
	通用系列之企业文化	企业文化理念培训	集团及事业部所有员工	内训			4小时	

（6）内部培训讲师。

对内部讲师队伍建设与能力提升的培训课程如表 4-17 所示。

表 4-17　内部讲师队伍培训课程

时间	课程类别	课程名称	培训对象	培训方式	培训讲师	培训地点	培训时间	费用预算
	通用系列之基础职业技能	TTT 初级培训（2 批）	集团所有内部讲师	外请内训	待定		2 天	
		TTT 中级培训（2 批）	集团所有内部讲师	外请内训	待定		2 天	

（7）新员工培训。

对新员工培训的课程如表 4-18 所示。

表 4-18　新员工培训课程

时间	课程类别	课程名称	培训对象	培训方式	培训讲师	培训地点	培训时间	费用预算
		企业文化和发展历史		内训			4 小时	
		员工行为规范与要求		内训			2 小时	
		企业业务和相关概要知识		内训			2 小时	
		员工礼仪		内训			2 小时	
		人事、财务和财务制度概要		内训			2 小时	
		劳动安全制度		内训			2 小时	
		岗位职责培训和指导		内训			2 小时	

续表

时间	课程类别	课程名称	培训对象	培训方式	培训讲师	培训地点	培训时间	费用预算
		员工试用期职业辅导计划		内训			2小时	

除以上集中面授培训，表现优秀的员工可依据企业需求和个人成长要求参加学历学习（研究生、MBA等）或个性化专业技能外派培训。

10. 培训实施过程管控

为管控整个培训过程，确保培训目标的达成，培训实施应重点关注以下两个方面。

（1）季度培训计划的制订：以季度为单位，制订培训管理工作计划，对培训管理工作的开展进行管控。每季度的第三个工作日由管理学院制订培训计划并提交至集团董事长或执行总裁批准在集团范围内公告。

（2）各项目工作流程的建立与标准化：针对开展的培训项目建立对应的工作流程，并逐步标准化、固定化，作为后续类似工作开展之依据。其中流程包括新员工培训流程、外训流程（外出培训、外请内训）、培训项目组织实施流程、内部讲师认证流程。

11. 培训考核

为保证培训效果的达成及培训资源投入的有效性，原则上所有培训项目均需进行考核。针对不同的培训类别，考核要求设定如表4-19所示。

表4-19　培训考核方式

培训类别	示例	考核要求	备注
知识类	新人入职培训、职业素质类、TPM等	满意度调查、心得报告、笔试	具体考核方式视实际开展的培训项目目标和企业要求而定
专业技能类	工作流程、岗位技能、精益生产工具方法等	现场实操、工作专案参与	
管理类（团队管理、业务管理）	中层管理技能提升（部属培育、团队建设等）、基层督导能力训练（工作教导、工作关系等）、各职能模块业务管理类课程	心得报告、工作改善报告、转化为内训课程	

12. 培训总结与检讨改善

为不断改善和优化培训业务，提高培训管理工作的专业性和有效性，要求对外请内训的培训项目和企业内部的重要培训专案在培训开始前计划，在结束后形成书面报告，进行经验总结和不足改善，具体工作如下。

（1）月度工作计划和费用预算：培训管理负责人每月末将次月培训计划和相应的费用预算提交人力资源总监审核。

（2）月度工作总结：每月月初对上月的培训管理工作进行总结，提交月度培训管理工作总结。

（3）在每周周末，提交周课程培训计划，并将培训计划通知相关人员。

（4）人力资源部与部门培训管理者就部门内部培训活动的开展进行及时沟通。

（5）培训与员工的绩效挂钩，促使员工完成年度最低 × 小时的培训任务。

（6）阶段性的培训管理工作总结报告交由人力资源副总裁审定后发事业部、人力资源部学习分享。

第 5 章

如何开发和管理培训资源

培训资源是培训能否正常、有效开展的决定条件。培训管理者如果能够将培训资源整合到位，培训管理将会变得简单且容易成功，否则再努力，也没有办法做好培训管理。

根据培训管理体系组成全景图，在培训管理体系搭建中，资源层面的建设包括培训讲师资源、培训课程资源、培训媒介与方式、培训基地与物资、培训资料库、培训经费六个方面的开发与管理。培训资源可以分为两大类——硬件资源和软件资源。培训讲师资源、培训课程资源、培训形式、培训资料库属于软件资源；培训基地与物资、培训经费属于培训硬件资源。

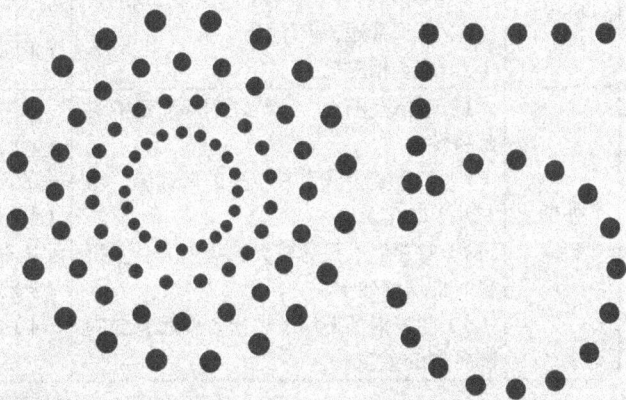

5.1　培训讲师资源开发与管理

　　培训讲师是最稀缺、最核心的培训资源，是培训管理体系中最重要的资源。就算没有场地、没有设备、没有课件、没有资料、没有经费，只要有一位优秀的培训讲师，其他什么都没有也没关系。大家只要聚在一起，即使站着听，也能完成一场有效的培训。可如果没有培训讲师，即使场地、设备、课件、资料、经费都很充足，培训也做不成。培训讲师资源的质量，决定了整个培训管理体系中资源层面的质量。

5.1.1　如何获取培训讲师

　　企业可以通过两条途径获取培训讲师：一条途径是通过内部开发，包括专职培训师、优秀的部门主管、专业技术人才、骨干员工、中高层管理者、拥有某项技能的兴趣爱好者等；另一条途径是通过外部聘请，包括培训机构或咨询企业的专业讲师、行业标杆企业的兼职讲师、某领域的专家或学者、高校教师、长期稳定合作的大型供应商或客户提供的讲师资源等。

　　通过内部开发和外部聘请讲师的优缺点如表5-1所示。

表5-1　内部开发和外部聘请讲师优缺点比较

讲师来源	优点	缺点
内部开发	（1）熟悉企业内部情况，培训过程中的交流较为顺畅； （2）讲师自身能够为参训人员树立榜样； （3）易于管理，便于沟通； （4）成本相对较低	（1）权威性相对较低； （2）选择范围较小，难出高手； （3）可能出现近亲繁殖现象； （4）参训人员可能热情不够
外部聘请	（1）选择范围大，可获取到高质量的讲师资源； （2）可以给企业带来较多的新理念、新方法、新工具； （3）对参训人员有较大的吸引力，获得良好的培训效果； （4）能够提高培训的档次，引起企业内部各方的重视	（1）对企业缺乏了解，培训失败的风险较大； （2）通用课程为主，有可能会让培训缺乏针对性，适用性低； （3）难以形成系统的培训； （4）成本相对较高

对于具备一定的管理能力或者对内部管理要求较高的规模企业来说，从人才长远发展的角度来看，以内部开发和培养的培训讲师为主、以外部聘请的培训讲师为辅更有利于企业。

内部开发和培养培训讲师，能够锻炼一部分核心员工的能力，激发他们深入研究某一领域的热情和积极性，增加他们的荣誉感，从某种程度上成为企业的培训讲师是企业给优秀员工提供的激励因素。对于一些内部无法传授的课程，除了聘请外部讲师作为辅助之外，也可以通过聘请外部讲师，让内部讲师学习外部讲师的知识。

比如某企业将培训讲师分成了内部兼职讲师、内部专职讲师和外部讲师三类，这三类讲师包含的人群，以及他们的名单、资质、可授课程、授课形式和联系方式，如表5-2所示。

表5-2　某企业培训讲师分类

序号	讲师类别	包含人群类别	名单	资质	可授课程	授课形式	联系方式
1	内部兼职讲师	各级管理者					
		专业技术骨干					
		成功经验者					
2	内部专职讲师	一级培训讲师					
		二级培训讲师					
		三级培训讲师					
3	外部讲师	行业内管理或技术专家、咨询顾问					
		合作供应商提供的专家					
		合作院校教师					

5.1.2　如何选拔内部培训讲师

企业选拔内部培训讲师可以分成五步，分别是企业公布条件、候选人申请试讲、企业组织对候选人的评价考核、将候选人认证为正式讲师、企业正式聘任（或续聘）候选人，流程如图5-1所示。

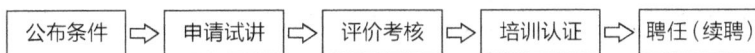

公布条件 ⇨ 申请试讲 ⇨ 评价考核 ⇨ 培训认证 ⇨ 聘任（续聘）

图5-1　企业选拔内部培训讲师流程

1. 公布条件

选拔内部培训讲师的第一步是企业公布内部培训讲师的选拔资格条件。担任内部培训讲师的资格条件应当根据企业的实际需要制订。通用的企业内部培训讲师的任职资格条件可以参考如下内容。

- 具有一定的资历、学历、职务。
- 具备基本的表达力、学习力、责任心。
- 出色的能力和业绩，擅长某一个或几个领域，并有自己的独特见解。
- 好为人师，愿意帮助他人，愿意分享。
- 逻辑思维缜密，善于分析。
- 良好的沟通与表达能力，富有影响力和幽默感。
- 为人师表、有耐心、有亲和力、有包容心，认真、坦诚。
- 具备课程开发、PPT制作及讲师授课等相关技能。

2. 申请试讲

想做内部培训讲师的员工可以自行申请，参加企业统一举办的试讲。这个环节最容易出现的问题是企业在发出号召后，却很少有人报名。遇到这种情况，培训管理者要调研一下，弄清楚员工不愿意报名的原因，并针对问题重新审视报名通知和担任讲师的条件。

比如有的企业担任内部培训讲师的奖励机制没有吸引力，有的企业甚至把内部培训讲师定位成义务的，对培训讲师没有任何奖励。俗话说，台上一分钟，台下十年功。培训讲师准备一套完整的课程需要耗费大量的时间和精力。如果企业不设置任何奖励机制，培训讲师就没有参与的动力。

如果奖励太少也是起不到效果的。比如有的企业给内部培训讲师的奖励是授课一次奖励100元，而且该企业还要求内部讲师必须由中层管理者担任。该企业中层管理者的平均月工资是1.5万元，对于这种收入水平的员工，一次100元的奖励显得微不足道。况且要吸引内部优秀的员工担任讲师，金钱应当是最基本的而不是唯一的，必要的荣誉、福利和组织认可等激励因素才是最关键的。

培训管理者还要审视是否存在部门负责人因为担心占用员工的精力而不允许员工做内部培训讲师的情况。如果确实存在这种情况，可以请求更高层管理者的宣导，也可以规定对内部培训讲师的部门领导也给予一定的奖励。这里的奖励不一定是金钱，可以是荣誉，也可以是职业发展。

比如有的企业规定部门每出一位培训讲师，该部门的负责人每年除了企业正常组织的培训学习安排外，可以额外享受两天自主选择的外出带薪培训学习机会。这种奖励本身也是该企业重视员工的学习成长的一种暗示。

3. 评价考核

评价考核是企业对报名后参加试讲的候选人进行评价和考核的过程。这里的评价和考核指的不仅是对员工试讲环节的评价考核，更重要的是对员工日常工作的考评。

在员工报名之后、试讲开始之前，培训管理者一要按照内部培训讲师任职资格标准进行筛选，二要详细了解候选人日常工作的态度、能力和绩效。为了获得相关信息，有必要和候选人所在部门的管理者及同事沟通了解情况。

对内部讲师的评价考核，最重要的是态度，其次是绩效，再次是能力。

对于从没有担任过培训讲师的员工，在培训讲师需要的基本技能方面稍微欠缺一些是可以理解的，培训管理者后续可以有针对性地对候选人进行专门的培训，但培训讲师的态度一定要端正，必须是平时工作积极性比较高、正能量比较强的员工。如果培训讲师自己的态度不端正，企业又怎么能够相信他能培养出态度积极的参训人员呢？

对于绩效水平比较低的候选人，即使他的个人能力很强，可能是其他的环境因素造成了他的绩效比较差，这时培训管理者也要考虑暂时不把他选拔为内部讲师。因为绩效比较低的人作为培训讲师，可能会给员工一种心理暗示——企业是可以推举和容忍绩效低的人，这不利于企业的绩效管理文化。培训管理者可以想办法帮助绩效低但是态度和能力都较好的员工提升绩效，在他的绩效得到改善之后，再选拔他为内部培训讲师。

4. 培训认证

当初步选拔出具备培训讲师潜质的人才之后，他们当中很多人通常不具备培训讲师需要具备的经验提取、授课表达、课程设计、课程制作等相关能力。即使有人可能已经具备基本能力但他的能力是否达到企业的要求并能够按照企业最新需要来运用，也是不一定的。

所以企业要统一组织对内部培训讲师的培训，比如定期组织 TTT（training the trainer，培训培训师）培训。培训结束之后，要对参训人员进行考核和认证，通过认证者才有资格被聘任为内部培训讲师；认证不通过者，不能获得聘任。

企业在组织 TTT 培训时，需要注意如下原则。

（1）课程要实用，培训的内容要能解决实际问题。企业组织的对培训讲师的培训课程是否实用，不仅影响着 TTT 培训本身的质量，也直接影响着内部的培训讲师将来对培训参训人员做的培训能否以实用性为原则。

（2）TTT 培训的过程中不要只是台上的培训讲师讲，底下的参训人员听。要给参训人员实战的机会，让参训人员陆续上台试讲，讲师和其他参训人员点评。培训过程不仅是参训人员增加知识的过程，同时也是他们提升技能的过程。

（3）TTT培训要定期举办，一般至少每年一次。不仅是报名参加培训讲师选拔的候选人要参加，已经被选拔成为内部培训讲师的员工也要定期参加。参与复训的培训讲师，也要通过培训之后的认证。对于认证不通过的，可以取消其现有内部培训讲师的资格。

5. 聘任或续聘

对于新通过认证的培训讲师候选人，可以聘任；对于已经成为企业内部培训讲师，复训后认证通过的，可以续聘。如果企业的战略、机构、流程、员工等这些因素随时间变化比较大，对内部培训讲师可以每年聘任一次；如果这些因素的变化比较小，可以2～3年聘任一次。

对内部全职培训讲师和兼职培训讲师的选拔、开发、学习可以采取统一的原则。两者之间的差异可以体现在他们后续工作开展的方式以及他们未来的职业发展路径上。

5.1.3 如何激励内部培训讲师

培训师的态度和能力对培训效果的影响非常大，保证培训讲师的工作态度对培训目标的实现至关重要。为了鼓励内部培训讲师的成长和发展，培训管理者应当对内部培训讲师进行分类和分级管理，并在培训管理制度中明确规定。

对内部专职培训讲师，可以为他们设计管理和技术两条发展通道，制订相应的晋升标准。有的人适合专注于培训授课或研究课题，不愿意带领团队，可以走技术通道——由三级培训师晋升到二级培训师，再晋升到一级培训师；有的人比较擅长并愿意带团队，具备一定的专业素质和领导能力，可以走管理通道——由文员晋升为科长、部门经理，再到高级经理。如图5-2所示。

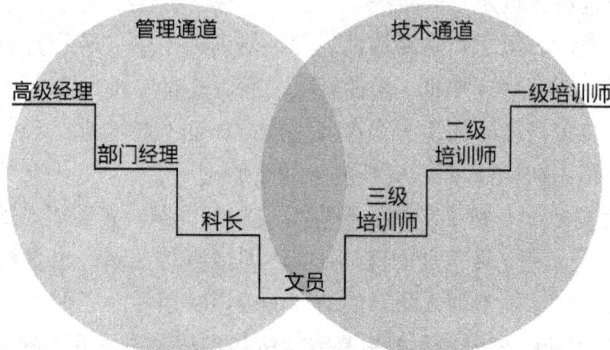

图5-2　内部培训讲师职业发展路线

不论是内部的专职讲师还是兼职讲师，授课后达到企业期望效果的，企业除了向其发放课时费之外，还可以给予内部培训讲师荣誉奖励、个性福利或职业发展等激励，以激发内部培训讲师的活力和积极性。

1. 荣誉奖励

培训管理者对内部培训讲师应当定期评估，定期在企业范围内公开予以表扬。对表现优秀的内部培训讲师，企业可以给予其较高的荣誉。

2. 个性福利

对优秀的内部培训讲师企业可以给予其彰显身份的个性化福利。为了体现企业对培训管理工作的重视，这些福利可以是企业的其他员工无法选择的。

3. 职业发展

不论是在员工职业发展方面采取任命制、竞聘制还是积分制的企业，员工作为培训讲师的优异表现都应当成为其职业成长的重要参考信息。对于担任内部培训讲师且培训效果良好的员工，企业应当优先给予晋升。

5.1.4 如何管理外部培训讲师

考虑到内部人才在授课方面的专业程度可能较低，企业对内部培训讲师的选拔可以相对宽松一些，可以在对内部培训讲师授课技巧的培养上重点下功夫。然而对外部培训讲师的选拔，就不能像对内部培训讲师那样宽松。

企业寻找外部培训讲师的原因是因为企业在某一方面的信息或能力存在欠缺，需要外部培训讲师补足。所以外部培训讲师必须要具备一定的专业素养，具备相当的经验和能力水平。企业在选拔外部培训讲师时，需要注意如下几点。

1. 只选对的，不选贵的

外部培训讲师需要具备培训课程的开发能力、培训项目开发及授课的经验。当然，适合的才是最好的。名校的毕业背景、多年的工作经验、丰富的授课经验、某大型企业高管的背景等，这些宣传噱头并不能作为外部培训讲师适应企业需要的证明。所以，企业在选择外部培训讲师时不要只看讲师的水平，还要看讲师擅长的培训主题、内容、风格是否适合自己企业。

2. 不看广告，要看疗效

再好的广告也不如顾客亲自体验后的感受真实。在引进外部培训讲师之前，培训管理者应当试听一下他的课程。同时，企业应当让外部培训讲师提供曾经服务过的客户的反馈信息，比如培训结束之后的评估。好的培训效果不仅是停留在课堂效果方面，更重要的是企业的某些环节是否真实地发生了变化。

3. 大家好才是真的好

仅靠试听和外部培训讲师提供的资料还不足以构成选择外部培训讲师的依据，尤其是在选择期望长期合作的外部培训讲师时。在外部培训讲师提供资料后，培训管理者应当像招聘环节实施背景调查一样，了解外部培训讲师的背景和口碑。

5.2 培训课程资源的开发与管理

培训课程是承接培训讲师的观念、知识、技能等信息的载体。培训课程资源的质量直接影响着培训效果。好的培训课程能够让参训人员快速接收信息，有效内化信息，准确应用信息。

5.2.1 培训课程的开发种类

根据要达到目标的不同，培训课程可以分成七类，分别是流程类、过程类、结构类、概念类、原则类、事实类和区别类。这七类培训课程承担着不同的功能，企业根据要解决的不同问题，可以在七类培训课程中选择一种或几种类别的组合。

1. 流程类

流程类培训课程的内容一般是完成某项任务的步骤，例如完成某任务的第一步、第二步、第三步分别应当做什么。这类课程的目的，通常是教会员工某种操作技能。这类课程的评估，通常需要员工实际操作。比如主题为"如何组装一把椅子"的培训课程，应当采用流程类。

2. 过程类

过程类培训课程的内容一般是某项事物转变所需要经历的过程。过程类和流程类培训课程的不同之处在于，流程类的培训课程是聚焦在操作层面的操作步骤，而过程类的培训课程侧重于某个事物发展变化的过程。这类课程的目的，一般是想让参训人员学习并了解即可，并不一定需要实际操作。比如主题为"组装椅子的零件是如何生产出来的"的培训课程，应当采用过程类。

3. 结构类

结构类培训课程的内容一般是对某项事物内部的分类、层级、关系的描述。这类培训课程的目的通常是让参训人员对事物内部整体性和关联性有一个把握。比如主题为"一把椅子都由哪些部分组成"的培训课程，应当采用结构类。

4. 概念类

概念类培训课程的内容一般是对某个事物的具体定义。这类培训课程的主要目的是让参训人员能够正确地认识或识别某个事物。比如主题为"什么是椅子"的培训课程，应当采用概念类。

5. 原则类

原则类培训课程的内容一般是事物运行的规律或人们要运用某事物需要遵循的普遍规律。这类培训课程的主要目的是让参训人员认识到对某类事物，什么能做、什么不能做。

6. 事实类

事实类培训课程的内容一般是描述某个事物的事实信息、发生经过或客观属性。这类培训课程的主要目的是帮助员工认清事实。比如主题为"椅子有四条腿"的培训课程，应当采用事实类。

7. 区别类

区别类培训课程的内容一般是某种事物都有哪些分类，在同样的类别中还有哪些相似的事物。这类培训课程的主要目的是帮助员工区分事物。比如主题为"椅子都有哪些分类"的培训课程，应当采用区别类。

在一个培训课程中，有可能有这七类培训课程种类中的一类，也可能会有两类或多类的组合。具体的选择可以根据培训目的、课程时间、参训人员等实际需要进行匹配。实务中培训的主要目的是提升职业技能，一般以流程类的培训居多。

在开发培训课程的时候，课程开发人员最容易犯的错误是把本来应该是 A 类内容的课程设置成了 B 类内容。比如把流程类的课程内容设置成了概念类或原则类的课程内容，结果员工获得的更多是知识的提升，而不是技能的提升，最终使培训达不到预期的效果。

举例

在一家生产加工椅子的企业，新入职了一批椅子组装岗位的员工。企业需要对他们实施椅子组装方面的培训，教会他们组装椅子方面的技能，使他们能够适应岗位操作的要求。这时，企业的培训课程应当设置哪些内容呢？

（1）流程类的内容一定需要。不仅需要，还应当作为本次课程的重点内容。同时培训课程中要设置实操的环节，让该岗位的新员工实际体验操作的整个流程。

（2）过程类的内容就不需要了。因为内容中有了流程，而且要求员工亲手操作，已经包含过程了。

（3）结构类的内容可能需要。因为在组装椅子的时候，该岗位的员工需要了解他组装的椅子都由哪些部件组成。通过认识椅子这个产品的整体结构，他会更容易掌握流程中的技能，也能够减少组装过程中的错误。

（4）概念类的内容可能也不需要。该岗位的员工不是做椅子的生产研究，只是负责对椅子进行组装，岗位技能不需要知道概念类的内容。

（5）原则类内容的可能需要。该岗位员工不需要一些概念层面的原则，但是需要一些操作层面的基本原则。

（6）事实类的内容可能也不需要。该岗位以操作为主，事实是什么，员工是肉眼可见的。

（7）区别类的内容要看情况。如果该岗位需要组装不同类别的椅子，则需要了解不同产品的区别和组装流程；如果只是组装同一种产品，则不需要。

在培训课程开发过程中，培训管理者应当时刻审视课程开发人员开发出的培训课程内容是否能够达到培训的预期目的，课程中是否存在没必要的内容。发现问题及时优化，以免浪费培训资源。

5.2.2 培训课程的结构设计

成年人强调学以致用，因此在设计培训课程的环节，首先要引起成年人的注意，让其主动发现问题，然后给予其理论指导，并让其在实战中有效地演练和运用，最后通过对问题的解决进行总结反思，形成持续改进、不断提升的闭环，如图5-3所示。

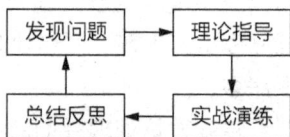

图5-3 培训课程设计的逻辑

1. 发现问题

培训的目的是为了解决问题，但是参训人员很可能在培训开始之前没有意识到问题，或者已经意识到问题但是对问题的认识不深刻、不全面、不到位。因此，在培训课程开始的阶段，要通过游戏、提问、测试、案例研讨等各种方式吸引参训人员的注意力，启发参训人员的思维，帮助其发现问题，激发其学习欲望，提升其认知水平。

在发现问题的开始环节，应让培训人员充分参与，由他们自己发现问题。在这部分的最后，可以由培训讲师在参训人员思考的基础上进行分析、汇总、总结和升华，让参训人员对问题形成统一的认识，提升参训人员对后续课程内容的接受程度。

2. 理论指导

发现问题后，培训讲师可以开始正式的课程，也就是对参训人员进行方法讲授和理论指导。在设计这部分培训内容时，应当注意始终遵循 KISS（keep it simple and stupid，保持培训课程的简单易懂）原则，让所有的内容简单易懂，尽量不要有过多复杂的原理。

在这个部分，培训讲师同样需要多引用故事、案例、互动游戏、名言警句、权威观点、音乐、图片、视频等素材来表现课程的内容，以及通过统计数据、事实等支持性的信息增加培训内容的可信度，让原本抽象的内容变得生动形象，便于参训人员快速学习和理解。

课程开发人员在设计这部分内容的时候要时刻注意站在参训人员的角度上思考问题，要不断把自己当成参训人员，多问自己"这对我有什么用？"来保证培训课程的内容是针对参训人员需求的、解决实际问题的方法而不是空洞的理论。

3. 实战演练

戴尔·卡耐基（Dale Carnegie）说："一两重的参与胜过一吨重的说教。"成年人喜欢在实战中学习，期待用学到的内容解决实际问题，喜欢参与、讨论与互动。所以在课程设计时，课程开发人员应尽量设计让参训人员实战演练的环节。

实战演练的环节不仅能够让参训人员在培训过程中获得练习，而且能够让培训讲师对参训人员的实际操作进行点评、纠正或指导，巩固培训的内容，加深参训人员学习的印象，加强培训的效果。

一切不具备实用性的培训课程都是没有效果的。就算是培训课程的理论体系非常完善，但如果无法应用在实战中，那就是无效的课程。所以重要的不是培训讲师多么博学多才、教了多少知识，而是参训人员真正能学到多少，有多少能真正在实际中运用，应用后有多少产生了正面的效果。

4. 总结反思

在课程的最后，除了总结课程的全部内容之外，还可以增加总结反思的环节。培训讲师通过组织参训人员对培训课题进一步的研究、交流、探讨，将学习所得升华，让参训人员深入反思自身距离学习目标还存在哪些差距，应继续做出哪些方面的努力。

同时，在培训课程结束之前，应增加对培训课程的总结反思，反思的内容主要是参训人员对培训课程本身的评价，让培训课程也能够形成不断提升的闭环。

5.2.3 培训课程的开发步骤

培训课程的开发不仅要注意课程本身的设计环节，还应在课程设计之前注重目标的确定和任务的分析，在课程设计之后注意在培训教学环节中真实的应用，以及应用之后得到的反馈与评价。培训课程开发的流程如图 5-4 所示。

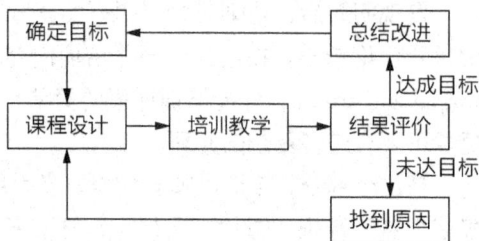

图 5-4 培训课程开发流程

1. 确定目标

在开发培训课程之前，课程开发人员要明确课程主要针对的是哪些具体痛点、解决哪些具体问题、想达到哪些具体目标。针对要达到的目标，课程开发人员要分析解决问题需要的工作任务以及培训课程中需要包含的具体内容。

2. 课程设计

课程开发人员围绕培训目标和课程内容，根据培训课程设计的结构设计培训课程。建筑物的建设过程是先搭骨架，再填充混凝土，最后进行装修。课程的设计也是同样的道理。课程设计在确定课程主题之后，一般需要先确定分成几个部分、有几个标题，再确定包含的内容，最后进行整体性、系统性的优化。课程内容框架如图 5-5 所示。

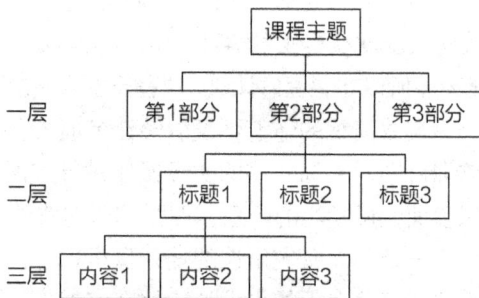

图 5-5 课程内容框架示意图

整个课程的框架遵循"论点—论据—论证"的逻辑和系统顺序。培训课程的设计步骤如下。

（1）选定课程主题。主题应言简意赅，能够通过它看出该培训课程待解决的主要问题。每个培训课程解决的问题最好是具体的某一个或某一类问题，内容较宽泛的课程往往起不到效果而且不容易被参训人员接受。比如课程主题为"如何组织一场会议"就是比较可取的课程题目，课程主题为"会议管理与企业文化"就显得较为宽泛。

（2）确定课程中共有几部分内容用来说明课程主题。各部分内容之间应当相对独立，对说明课程主题都应当具有一定的支撑作用。

（3）列出每个关键部分之下的标题段落。标题段落是对各部分内容的细分，用来支撑每部分的内容。

（4）列出每个标题之下的具体内容。内容是对标题的再次细分，用来支撑标题。

3. 培训教学

完成培训课程设计之后，就可以开始进行培训了。有条件的企业在正式的培训之前可以先进行小范围的试讲，以便及时发现课程的不足之处，及时改正。

4. 结果评价

在正式的培训之后，通过对培训结果的评价，培训管理者能够得出该培训课程是否达成了预期的目标。如果达成目标，那么做一定的总结改进之后，可以根据新一轮培训目标的确定形成闭环；如果没有达成目标，培训管理者要及时找到原因，对课程进行重新设计或修改。

培训课程经过多次的设计、培训和完善后，可以考虑定版，之后随着环境的变化，再进行不断修订。一般来说，定版后的培训课程保持一年至少修订一次的频率。有条件的企业可以每次开课之前都根据行业变化、当下热点和参训人员类别进行调整以提升课程效果。

5.2.4 培训课程体系的管理

当企业有了开发出来的培训课程作为积累之后，就可以形成企业的培训课程体系。培训课程体系是企业战略目标和能力体系的课程化表现。企业可以在培训需求调查的基础上，以企业战略、经营目标为指引，根据各个岗位族群、序列、角色、职级以及各个岗位的能力素质模型，结合业务流程，有效建立培训课程体系。企业课程体系清单如表5-3所示。

表5-3 企业课程体系清单

大类	小类	课程名称	课程内容	可预期效果	可选讲师
管理技能	高级管理层	战略管理			……
		组织机构设计			……
		品牌管理			……
		风险控制			……
		领导艺术			……
		如何决策			……
		人才的选用育留			……
	中级管理层	……			……
	初级管理层	……			……

续表

大类	小类	课程名称	课程内容	可预期效果	可选讲师
岗位技能	营销技巧	……			……
	生产运营	……			……
	人力资源	……			……
	财务管理	……			……
	技术研发	……			……
	采购管理	……			……
	质量管理	……			……
	仓库管理	……			……
	物流管理	……			……
	客户服务	……			……
通用技能	个人成长				
	新员工培训	……			……

表 5-3 是按照技能类型的大类划分，又按照岗位层级和属性将各大类细分成不同的小类，再到课程名称、课程内容、课程预期能够达到的效果以及可以选择的讲师。根据企业的不同需要，这张表上还可以增加课程目的、授课形式、课程时间、课程版本、往期反馈等。

培训课程体系要根据企业的实际情况进行建设，课程体系的思路来源于培训需求分析或者岗位胜任能力模型。不具备这方面管理基础的企业可以参考管理技能、岗位技能和通用技能的通用课表，如表 5-4 所示。

表 5-4　管理技能、岗位技能和通用技能的通用课表

大类	小类	课程名称
管理技能	高级管理者	战略管理、组织机构设计、企业文化、品牌管理、风险控制、领导艺术、如何决策、人才的选用育留
	中层管理者	团队建设、沟通技能、企业知识管理、员工激励、执行技能、人才选用育留、会议管理、情绪管理、目标管理、非财务人员的财务管理、非人力资源人员的人力资源管理
	基层管理者	目标管理、计划管理、团队建设、沟通技能、解决问题、执行技能、会议管理、情绪管理、员工关系管理

5.3.2 培训形式的优缺点比较

常见的培训形式可以分成四大类，分别是直接传授类、游戏参与类、实践参与类和远程教育类。这四大类培训方式各有优缺点。

1. 直接传授类

常见的直接传授类的培训形式可以分为讲授法和讲座法两种，它们之间的优缺点比较如表5-6所示。

表5-6　讲授法和讲座法优缺点比较

类别	优点	缺点
讲授法	知识比较系统、全面； 有利于广泛培养人才； 对培训环境的要求不高； 有利于教师的发挥； 能够向培训讲师请教疑难问题	一次传授内容多，参训人员难以完全消化； 不利于教学双方的互动； 不能满足参训人员个性化的需求； 培训讲师的水平直接影响培训效果； 学过的知识不易被巩固
讲座法	培训不占用大量的时间，形式比较灵活； 可随时满足员工某一方面的培训需求； 培训对象易于加深理解	讲座中传授的知识相对集中； 内容可能不具备系统性

2. 游戏参与类

常见的游戏参与类培训形式可以分成角色扮演和拓展训练两种，它们之间的优缺点比较如表5-7所示。

表5-7　角色扮演和拓展训练优缺点比较

类别	优点	缺点
角色扮演	参与性强，参训人员与讲师之间的互动交流充分； 参训人员可以互相学习，有利于提高参训人员培训的积极性； 模拟环境和主题有利于增强培训效果；及时认识到自身存在的问题并进行改正，明白本身的不足，使各方面能力得到提高； 具有时间、形式等的高度灵活性，实施者可以根据培训的需要改变参训人员的角色，调整培训内容	场景是人为设计的，如果设计者没有精湛的设计能力，设计出来的场景可能会过于简单，使参训人员得不到真正的角色锻炼、能力提高的机会； 实际工作环境复杂多变，而角色扮演中的环境却是静态的，不变的； 角色扮演中体现出的问题分析往往仅限于个体，不具有普遍性

续表

类别	优点	缺点
拓展训练	以体验活动为先导，使训练充实丰富； 参训人员通过身体力行的活动来感受并悟出道理； 参训人员能够体会到发自内心的胜利感和自豪感； 大型的分组活动可以增强团队合作的意识； 实现心理、体能、智能的共同挑战	可能会被看作是一种旅游形式或体育运动； 若组织不力，有人会心不在焉； 若项目不够新颖，或设计流于形式，很难激发参训人员的热情； 可能出现危险； 培训费用较高

3. 实践参与类

常见的实践参与类培训形式可以分成模拟演示、团队合作、头脑风暴三种，它们之间的优缺点比较如表 5-8 所示。

表 5-8 模拟演示、团队合作、头脑风暴优缺点比较

类别	优点	缺点
模拟演示	有助于激发参训人员的学习兴趣； 可利用多种感官，做到看、听、想、问结合； 感受直观，有利于获得感性知识； 有助于加深对所学内容的印象	适用范围有限，不是所有的学习内容都能演示与模拟； 设备或装置移动不方便，不利于培训场所的变更； 操作前需要一定的费用和精力做准备
团队合作	增强参训人员的团队意识和集体意识； 利用团队的群体压力增强培训的效果； 利用团队实现培训期间对培训参训人员的管理； 利用集体荣誉感增强参训人员的参与意识	对培训场地有一定的要求； 对团队中队长人选的能力和主动性有一定要求； 管理不善可能引起群体对培训的抵触
头脑风暴	参训人员能主动提出问题，表达个人的感受； 有助于激发学习兴趣； 鼓励参训人员积极思考，有利于能力的提升； 有助于加深参训人员对知识的理解； 讨论交流可以取长补短，互相学习	若引导不善，可能使讨论漫无边际； 参训人员自身水平影响培训的效果； 不利于参训人员系统地掌握知识和技能

4. 远程教育类

常见的远程教育类培训形式可以分成视频教材和远程教育两种，它们之间

的优缺点比较如表 5-9 所示。

表 5-9 视频教材和远程教育优缺点比较

类别	优点	缺点
视频教材 （包括 E-Learning）	不需要参训人员在同一空间； 进程安排灵活，参训人员可充分利用碎片化时间进行，不需中断工作； 比讲授或讨论给人更深的印象； 能够给参训人员一定的新鲜感； 容易引起参训人员的关心和兴趣； 可反复使用	较难选择到适合的视频教材； 视频教材的实现需要一定的培训费用，有的企业由于资金限制，往往无法花费资金购买相关的产品或技术； 对某类目标的培训，视频教材的培训效果较差，比如沟通技巧
远程教育	不需要参训人员在同一空间； 比单纯看视频教材的互动性更强，培训讲师能够及时回答参训人员的问题	对相关设备或系统有一定要求； 对网络带宽有要求； 体验感不佳； 不如现场互动的交流更充分

5.4 培训资料库的开发与管理

培训管理中的资料库是宏观的、与培训相关所有资料的存放处。在知识管理做得好的企业中，资料库是能够和企业的知识管理系统结合在一起的。有的企业把资料库设置为内部的"图书馆"。

5.4.1 培训资料库的意义

培训管理中的资料库是存放和管理在培训中产生的、当前或培训能用到的、能转化为培训课程的以及还没有被开发的知识型资料的统称。它可以是实体的，也可以是虚拟的。管理能力较强的企业可以创建包罗万象的培训资料库，承担更高的责任；管理能力不足的企业也可以将其定位成培训相关资料的存放地。

在培训之前、培训过程中和培训之后形成的纸质版、电子版的相关资料都可以保存在培训资料库中。这些资料里会有一些非常宝贵的内容，比如培训过程中参训人员的经验总结，参训人员对一些问题的讨论结果，培训讲师对参训人员提出的问题的现场回答记录等。这些资料往往能为培训课程内容升级提供支持，或者有可能成为下一次培训的教材。

所有在企业日常运营中或者在培训管理过程中产生的对企业经营管理的流

程、方法起作用的管理思路的雏形或者资料完善之后的形态，都可以保存在培训资料库中。比如企业某些新的流程刚成形，但是除了发通知之外，企业还没有有效地向员工传达该流程的渠道。这时应当把该流程存入资料库，以备后续出现培训需求时，相关培训课程开发需求资料可以及时抓取。

通过这种方式，当企业有了某个方面培训需求的时候，培训管理者可以快速地查找资料，开发出课程。收集资料的过程本身能够帮助培训管理者了解企业内外部环境的发展变化，时刻关注企业的培训需求，并为满足这些需求做好前期准备。

当培训管理者持续了解企业的变化情况并持续进行资料库管理后，资料库将演化成企业的知识库。升级为知识库的培训资料库能够为企业的绩效提供较大支持，因为在知识库中可能存在大量影响员工能力或者绩效的重要信息。

但是知识库并不是每个企业都能做到或者都需要做到的，培训管理知识库存在一定的管理成本。培训管理刚起步或者还处在初级阶段的企业，可以先做好培训档案的存档和管理；培训管理已经比较成熟的企业，建立知识库能进一步提高培训的效率和效能。

5.4.2 培训资料库的来源

培训资料库可以存档的资料分为八大类。

1. 规范类

这类资料包括国家政策、法律法规、企业的规章制度、流程方法、行为规范等。

2. 技术类

这类资料包括企业内正在或将要使用的技术、流程、标准等。

3. 信息类

这类资料包括各类动态和静态的信息，比如市场信息、销售数据、行业信息、员工信息。

4. 工具类

这类资料包括能够帮助员工更好地完成工作的虚拟工具，比如管理模型、视频资料，部分用于培训展示的实物或可供参观的模型也算在内。

5. 经验类

这类资料包括内部优秀的培训讲师、参训人员的经验分享和外部的培训讲师、合作机构的课程资料或经验分享。

6. 档案类

这类资料包括企业组织的各类培训产生的档案。

7. 书籍类

这类资料包括企业需要的相关专业、管理、案例类等书籍。

8. 其他

这类资料包括其他无法归类到以上七类中但对企业有价值的资料。

培训资料库中的资料可以通过以下途径获取。

1. 管理会议

企业日常的战略研讨会、总经理办公会、经营分析会、工作协调会等会议中形成的会议纪要，对企业经营管理相关事项的讨论、想法、决议等。另外，正式或非正式的企业文件同样值得存档。

2. 专家意见

如果有某领域的专家到企业进行培训、咨询、座谈、参观等，可能会形成一些对企业有价值的信息。

3. 具体事件

当企业发生某类特殊事件时，围绕该事件可能会形成一系列有价值的信息。

4. 网络书籍

通过搜索引擎、网络文库、行业网站、自媒体、书籍等往往可以收集到许多对企业有价值的信息。

5. 培训本身

培训过程本身就会产生大量有价值的信息，比如培训讲师回答参训人员的提问、参训人员之间谈论得出的结果等。

5.4.3　培训资料的查阅流程

培训管理者对培训资料库要慎重管理，要坚持保密性的原则，尤其是对于已经存放比较多重要资料或涉密资料的培训资料库。培训管理者要参考档案室对资料的管理，对资料的查阅、拷贝，按照人员的分类设置权限。企业各层次人员对培训资料的查阅权限如表 5-10 所示。

表 5-10　企业各层次人员对培训资料的查阅权限示意表

人员类别	是否可查看 本部门相关资料	是否可查看 其他部门相关资料	是否可借阅 相关资料	是否有 拷贝权限
企业大学校长	是	是	是	是
副总级／企业大学 副校长	是	是	是	否
总监级／培训讲师	是	否	是	否

续表

人员类别	是否可查看 本部门相关资料	是否可查看 其他部门相关资料	是否可借阅 相关资料	是否有 拷贝权限
经理级	是	否	否	否
主管级及以下	否	否	否	否

没有达到权限但有查阅资料库需求的员工，必须得到具备相关权限人员的签字审批。在审批流程中，将用到培训资料查阅的审批表如表 5-11 所示。

表 5-11　培训资料查阅审批表

申请日期：____ 年 ____ 月 ____ 日

姓名		岗位级别	
所在部门		所在岗位	
查阅资料内容		查阅目的	
是否借阅		是否需要拷贝	
相关权限人签字			

对培训资料库的查阅，培训管理者必须要建立台账记录，如表 5-12 所示。

表 5-12　培训资料查阅登记台账

日期	文件内容	文件编号	文件类别	查阅目的	是否借阅	是否拷贝	备注

5.5　培训基地和物资管理

培训基地和物资是培训管理的硬件资源，培训管理需要软件资源的支撑，同样需要硬件部分的支持。

5.5.1　培训基地的管理

对于没有专门建设培训基地的企业，培训基地可以理解为培训可以选择的场地。不论是否有专门的培训基地，企业都可以通过培训基地管理表进行管理，如表 5-13 所示。

表 5-13　培训基地管理示意表

培训基地	面积	编号	所在地点	容纳人数	适宜培训类型	具体情况	管理人

　　通过对培训基地的管理，当培训管理者想要组织一场培训的时候，拿出这张表，能够很快速地看到每个基地的情况。在实操环节中这张表中还可以根据需要加入多列，比如该基地已经排了哪个时间段的什么课程，让培训管理者能够快速了解到该基地在什么时间段内是可以使用的。

　　培训场地的布置适宜的培训人数、实现的功能和培训效果是不同的，如表5-14 所示。

表 5-14　培训场地布置适宜人数、实现不同功能和培训效果分类表

培训场地布置方法	适用人数	特点
传统课桌 / 阶梯形排列	40 ～ 200	适合大型、传统的培训
长排方形	30 ～ 50	适合中型培训
圆形	10 ～ 30	参训人员可以彼此观察，适合游戏等开放的培训
单一矩形桌	10 ～ 20	适合研讨等半开放的培训
单一通道型	20 ～ 40	有利于培训内容的传授
双通道型	30 ～ 80	利于培训内容的传授； 适用大型培训
开放的长方形	10 ～ 20	适合研讨、游戏等半开放的培训方案； 有利于培训师和参训人员的沟通
U 型桌椅排列	10 ～ 20	适合研讨、游戏等开放的培训方案； 有利于培训师和参训人员沟通
U 型椅子排列	10 ～ 20	适合研讨、游戏等开放的培训； 有利于培训师和参训人员沟通
多圆桌形	40 ～ 60	适合以小型组织为单位的培训

5.5.2　培训物资的管理

　　培训实施的过程中需要用到很多低值易耗品，如果不好好管理，可能会引起培训费用过多地投入到这些培训物资上。对于培训经费有限的企业来说，费用被过多用到了硬件上，软件上的投资必然会相应减少。所以为了更好地实施培训管理，培训管理者需要妥善管理培训物资。

　　不同的培训需要用到的物资是不同的，选择培训物资时需要考虑的因素和

选择方式如表 5-15 所示。

表 5-15　选择培训物资时需要考虑的因素和选择方式

考虑因素	分类	培训物资
培训参训人员	人数较少	简单的培训物资
	人数较多	较全面的培训物资
参训人员层次	中高层管理者	直观的、体现前沿思想并能充分而多元地表现主题的培训物资
	普通员工	传统的培训物资
培训内容	偏重理论式	一般通过讲述、演示和讨论等方式来展开培训，不需要比较多的培训物资
	偏重体验式	一般融合了讲授、活动，需要用到的培训工具可能会比较多

培训物资管理，是对保证培训能够正常实施可能会用到的所有物资实施的管理，比如投影仪、翻页笔、桌子、椅子、教具、教材等物资。培训物资管理可以用到培训物资管理表，如表 5-16 所示。

表 5-16　培训物资管理表

培训物资	物资编号	所在地点	购置时间	能否正常使用	管理人	最后一次盘点时间

培训物资管理表也可以根据需要增加内容，比如增加某类物资在某个时间段已经安排使用的信息，让培训管理者了解该物资在哪个时间段内是可以使用的，哪个时间段是不能使用的。

对培训物资的管理和利用应当本着充分应用的原则，实现物资在不同培训基地间的移动，比如投影仪、笔记本电脑、翻页笔、教具、教案等，如果不影响正常培训管理工作的开展，可以共用。

当有人要借培训物资时，培训管理者应当在培训物资借出记录表上做好登记和记录，如表 5-17 所示。

表 5-17　培训物资借出记录表

借出培训物资	物资编号	借出时间	借物人	预计归还时间	培训管理者	是否归还	备注

5.6　培训经费的管理

培训经费是培训开展的条件之一，对于一些培训经费比较紧张的企业来说，培训经费的重要性可能不亚于培训讲师和培训课程。培训经费的组成可以分成参训人员的费用、培训讲师的费用、培训硬件的费用和培训支持的费用四部分，如表 5-18 所示。

表 5-18　培训经费组成

培训经费分类	包含内容
参训人员费用	参训人员的薪酬福利费用； 参训人员的交通费用、食宿费用等
培训讲师费用	内部培训讲师的薪酬福利； 外部培训讲师的课时费用； 培训讲师的交通费用、食宿费用； 支付外部培训机构的费用等
培训硬件费用	培训场地的费用； 培训设备的费用； 培训过程中消耗的材料费用等
培训支持费用	培训管理者的薪酬福利费用； 其他与培训支持相关的费用等

培训管理者应把每一次培训这四部分的费用通过表格的形式列清楚，从中能够看到在不同分类中用到的费用，进而比较每一次培训在哪一方面花费的比例有所增加，在哪一次培训上花费的费用较少，分析产生差异的原因及需要采取的行动。培训经费评估样表如表 5-19 所示。

表 5-19　培训经费评估样表

培训经费分类	培训项目A费用（万元）	培训项目A费用占比（％）	培训项目B费用（万元）	培训项目B费用占比（％）	培训项目C费用（万元）	培训项目C费用占比（％）	……	年度培训费用总额（万元）	年度培训费用占比（％）
参训人员									
培训讲师									
培训硬件									
培训支持									
合计									

通过对培训经费的评估，培训管理者能够查找培训经费中对企业产生较少价值的部分。在培训预算不增加的情况下，培训管理者应尽可能压缩这部分费用，让培训经费尽可能多地用在对培训效果产生较多价值的部分。一般来说，培训经费应尽可能多地向参训人员和培训讲师倾斜。

在对培训经费支持较少的企业，培训管理者如果能把培训经费的投入和培训效益的产出做对比，同时能让相关管理者清晰地认识和感受到这部分效益和成果的话，企业的培训经费支持力度很可能将会增加。

【前沿认知】培训讲师的角色定位和能力要求

在传统观念中，培训讲师代表了知识与权威。传统培训所采用的授课形式大多局限在"讲授"，这使传统培训的氛围和互动性都比较差。面对成年人，培训讲师的主要任务其实不完全是用自己的知识和经验教他们，也不是强迫他们学习，而是为他们营造氛围、创造条件，让他们能够发现问题，从思想和动机上为了个人的发展而自主学习。

培训讲师正确的角色定位和错误的角色定位对比如表 5-20 所示。

表 5-20　培训讲师正确的角色定位和错误的角色定位对比

角色类别	正确	错误
焦点	企业绩效	课堂热闹
主角	参训人员	自己
心态	引导学习	表演明星
能力	专业人士	万事通
方法	参与互动	独角戏
结果	建立参训人员自信	成为偶像被崇拜

培训讲师应当是激发他人热情的激励者、提供方法和建议的参谋者、协助解决疑难问题的教练、参训人员的伙伴、知识的传授者，而不是把培训当成一种走形式，认为自己只负责讲课就可以，甚至把有用的信息写在 PPT 上，照着读。

培训讲师需要具备的能力包括四项基本素质、两大核心能力和四大关键能力，如图 5-6 所示。

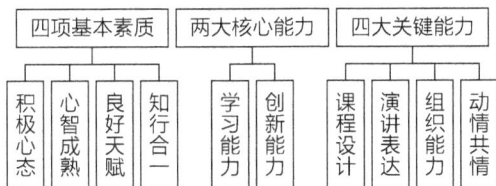

图5-6 培训讲师的能力要求

【疑难问题】如何将不易标准化的工序标准化

当企业需要将某段成功的工作经验提炼为工序时，课程开发人员要把原本通过经验操作的环节总结成可操作的步骤，或者从个性的案例中提炼出普遍适用的内容，对适用情况、工作环境、操作条件等进行必要的说明，并根据不同使用对象进行针对性的调整，这样才能精确传达知识和经验。

课程开发人员在制订工序时，可以将流程标准化的过程分成两步。

1. 找到资源

当有了培训的目标后，首先要找到解决这个问题的资源。这里的资源，可以是一位能够解决这个问题的专家，可以是能够把这件事做好的技术人才，也可以是培训资料库中的某些资料，还可以是网上收集的各类相关资料。

2. 流程化

课程开发人员要对找到的资源进行总结之后让其流程化、模块化，让其内容变得可执行、可操作、可实施，而且也要保持这种操作的简单和标准化，让任何人只要对着操作工序就可以实施操作，而且操作所得的结果是完全相同的。最后，可以加上一些比较生动的材料，让培训的过程更精彩，更容易被参训人员学习和接受。

举例

中餐是最难被量化、步骤化和标准化的。麦当劳的标准化程度非常高，所以它能保证全世界做出来的汉堡都是一个味道。但是难不代表不可以，目前国内就出现了很多中央厨房，能够使中式炒菜全部实现标准化，所有的制作过程都可以实现量化。

有一位资深的厨师，他做的红烧牛肉非常好吃，他的手艺是他的父亲传给他的，他父亲的手艺是他的爷爷传授的。祖孙三代做的红烧牛肉都非常好吃，但味道却略有不同。这也是因为口口相传传授了更多的心法和技巧，而不是一模一样的操作步骤和精准无误的调味料比例。

这位厨师想把自己做红烧牛肉的本领教给徒弟，但他不太会总结。平常他是让徒弟看着他做，可是这样徒弟学得特别慢。因为这靠的主要是徒弟的悟性。而且徒弟做出来的味道和他做出来的味道也不一样。这时，课程开发人员帮助这位厨师一起总结了他做红烧牛肉的流程，并形成培训工序。

其中，红烧牛肉制作的基本信息如表5-21所示。

表5-21　红烧牛肉制作的基本信息

口味	工艺	耗时	制作难度
咸甜	焖	45分钟	简单

红烧牛肉制作的食材与配料如表5-22所示。

表5-22　红烧牛肉制作的食材与配料

类别	食材	用量
主料	牛腩	800g
辅料	八角	15g
	葱段	50g
	香叶	1片
	姜片	30g
配料	花生油	15g
	白砂糖	20g
	冰糖	25g
	酱油	25g
	黄酒	30g
	盐	适量

配料表中只有盐的标注是适量。这里写适量的原因是有的人口味重，喜欢吃咸；有的人口味轻，喜欢吃淡。这时要看吃这道菜的具体对象是谁，自由调节。对照配料表，课程开发人员根据这位厨师的制作过程，总结出了红烧牛肉制作的12个步骤。

（1）先把牛腩切成2.5厘米见方的块状。

（2）在锅中放入凉水，水开后把肉块放入其中煮5分钟，捞出，控净水分备用。

（3）炒锅点火倒入少许油，煸香八角。

（4）倒入细砂糖，煸炒糖色，煸炒到微黄色即可。

（5）砂糖彻底融开，炒到稍微上色后，下入肉块煸炒，把肉块煸炒到耗干水分、颜色透亮、表面微黄并开始出油后，烹入黄酒，倒入酱油翻炒，炒到黄酒挥发、酱油均匀地吸附在肉块上为止。

（6）把肉块炒匀后，往锅中注入开水，水和肉块持平即可。

（7）放入葱段、姜片、香叶。

（8）放入冰糖。

（9）盖上锅盖用小火焖煮30～40分钟。

（10）肉焖熟后，捡出葱、姜、八角、香叶。

（11）放入适量盐，然后用旺火收汁。

（12）汤汁收净便可出锅。

运用总结出来的食材、配料与制作过程，再加上大厨的示范和指导，这时再进行培训，徒弟学得将会非常快。

标准化和量化流程的另一个好处是避免徒弟在实际操作的过程中可能会有的偏差。培训管理者可以对照工序里面的用料数量、操作步骤，来检核徒弟的操作偏差，快速准确地纠正其操作方法。

【实战案例】如何选择适合企业的外训机构

市场上大大小小的培训机构不计其数，企业在挑选过程中很容易眼花缭乱，不知所措。对此，企业要擦亮双眼，做好选择，以免浪费了时间和金钱，最后却得不到想要的结果。

企业选择外部培训机构的流程如图5-7所示。

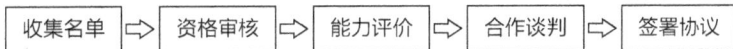

收集名单 ⇒ 资格审核 ⇒ 能力评价 ⇒ 合作谈判 ⇒ 签署协议

图5-7 企业选择外部培训机构的流程

企业在评估和选拔外部培训机构时，需要注意如下重点内容。

1. 明确需求

企业首先得知道需要什么，才能知道自己要找什么，不然的话，就是盲目地找。比如有的管理者总是说自己的员工素质差，但是当培训管理者问其员工究竟需要哪方面培训的时候，管理者自己也说不清楚。

2. 师资认证

有的外部培训机构虽然机构存在的时间较长，具备一定的品牌优势，但是机构中的培训讲师很多都是毕业不久的学生。这些培训讲师可能毕业后做过几年咨询，企业实战的经验很少；或者有的培训讲师只在企业里做过主管的工作，带团队的经验很少。

对外部培训机构的资格审核非常重要，对外部培训机构为企业提供的讲师同样要进行审核。审核的标准要按照外部培训讲师的选拔标准，外部培训讲师要具备开发过培训项目和课程体系的经验，要具备提供客户资料及树立口碑的能力等。

3. 合同条款

当选好外训机构之后，培训管理者在签合同之前要注意写清楚服务的具体内容、具体费用，注意明确外训机构能给企业带来的具体成果以及要如何评价这个成果。合同中更要明确企业和外训机构之间的权责利关系。

外训机构应对企业想要的结果负责，企业应当为达成的结果付费而不是为过程付费。也就是说，企业要明确当达到什么结果时代表外训机构做到了，企业按照合同付款；什么结果代表外训机构没有做到，企业可以部分付款甚至可以不付款。

【实战案例】某上市企业采用的培训形式

某总人数达到3万人的连锁零售上市企业在搭建培训管理体系时，将培训的形式及培训的目的、具体类型和适用对象总结如表5-23所示。

表5-23　某连锁零售上市企业培训形式总结

形式\特点	在岗培训	集中培训	视频培训	流媒体培训	技能比赛	自学	外部培训	外地考察
目的	传承知识、技能、经验	各类目的	销售提示、运营标准	新品介绍、操作规范	技能提升、营造氛围	促进个人发展、传承企业文化	解决内部问题	奖励优秀员工
具体类型	师徒制、轮岗制、见习制、实习制	大学生、储备店长等	电视视频、电脑视频	周二、周六流媒体	总部组织、区域组织	学习资料、E-Learning	企业内训、专家顾问	向国内或国外标杆企业学习
适用对象	全体员工	全体员工	全体员工	全体员工	技术岗位	全体员工	管理者	优秀员工

该企业强调标准化和执行力，企业经营管理所需要的制度、流程、规范全部由总部统一规定。所以在该企业，培训的重要功能之一是信息的传递。该企业将培训的形式定位成某种信息传递的渠道或方式，让参训人员能够通过这些渠道或方式接受到企业要传递的信息，来改变员工的态度，增长员工的知识或提高员工的技能。

1. 在岗培训

在岗培训是这家企业最基本、最重要的培训形式。该企业认为员工 80% 的技能来自岗位实际操作的过程。采取这种培训形式的主要目的是让企业的能力和经验能够得到有效的传承。具体的表现形式有师徒帮带、轮岗机制、员工见习机制和实习机制。这种形式适用于全体员工。

2. 集中培训

集中培训的形式可以用来达到多种培训目的，比如可以帮助员工提升技能、丰富知识、改变态度，或者满足企业临时性的需求。企业常规的培训班也属于这类形式，比如大学生的培训、储备店长的培训、储备主管培训、新员工的培训、老员工培训等。这种形式同样适用于全体员工。

3. 视频培训

这家企业有两套视频培训系统，每家连锁店中既有计算机的视频系统，又有电视的视频系统。企业每两周都会推出一次促销活动，遇到大的节假日更有大型的促销活动。每个活动开始之前，对连锁店有标准化的装饰要求，什么样的商品应该在什么样的位置、什么位置应该摆什么样的装饰品、连锁店应重点销售哪一类商品等，这些都有明确的规定。

这时就需要一种形式能够把这些标准化的信息快速、稳定、有效地传递到连锁店。因为企业的连锁店有 600 多家，采取集中培训的形式成本高昂、效率低下，并不现实。这时最有效的培训方式就是视频培训，因为视频培训可以随时启动，快速传递标准化的信息，各连锁店在同一时间收到统一的信息后，只要统一执行就可以。

4. 流媒体培训

流媒体是这家企业特有的一种培训形式。这家企业每家店里都有一个或多个播放器，播放器的系统叫流媒体系统。每家店播放器中播放的画面和声音由总部统一控制。在营业时间播放的内容一般是产品广告，但在非营业时间可以用来传播标准化的技能培训信息，比如对新产品的介绍、日常运营操作规范。

这家企业有一个专门生产视频的部门，每周固定制作两期技能培训视频节目，通过这两期节目，传播一些标准化的培训信息。视频的播放时间分别是周二和周六连锁店正式营业之前，企业规定每周二和周六早晨店长要带领全店员工一起观看流媒体视频。

5. 技能比赛

企业通过技能比赛，能够在各区域、各分企业或各门店之间创造出一种学习的氛围。该企业设置的技能比赛几乎涵盖连锁店内每一类岗位。一些对技能要求较高的岗位，技能的提升对岗位绩效的提升有直接的作用，比如收银岗位、熟食加工岗位、面食加工岗位、面包制作岗位、蔬菜水果加工岗位。

6. 自学

该企业给每个连锁店配备了营运标准的培训资料，资料中详细规定了连锁店工作的各项流程。为每名员工发放了所在岗位的学习卡片，学习卡片上清楚地规定了岗位的职责、工作流程、工作标准以及企业文化标语等。

企业通过对学习氛围的营造、对员工学习的要求以及通过员工晋升发展与员工知识和能力的要求等，促使员工对所在岗位的知识和技能产生学习和提升的需要。企业通过为员工设置的各类容易获得的学习资料、E-Learning 系统，让员工能够轻松实现自学。

7. 外部培训

该企业的外部培训主要是针对中高层管理者实施的补充培训，通常由外部的培训机构实施，或者由引入的专家顾问采取教练式的培训方式。

8. 外地考察

外地考察的形式是该企业针对优秀的管理者和员工，每年组织 4 ～ 6 次到国内或国外的标杆企业考察学习。

第 6 章

如何制订和运行培训方案

　　企业在明确了培训需求、制订了培训计划、具备足够的培训资源后，在正式开展培训管理工作之前，还需要先制订具体的培训方案。培训目标选择的质量、培训行动方案制订的质量、培训实施的质量都决定着培训效果的优劣。

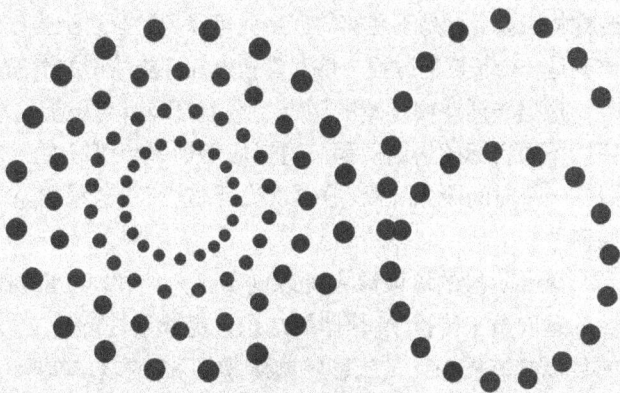

6.1　如何制订培训目标

确定培训目标能够为培训方案的制订提供明确的方向。有了培训目标，培训管理者才能确定行动方案，以及培训的对象、内容、时间、教师、形式等这些具体的内容。有了培训目标，培训管理者才可能在培训之后对照目标评估完成情况和效果。

6.1.1　制订培训目标常犯的错误

目标越具体越具有可操作性，越有利于实现培训目标。然而，培训管理者在制订培训目标时，经常会犯各类错误。很多时候，培训不成功，往往是因为培训目标制订得有问题。

比如有个企业办公的现场作业环境非常差，总经理想让员工按照5S管理（全称"5S现场管理法"，一种现代企业管理模式）的原则工作。总经理期望通过培训来改变员工的日常行为。在这种情况下，很多培训管理者会把培训目标制订偏了。

有的培训管理者把培训目标制订为让员工学会5S管理，但这不是一个有效的培训目标。为什么呢？一是什么叫学会5S管理，如何定义，如何确定学会了的标准？二是用多久时间让员工学会？三是员工学会了就有用吗？如果员工学会了但行为不改变怎么办？很显然，企业要的结果是员工行为的转变。

有的培训管理者比较直接，把培训目标制订为：在一次2小时的培训后，彻底改变员工的行为，让所有员工的现场管理水平能够达到5S管理的要求。但这样的培训目标是不现实的，企业可以把这个目标当作愿望来努力。员工行为的改变是一个长期的过程，培训管理者在实施培训的时候，需要分步骤实施。

根据培训课程设置的原则，培训管理者可以把这项培训分成三段，设置成三段不同目标的培训课程。这三段培训课程可以在三个时间段分别进行，也可以在一个时间段分阶段、分层次进行。这三段课程的逻辑分别是是什么、为什么、如何做。

第一阶段的培训课程可以向员工介绍5S管理的概念和原则。培训的主要目的是向员工传授5S管理的知识，也就是告诉员工5S管理是什么。这次培训的目标应该放在让员工能够熟练掌握5S的基本概念和原则上。这次培训的目标可以制订为培训结束后，员工能够准确地陈述出什么是 5S 管理，以及 5S 管理的原则是什么。

第二阶段的培训课程可以向员工介绍 5S 管理对员工和企业都有哪些好处。这次培训的主要目的是让员工转变态度，认可 5S 管理的理念和精神，也就是告诉员工为什么要做 5S 管理。这次培训课程的目标可以制订为培训结束后，员工赞成 5S 管理理念并决定主动实施 5S 管理。

第三阶段的培训课程可以向员工介绍不同的岗位如何做好 5S 管理。这次培训的主要目的是让员工知道 5S 管理的正确做法是什么，也就是员工如何做好 5S 管理。这次培训的目标可以制订为培训结束后，员工能够调整现有的作业环境达到 5S 管理的要求。

6.1.2 制订培训目标的基本原则

培训管理者在制订培训目标时要按照 SMART 的原则：具体的（specific）、可衡量的（measurable）、上下达成一致的（agreed）、切实际的（realistic）、有时间限制的（time-bound）。

SMART 原则在与目标相关的方法论中经常被提及，许多人虽然知道 SMART 原则的含义，在运用的时候依然很容易忘记。比如小明给自己制订的年度目标内容如下。

- 每天做一件实事。
- 每月做一件好事。
- 每年做一件大事。

小明的目标虽然也算是一种目标，但并不是有效的目标，因为它们没有完全遵循 SMART 的原则。小明的目标里有时间的概念、数量的概念，算是切实际的，能够和自己达成一致，但是这几个目标不能够被衡量。

什么叫实事？什么叫好事？什么叫大事？没有明确的定义。如果没有定义，那么应该怎么衡量呢？没有办法衡量的目标，既可以说目标完成了，也可以说目标没完成。

比如有的企业将三场培训的目标分别制订为如下内容。

- 在 3 小时之后，转变员工的工作态度。
- 在 2 小时之后，学会生产管理知识。
- 在 1 小时之后，掌握 A 产品的工艺。

这三场培训的目标分别对应着改变态度类的培训、传授知识类的培训和提升技能类的培训。这三类目标同样不符合 SMART 原则，是无效的目标。它们更像是培训的目的，而非有效的目标。

（1）"转变员工的工作态度"，这里需要转变的工作态度具体是什么？怎么算是转变了？要怎么衡量？当出现什么情况时，培训管理者可以说员工的工作态度转变了？

（2）"学会生产管理知识"，这里要学会什么样的生产管理知识？怎么样算是学会了？如何来衡量参训人员已经学会了？

（3）"掌握A产品的工艺"，这里说的掌握具体表现是什么？什么情况算掌握？该如何衡量这种掌握？

要改进这些培训目标，需要落实到具体的背景中。

（1）假如企业做这场培训的原因是因为管理层发现员工之间的情感比较冷漠，同事之间除了工作之外，生活中不愿意有任何交流。比如，管理层为了帮助同事之间多一些工作以外的情感交流，组织多次同事聚会，但实际到场率不到40%。有个别员工甚至一次同事聚会都不愿意参加，每次聚会总是以各种理由推辞。

这种现象与企业倡导的企业文化和理念相悖。为了改变这种情况，管理层期望组织一些增加团队凝聚力和向心力的培训，期望通过培训增进同事之间的友谊。这时培训管理者可以把培训目标制订为培训之后，企业统一组织同事聚会时，员工自愿参与率达到80%。以此为目标后，培训结束后就可以实现量化的衡量。

（2）假如企业做这场培训的原因是增强企业车间主任的生产管理知识，培训的内容是生产管理的基本常识。这时培训管理者可以把培训目标制订为培训结束后，参训人员能够画出生产管理的基本理论框架的思维导图。如果觉得一个目标较少，培训管理者可以制订多个培训目标。衡量这场培训目标是否达成的方式可以通过笔试问卷。

（3）假如企业做这场培训的原因是企业的某工艺部门新改进了一套工艺，需要相关人员学会这套新工艺。这时培训管理者可以把培训目标制订为培训结束后，参训人员能够独立演示整个工艺流程。衡量这场培训的目标是否达成的方式可以由培训讲师和培训管理者一起逐一检核参训人员独立操作的能力。

6.1.3　培训目标通用的表述规范

如何准确地表述培训目标？针对不同的培训目的，培训可以分为改变态度类、增长知识类和提升技能类三类。这三类培训用来表述培训目标的词汇是不同的，培训管理者可以参考如下词汇库。

1. 改变态度类

改变态度类培训可以用来表述培训目标的词汇如表6-1所示。

表6-1　改变态度类培训词汇

接受	联系	实现
表现	决定	赞成
增加	评价	交流
组成	影响	列出
得到	记录	选择
听取	参加	承认
陈述	回答	参与
意识到	发展	决心
完成	识别	发现
组织	写出	比较

2. 增长知识类

增长知识类培训可以用来表述培训目标的词汇如表6-2所示。

表6-2　增长知识类培训词汇

论述	命名	区分	对……分类
推断出	预测	识别	组成
讨论	承认	指出	定义
选择	联系	证明	对比
计算	选择	列出	解释
论证	陈述	执行	写出
找出	支持	回忆	表明
举例说明	使用	重述	总结
判断	评估	解决	画出

3. 提升技能类

提升技能类培训可以用来表述培训目标的词汇如表6-3所示。

表6-3　提升技能类培训词汇

演示	调整	列出
创造	识别	决定
建立	提供	进行

6.1.4 培训目标分解的操作步骤

培训目标不是只要明确了培训目的和企业想要达成的结果之后，直接制订出来就可以了，有时候期望和现状之间的距离太远、差距太大，培训管理者需要对培训目标进行分解，逐级实施，才有可能达成。

1. 分章节制订目标

要对难以达成的培训总目标进行分解，可以在课程的每个章节或组成部分制订1～2个目标。通过章节或组织部分的小培训目标的达成，最终实现总的培训目标。

比如某企业对新员工的培训课程分成三部分：第一部分的主要内容是企业的组织架构和主要部门设置；第二部分的主要内容是企业人力资源相关的规章制度；第三部分的主要内容是企业的产品知识。

第一部分的培训目标可以是参训人员能够描述出企业的组织架构和主要部门；第二部分的目标可以是参训人员能够列举出 5 条人力资源相关的规章制度；第三部分的目标可以是参训人员能够识别出企业的所有产品。

2. 验证分目标对总目标的支持

分目标对总目标的支持靠的不是想象，而是需要有严密的逻辑关系、充分的论证或者具备丰富经验的专业人士的指导。

比如某企业举办某次培训的目的是让员工接受某种理念，目标是员工在接受培训后，能够转变某方面的行为。培训管理者将总培训目标分解成三部分：第一部分是让员工能够准确叙述该理念的含义；第二部分是让员工能够区分该理念和其他理念之间的差别；第三部分是让员工在不同的行为中识别出哪种行为对应着该理念。

这三部分的培训目标都是增长知识类培训的目标，而企业培训的目的是通过让员工接受观念而改变行为。这三个培训目标并不能指向最终的培训目标，并不能对最终的总培训目标提供支持。所以这种培训目标分解是无效的。

3. 在实践中不断调整

培训目标的分解有一定的预估成分，就算培训课程的逻辑设置再严密、论证再充分，在正式培训开始之前，也无法保证 100% 合适。所以对培训目标的分解工作可以采取在实践中不断调整的策略。通过多次的培训实践，不断对培训分解的目标加以完善。

6.2 如何制订培训方案

一份完整的员工培训方案是在确定了培训目标之后，进一步对培训内容、培训资源、培训对象、培训时间、培训方法、培训场所及培训物资设备的有机结合进行设计和安排。

6.2.1 如何设计内容结构

根据培训目标的不同，以及人才的三大测评维度，培训内容一般可以分成三类，即知识类培训、技能类培训和素质类培训。

知识类培训是培训内容中的最低层次，是最容易让员工获取的培训内容。员工看一本书或者听一次课，就可能获得相应的知识。

技能类培训是培训内容的第二层次。当企业招进新员工、采用新设备、引进新技术等时候，将要求员工具备相应的技能而不仅是知识，因为知识转化为具体的操作技能需要一段时间的刻意积累和练习。

素质类培训是培训内容的第三层次，是比较高层次的培训。素质是员工发展的基础，素质高的员工即使在短期内缺乏知识和技能，也会有内升动力，主动自发地为实现目标开展学习和练习。素质不足的员工即使企业为他提供了培训的机会，他也可能不接受。

对于不同的培训主题，选择哪个层次的培训内容，可视具体情况决定。一般而言，对越高层次的管理者，可以越偏向于素质培训，而对一般员工，可以更偏向于知识和技能培训。培训内容与岗位层级之间的关系，如图6-1所示。

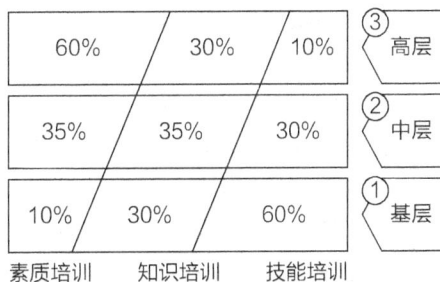

图6-1 培训内容和岗位层级之间的关系

6.2.2 培训方案的制订流程

当培训管理者确定了培训目标、选择了培训内容之后，接下来就要开始制订详细的培训方案，培训方案的制订步骤和包含内容如下。

1. 确定培训资源

培训资源有软件资源和硬件资源之分，也有内部资源和外部资源之分。外部资源和内部资源各有优缺点，培训管理者应根据培训需求分析和培训内容来确定。一般而言，企业专属的、涉及企业机密的、岗位技能关联性较大的培训内容，选择内部培训为宜；通用理论、社会公共知识、企业内部无法满足的需求，可以运用外部资源。

2. 确定培训对象

培训对象可以分为理论范围和实际范围。理论范围是根据需求和计划，由培训管理者制订出的人员范围。实际范围是培训管理者向各业务部门征求意见后，根据人员的实际情况确定的范围。如果不考虑实际，直接按照理论范围确定培训对象，则可能影响部门的正常工作，让培训达不到预期效果。

与理论范围相比，实际的培训对象范围可能更多，也可能更少。可能有部门建议增加的、培训管理者没有考虑到的职工或者入职不久表现优秀的职工；也可能有根据实际工作需要，暂时无法参加的，部门建议分批次、分阶段的。总之，培训对象并不是简单地一概而论，而是需要培训管理者与相关部门充分沟通后再行确定。

3. 确定培训时间

培训的时长和周期不是培训管理者拍脑袋决定的，也不是根据培训内容的多少确定的。培训的时间、时长、周期、批次、阶段也需要根据培训的实际情况、员工的实际工作安排，与相关部门沟通后确定。

4. 选择培训形式

不同的培训形式有各自适合的领域和优缺点。为了提高培训质量、达到培训目的，培训管理者采用的培训形式应当灵活多样，可以将各种培训形式配合起来灵活运用，也可以开发出适合自己企业的独特的培训形式。

5. 选择培训场所和物资

不同的培训内容和培训形式决定着对培训场所和物资的选择。如果培训内容以技能培训为主，考虑到培训内容的具体性和操作性，最适宜的培训场所是工作现场；如果培训内容以素质培训为主，考虑到培训的体验感，可以将培训场地选择在户外，以拓展训练的形式进行。

6.2.3 培训方案的质量测评

培训管理者从培训需求分析开始到制订出一套完整系统的培训方案，并不意味着培训方案设计工作大功告成，还需要培训管理者不断测评和调整。只有不断地改进，才能使培训方案逐步完善。

培训管理者可以从三个角度对培训方案质量进行测评。

1. 从培训方案本身的角度

培训管理者应当分析培训方案各组成要素之间的分配是否合理，各要素之间是否能够形成匹配、呼应或互补关系，提前确认培训对象是否对培训内容感兴趣，确认培训内容是否能够满足培训对象的需要，确认培训内容中包含的信息是否容易被培训对象吸收。

2. 从培训对象的角度

培训管理者应充分了解培训对象对培训整体方案的意见和感受，以培训对象的视角完善方案，同时察看培训对象培训前后的改变是否与培训目标一致，如果不一致，找出原因，对症下药，及时调整。

3. 从培训结果的角度

培训管理者要分析培训方案整体的成本收益比。如果培训的成本高于培训收益，则说明培训方案有调整的空间，培训管理者要找出原因，设计出更优的方案。培训管理者也可以在培训方案调整之后，对培训成本收益的变化情况做进一步分析，找出能够达到最优的成本收益比的方案。

6.3　培训实施的工作步骤和注意事项

培训的开展和实施的水平是培训效果的基本保障，培训组织的质量对培训效果起着重要作用。如果没有好的培训实施，就算有再好的培训资源、再明确的培训目标、再完备的培训方案，参训人员的培训体验感也会比较差，结果也会引起参训人员的不满。

6.3.1　培训准备环节的操作步骤和注意事项

在培训准备的环节，工作步骤应包含如下四步。

1. 发送培训通知（培训前 10 天）

培训管理者初拟培训的时间、地点、方式、内容、名单等信息，发给相关部门负责人审核，经沟通后，再报决策层领导审核，确认所有的信息后，拟定培训通知。应注意培训通知的文号、字体、格式，发送后需登记备案。

通知如果是通过内网系统、邮箱或者公示栏发布，需要注意：可能由于出差原因或者不是每个参训人员都有邮箱，也不是每名参训人员每天会注意看公告栏，所以通知下发后，一定要打电话确认，以便信息有效传达。

2. 确定培训课程并联络讲师（培训前 7 天）

培训课程和培训时间确定无误后，要制订出培训的流程。一般要提前一周与培训讲师联系。要让培训讲师有充裕的时间准备，同时对培训讲师的课件要提前审核。当培训需要考试时，要提前告知培训讲师，提前沟通好考试内容和时间等安排。

3. 准备培训资料（培训前 2 天）

在物资准备方面，最快捷、有效又不容易出现错误或遗漏的方法是先召开小组会议，列出一个本次培训需要的全部工具、道具、模型、设备等物资的清单，将已经准备好的物资和经测试确认可以正常使用的设备在清单内画"√"。注意：培训用的麦克风、音响、计算机、投影仪等设备，除正常使用的量外，需要多准备一套应急。

要准备相关数据报表或文件的，需提前向财务征询。拿到数据之后，要做适当的筛选、整理和加工，让数据表格清晰易懂。培训中有考试题的、需要人手一份培训纸质资料的，提前打印或购买。提前打印培训需要的评估问卷。这里要注意：需要打印分发的资料，为避免出现异常状况，适当多打印几份。

培训过程中用到的课程 PPT 文件、视频资料、音频资料等相关电子版文档，需在培训前一天拷贝到培训用计算机上，并逐项测试，保证其正常可用。同时，准备一个优盘或硬盘，将所有电子版资料拷贝备用。这里要注意：若无特殊情况，在培训开始之前，调试好的设备不要做与培训无关的事情。

4. 准备培训须知

培训须知是对本次培训的目的、意义、安排、希望达成的目标、注意事项等这些不一定会完全体现在培训通知上的重要信息的相对详细的说明材料。一般培训参训人员到齐后、培训开始之前，首先要宣读培训须知。如果时间紧张，也可以随培训通知提前发给参训人员，或在参训人员陆续到场、培训开始之前，投影在屏幕上。

6.3.2 培训实施过程的操作步骤和注意事项

在培训实施的环节，工作步骤应包含如下四步。

1. 签到及资料发放

培训组织人员需要提前一小时到达会场，在固定地点设置培训签到处（一般为进门的门口处），并设置明显的标识。如果有培训期间用到的纸质资料、数据资料等，提前发给参训人员，方便参训人员提前做好预习。

2. 维持培训纪律

在培训开始时首先要宣读培训须知，并声明培训过程中的纪律。培训过程中关注全场，时刻检查参训人员的纪律遵守情况，如有严重违反培训纪律的行为，可以在记录后按照培训纪律规定处理。

3. 与培训讲师的持续沟通

在培训期间如果有多位培训讲师，要规划好每一位讲师的讲课时间，要有充裕的时间与下一位讲师联系，让其有足够的时间前往培训地点等候。同时，要控制讲师的授课时间，在预定结束前15分钟、5分钟分别予以提醒。若无特殊情况，超过预定时间15分钟后须礼貌地打断，以免下一位讲师等待时间过长。

4. 培训服务工作

培训进行中要"照顾"全场，主要包括对讲师的服务（茶水、教具）、参训人员的服务以及培训的摄影、录像等相关服务工作。若有需要就餐的情况，要提前与培训基地餐厅或者外部送餐单位沟通，以便备餐部门有充分的时间准备。

6.3.3 培训结束之后的操作步骤和注意事项

在培训结束之后，工作步骤应包含如下四步。

1. 整理培训试卷

对于培训试卷要认真批阅，将成绩汇总至表格，发给相关部门负责人审阅，并存入个人档案，若有人力资源管理系统，要录入系统备案。对考试成绩不合格者，组织相关人员进行补考，或算作培训不合格，参加下一期的培训。

2. 整理培训评估问卷

对于培训评估调查问卷的整理，一定要注意细节，仔细检查每一份问卷，对无效问卷要及时剔出，做到数据可靠。调查结果汇总完毕后，形成最终数据和结论，上报给相关领导。汇总完的评估问卷存入本次培训档案。

有的培训讲师基于培训课程的需要，会给参训人员布置作业，对此要及时收集并整理。若有未按时上交的，要与相关参训人员确认未上交原因，并催促其及时上交，如仍不提交的，可在培训总结报告中注明，或报告相关领导，按培训须知处理。

3. 培训总结报告

培训总结报告包括两方面的内容：一是培训参训人员对于本次培训的总结报告，收集后纳入参训人员的培训档案；二是培训部门对于本次培训的总结报告，包括培训档案、培训成绩、培训评估问卷总结等与本次培训有关的资料。

4. 整理培训档案

培训档案是重要的人事档案，由人力资源部分类统一存放，完整的培训档案包括但不限于培训签到表、培训反馈表、考核试卷、培训档案卡、培训心得、培训座谈记录表、行动改进计划表、培训评估问卷、培训跟踪与辅导表、培训总结报告等。

其中，培训档案卡应按照部门分类存放，培训签到表、培训反馈表、考核试卷、培训心得、培训座谈记录表、行动改进计划表、培训评估问卷、培训跟踪与辅导表、培训总结报告等应按照培训的类别及时间先后顺序归档。

【前沿认知】互联网时代的培训管理

互联网带来了商业变革、管理变革和思维变革。互联网时代的思维与传统工业化时代的思维明显不同。

工业化思维强调效率优先，而互联网思维强调的是效能优先。

工业化思维强调产品驱动，互联网思维强调用户驱动。

具有工业化思维的企业大多是纵向的线性结构，而具有互联网思维的企业很多是网状结构。

工业化思维强调二八原理，而互联网思维也能够照顾到长尾理论。

在工业化思维下，员工的主动意识强；在互联网思维下，员工有极强的参与感。

工业化思维有时候强调越复杂、越难越好，而互联网思维强调越简单越好。当然，互联网思维的这种简单不一定是真简单，它可能是经历了一系列的复杂之后，展示出来的产品或结果是简单的。

随着互联网时代的进一步发展，我们进入了移动互联网时代，生产力资源变成了四个关键要素：人、智能机械、大数据和网络。在移动互联网时代，人力资源管理的工作重心和工作内容也将变得不一样。

1. 组织云、知识云、资源云、能力云，颠覆传统人力资源模式

在移动互联网时代，商业模式和用户群体变化迅速，需要更加灵活的组织模式，因此出现了诸如扁平化组织、矩阵式组织、无边界组织、分型组织等新名词。人力资源可以分布在世界各地，但云平台将大家连接在一起。未来组织内人力资源高度共享，基于大数据按需调用，这就是"云"特质。

高昂的人力培养成本、逐渐升高的流失率，让企业内部的人才培养成为一件越来越不划算的奢侈品。当"云"形成以后，员工的短板将不是问题，因为当员工面对一个任务的时候，有"云"的支持，自己做不了的事，有人可以合作一起做。在知识云时代，已经不需要去想怎么补短板，你总能找到人跟你合作来补充短板。

2. 内部市场化，个体崛起，人人都是CEO

传统的雇佣制关系逐步瓦解，联盟式的雇佣关系开始崛起。在传统企业领导还在头疼怎么做员工激励、抱怨员工绩效产出不够的时候，许多快速发展的企业早就开始了合伙人制。

海尔的创客空间，在企业内部做彻底的市场化改造，把对人力资源的管理变成对资本的管理，由一开始的管理员工变成现在的管理资本的投资收益。由企业对员工投入、员工为企业输出，变成了员工为自己投入、员工为自己输出的同时也是为企业输出。这不仅是人力资源管理模式的创新，也是商业模式的创新。

不论是合伙人制、创客，还是优盘式协作关系，都是直接以个人层面的金钱和价值的获得为持续强激励。它解决了传统企业一直不愿直视的问题，"员工到底为谁打工"，是为别人，还是为自己？如果是为别人，个体何必拼尽全力？如果是为自己，个体还有什么理由偷懒耍滑？

3. 人力资源管理全面数据化，追求人力效能提升

有人认为人力资源管理的数据化是回归泰勒时代，是一种管理的倒退，因为数据无法显示人力资源管理的复杂性。然而在未来，还有什么是不能被数据化的吗？

人们以何种方式组合在一起，决定了他们的效率。所以HR要做到"管理前置"，直接参与到关键业务领域的管理中，这就需要HR掌握一定的业务数据。这些数据将是HR实施流程和组织再造、排班优化等提高人力资源效能的工作基础。

同时，对于一些HR插不进手的情况，要评估结果，做到"管理后置"。现在也已经有了人力资源会计、人力资源效能仪表盘、人力资源成熟度模型、人力资源计分卡等工具。

随着人力资源管理模式的变化，培训管理也必然要顺应时代特点灵活调整。

1. 培训管理的O2O

O2O指的是online to offline（线上到线下），它的含义是线下商务机会和线上机会的融合，让线上和线下能够成为统一的网络，实现商务效率的最大化。在移动互联网时代，培训管理同样可以做到O2O，既利用线上平台传播培训内容，又利用线下培训与线上平台形成匹配与支撑。

2. 内容产品化

培训管理者要用产品经理的心态打造培训项目，以参训人员为中心，用产品化的思维经营培训，从运营、内容、平台三方面围绕参训人员的体验设计培训产品。培训管理者在设计培训项目时，要注意参训人员的应用场景。

3. 高强连接化

培训管理者可以创建不同的虚拟或实体的培训场。参训人员学习的过程是一个培训要素之间多方参与、综合影响的过程。提升各要素之间的连接，往往能够提升培训的效果。所以培训管理者应通过移动互联网技术，让参训人员之

间、讲师与参训人员之间、管理者与参训人员之间形成较强的连接和互动。

4.平台工具化

移动互联网本身就是培训管理的重要工具之一。利用移动互联网的工具，能够让学习更加简单、方便，有利于社交化的内容传播与学习。利用移动互联网的特点，培训管理者能够综合各方的资源，打造基于移动互联网的学习平台，鼓励企业内各方参与，不断丰富该平台的资源。

在互联网时代，培训管理者要在抓住培训管理核心的前提下，充分利用时代赋予的新模式、新方法、新技术，将资源有机地结合，在适合自身企业需求的前提下，将培训管理实施得更加高效。

【实战案例】如何在传统企业推行微课

在移动互联网时代，E-Learning、在线学习、移动学习这些名词已经非常普遍，微课是这些形式中比较常见的一种。微课是把分解后的知识加以碎片化的信息资源，它的特点是时间短、内容精，能够利用碎片化的时间随时随地展开学习。

微课在许多商业运营平台上已经展示出了巨大的生命力，这种形式已经充分获得了市场的认可，并已经被证明是一种有效的学习方式。很多企业见状后纷纷在企业内部推行内部的微课学习。但对于很多传统企业来说，由于管理层的认知和习惯问题，微课在企业内部的推行和落地并不顺畅。

笔者曾经在一家传统企业中推行过微课。那家企业原本属于传统制造业，笔者入职时企业已经有 30 年的历史。"一把手"热衷于终身雇佣制，整个企业的文化氛围和管理风格都比较传统。企业中层以上管理者的年龄普遍偏大，很多人是跟着"一把手"创业、在企业里工作一辈子的人，对新事物的接受能力较弱。

笔者刚到这家企业搭建整套人力资源管理体系的时候，是先做的薪酬、绩效等模块，再开始运行培训管理。因为这个企业的文化强调"实干"，之前很少做培训。大部分管理者嘴上说培训学习是好事，骨子里还是认为这些都是"假把式"。在笔者建设培训管理之前，总经理组织了三次线下培训都不成功。

如果一开始就大规模做培训，不但不会起作用，而且可能会引起反感。这个时期如果马上采取体系化的培训手段，员工将会很难接受；如果通过做一套管理制度而采取强制手段，可能只会带来更大的反感。所以，笔者就以推行微课开始，从管理层培训管理体系建设和员工培训认知层面导入。

润物细无声，由浅至深，逐步渗透，员工不知不觉地习惯之后，原本推不动的事情也就变得简单了。在向董事长和总经理说明了整套方案之后，笔者针对不同层次和岗位的人群建立了 5 个微课群。

每期微课都找内部不同部门的管理者担任培训讲师，这样做的好处一是可以培养内部讲师队伍，锻炼内部人员的经验萃取和授课能力；二是找外部讲师员工可能不接受。内部每个部门轮流讲，因为同事们平时都比较熟，有时候为了相互捧场给面子也会参加。

每期微课设置的时间不超过 15 分钟，每周一次，除了小长假所在的周，全年共举办 50 次。在每期结束后，会有相应的培训评估作业，根据培训内容的不同，有时是计划方案，有时是考试，有时是合理化建议，有时是感悟。

按照要求完成整个课程及评估作业者将获得培训学分 1 分。在微课群内分享行业、产品以及管理等相关知识供大家学习与探讨的，一次奖励培训学分 0.2 分。累积的培训学分年终将按照 5：1 的比例兑换成绩效考核分。

笔者在向总经理汇报方案之后，他觉得很好，但是要求笔者将不参加微课活动改为扣分。笔者说服了他不要采取负激励的手段，因为负激励只会让员工更反感。当时企业年底绩效考核最终得分是排名后按照得分比例分配。

比如中层管理者，在类似岗位、相同职等职级、年终绩效考核其他项得分一样的情况下，如果 A 全年每周都参与微课，B 从来不参与，A 将比 B 的绩效考核得分高 10 分。根据每年奖金池的不同，换算成绩效奖金 A 会比 B 的奖金高 3 000 ～ 5 000 元。这是运用正激励的原理。

B 如果自己不想接受微课培训，没关系，企业不会罚他，也不会逼他。但是，和他同岗位、同级别的 A 在进步，企业会变相地奖励 A，这时 B 还看得下去吗？不患寡而患不均，他也要行动起来。B 会想，企业表面上没有罚他，但企业年底绩效奖金的计算方式是先确定奖金池后根据绩效得分计算，奖金池是固定的，A 比他得分高而多得的奖金，其实有一半原本应该是他的。

再好的机制也会有一群反对者。毕竟这个企业属于传统产业，而且管理层的年龄普遍偏大，当时有人说微课占用了原本属于他们自己的时间，有人对这种形式不屑一顾、从不参加，但是又担心年底自己的奖金比别人少，所以一有机会就千方百计地想取消这个机制。

但是这种机制的设置对反对者有天然的防御作用。随着我们坚持推行，员工的参与率越来越高，后来每期微课的参与率都在 95% 以上。笔者推广微课的经验后来也得到了许多兄弟企业和咨询机构的一致好评。微课推行成功后，笔者做了详细的培训调研，制订了全年的培训和人才培养计划，又组织了许多有针对性的线下培训，将培训管理系统化。

第 7 章

如何评估和转化培训效果

　　如果企业没有实施培训评估和跟踪，就很难实现培训的改进和结果转化。准确的培训评估和跟踪方法能够帮助培训管理者及时了解培训管理体系中存在的问题。在培训的评估环节，培训管理者要注意培训评估的时机和层次，在不同的时机对不同的培训目的，应采取不同的培训评估方式。对培训效果的转化，培训管理者要注意培训效果的追踪方法。

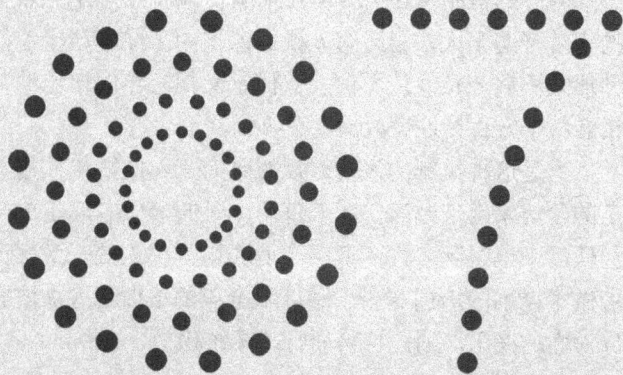

7.1　培训评估的三个时机

什么是培训评估？培训评估指的是运用科学的方法、理论和程序，确定培训的意义或价值的系统过程，它是培训管理体系当中非常重要的组成部分。培训评估的操作方式是通过对培训目标和现况的差距进行分析，评价预定的目标是否实现，从而有效地促使被评价者不断朝着预定的目标发展。

培训评估是有时机的。很多培训管理者一说起培训评估，脑海中自然想到的是"培训后的评估"，但其实培训评估不仅是在培训结束后，在培训开始前、培训运行中同样需要阶段性的评估。

7.1.1　培训开始前的评估

为什么在培训开始之前也需要做评估？因为"防范于未然""防火胜过救火"。如果培训之前不做评估的话，等到培训结束后，培训管理者往往会发现很多原本在培训前可能避免的错误变得没法挽回了。严重的可能造成企业花费大量的人力、物力、时间做的培训却达不到预期的效果。所以培训前的评估往往比培训后的评估更加重要。

在培训开始之前，培训管理者要评估如下内容。

1. 目标与期望

培训管理者要评估培训是否已经确定了目标，目标是否有效，目标是否现实，参训人员期望从培训中获得什么，他们的期望是否现实，他们为什么会有这方面的期望，对待参训人员的这个期望培训管理者应该怎么办，培训的内容和培训目标之间的匹配度如何。

2. 知识类培训前的评估

培训管理者要评估培训想要参训人员知道什么，其中必须知道什么；为了让参训人员更好地知道这些内容，培训方案是否有调整的空间。

比如有的企业为员工培训产品知识，培训时间是 1 小时，培训内容是培训讲师要把企业的 50 多种产品全部介绍一遍。这时培训管理者应当考虑，即使培训过程中参训人员听得再认真，一个正常人 1 个小时内也很难记住 50 多种产品的特性。

要提前改进这种情况，培训管理者可以通过增加教案、复习、练习等环节，或者分阶段培训的方式，提升预期的培训效果。

3. 技能类培训前的评估

培训管理者要评估培训是为了使参训人员具备哪些技能，是否让员工了解，有没有对员工提出要求。

比如有个电梯维修企业要给电梯维修人员做一场培训。原本的预期是让员工培训后要具备一种新型电梯维修的技能，结果因为企业临时有很多事项要传达，培训设置的内容较多。先是讲了一些执行力层面的内容，又讲了一些企业制度层面的内容，最后才讲的操作流程。这种内容设置就可能让参训人员以为这次培训的主要目的是让他们提高执行力和学习企业制度，而不会对最后的技能培训产生重视。

要提前改进这种情况，培训管理者可以聚焦培训内容，或者在培训开始之前或培训进行过程中，强调这次培训的主题以及对参训人员的要求。

4. 态度类培训前的评估

培训管理者要评估培训是为了参训人员在哪方面的态度做出改变，通过什么方式来衡量和判断参训人员态度上的改变；除了培训之外，有没有一些其他条件影响着员工态度的改变，比如环境、制度、流程等。

比如有一位经理，他总是抱怨自己部门员工的执行力太差，他交代的工作员工总是完成得不理想。他期望人力资源部能够对员工进行培训，增强员工的执行力。培训管理者了解到具体情况后，发现问题其实不是出在员工身上，而是出在这位经理身上，是这位经理不具备基本的管理能力。

要改善这种情况，培训管理者其实不应该对员工实施执行力的培训，而应该对这位经理实施管理能力的培训。

5. 硬件和软件的保障

培训管理者要评估实施培训相关的硬件和软件等保障是否到位，是否存在培训的硬件和软件无法支撑培训正常运行的可能性，是否需要提前做好备选方案，培训费用方面是否有减少的可能性，培训费用和效果之间是否存在较强的关联性。

7.1.2 培训运行中的评估

培训运行过程中的培训评估是一种培训的过程管控，培训管理者对过程的管控同样是为了达到培训的预期效果。培训运行中的评估包括如下内容。

1. 硬件和软件的保障

培训管理者对培训相关硬件和软件的保障要贯穿培训开始之前和培训运行

的全过程。

2. 参训人员的满意度

很多培训管理者对参训人员满意度的关注只是停留在培训结束之后的调查问卷层面。可有时候参训人员出于一些原因，有可能会偏向于给培训讲师打高分。这就造成了培训结束后的调查问卷可能并不真实。

有的企业内部培训因为培训讲师是企业高管，参训人员明明觉得内容中有很多不适用的部分，但到了调查问卷填写满意度的环节时，大多数都会填写满意，而且不愿给出任何意见。如果培训管理者只是坐在办公室里看报表，会以为培训效果很好，而实际不然。

为了深入了解参训人员的满意度，培训管理者应当在培训的过程中深度参与到培训活动中，观察培训参训人员的表现、表情、神态、参与程度等，并在培训过程中随时和参训人员进行交流，通过对话了解他们内心真实的感受，来判断他们是否真的满意。

3. 培训讲师的满意度

在培训运行过程中，培训管理者对培训讲师满意度的关注与对参训人员满意度的关注是同样道理。有的企业会给培训讲师发放培训组织方面的满意度调查问卷，但培训讲师有时候出于一些考虑，即使心里不满意也不愿在问卷中表现出来，而有的企业会忽略培训讲师满意度调查的环节。

为了有效了解培训讲师对培训组织方面的满意度，培训管理者在培训进行的过程中，要随时和培训讲师保持沟通，了解他们的需求、意见或建议，以便于随时做出调整。

4. 培训方案执行率

培训管理者要在培训运行中随时关注和评估培训课程实际运行情况是否与计划相匹配，课程的进展是否完全与计划一致，培训的内容是否与预期一样生动，培训的表现形式是否符合预期。

比如有的培训讲师是文案派，在课程设计方面非常在行，从文案的角度看，课程内容精彩绝伦，应当能够达到预期的效果，可是由于讲课功底较差，实际讲起课来可能没有自信、没有气场、逻辑不清、解析不深，造成实际的培训效果较差。这种情况如果不在培训运行过程中发现，很难通过纸质版的问卷调查发现。

7.1.3　培训结束后的评估

培训结束后，培训管理者可以运用柯氏四级培训评估模型（Kirkpatrick Model）进行评估。柯氏四级培训评估模型是由国际著名学者、威斯康辛大学（Wisconsin University）教授唐纳德·L.柯克帕特里克（Donald·L. Kirkpatrick）于 1959 年提出的。这是目前世界上应用最广泛的培训评估工具。

柯氏四级培训评估模型按照培训目的和类型的不同，将培训后的评估分为四个层级，分别是反应层、学习层、行为层和结果层的评估。柯氏四级培训评估模型中的四层级在培训管理中分别具有不同的定位和用途，如图 7-1 所示。

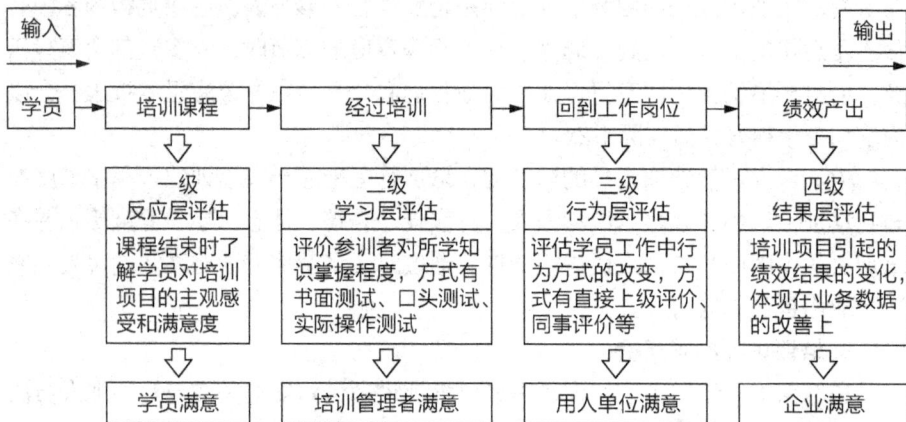

图 7-1　柯氏四级培训评估模型中的四层级在培训管理中不同的定位和用途

柯氏四级培训评估模型的四层级评估从培训的输入到输出贯穿整个培训流程。每一个过程节点对应着不同的评估内容。

第一级反应层评估，通过评估参训人员对培训组织和授课的满意情况，达到参训人员的满意。

第二级学习层评估，通过对参训人员培训获得情况的评估，达到培训管理者的满意。

第三级行为层评估，通过评估参训人员培训后行为上的改变情况，达到受训者所在单位的满意。

第四级结果层评估，通过评估培训是否最终达到员工绩效的改变，达到企业满意。

7.2　培训结束后评估的四个层面

通过对培训结束后反应层、学习层、行为层和结果层的评估，能够对未来培训的组织和运行提供可参考的、有价值的信息。

7.2.1 反应层面的评估

反应层面的评估又称一级评估，指的是参训人员对培训项目的意见，包含对培训的场地环境、设施设备、培训讲师、资料、内容和方法等的意见。进行反应层面的评估最常用的方法包括问卷调查法、访谈法、小组讨论法、观察法等。

参训人员反应层面的评估对培训的改进至关重要，是评估效果和实用性最直接的反映。反应层面评估样表可以参考表7-1所示。

表7-1 反应层面评估样表

问题	非常好	很好	好	一般	差
1.您对课程内容的理解程度	5	4	3	2	1
2.您认为本次培训内容对您工作的帮助程度	5	4	3	2	1
3.您对本次培训时间安排的满意程度	5	4	3	2	1
4.您认为本课程内容前后衔接的合理程度	5	4	3	2	1
5.您认为课件的清晰明了程度	5	4	3	2	1
6.您对本次培训主题选择的满意程度	5	4	3	2	1
7.您认为本次培训内容与您期望的符合程度	5	4	3	2	1
8.您认为讲师的语言表达清晰程度	5	4	3	2	1
9.您对本次培训中案例的满意程度	5	4	3	2	1
10.您认为培训讲师的专业程度	5	4	3	2	1
11.您认为讲师充分调动参训人员参与的程度	5	4	3	2	1
12.您认为培训讲师的仪容和精神面貌如何	5	4	3	2	1
您对本次培训的哪部分更感兴趣 您对此次培训有何建议					

企业在设置适合本企业运用的反应层面评估样表时需要注意如下内容。

1. 设置的所有问题要有目的

有的培训管理者抱着应付了事的心态，从网络上搜集一些培训评估调查问卷模板，简单修改之后就直接应用。这样做虽然也会得到相关的数据，但很可能起不到培训评估的效果。

培训管理者要明白，调查问卷设计出的每一个问题都是为了评估之后的改进行为，而不是为了得出一个没有用的数据或者做出漂亮的评估报告。不能指向改进的问题，都是无效的问题。这类问题越多，代表无效的管理越多，培训管理的成本浪费也越大。

比如调查问卷中问"您对课程内容的理解程度"，目的是想了解本次培训的意图和内容是否有效传达给了参训人员，如果此项评分较低，培训管理者可以在培训课程设置、讲师授课等方面寻找原因；再如调查问卷中问"您认为本次培训内容对您工作的帮助程度"，目的是想了解培训目的和培训需求的契合程度，如果此项评分较低，培训管理者需要在这方面寻求改进。

2. 分值段设置不宜过多

一般来说，培训管理者可以把每个问题的分值段设置在 5 项以内。有的企业将评分项仅设置为 2 项——"满意"和"不满意"，也是可以的。

许多培训管理者为了增加培训调查问卷的丰富程度，喜欢设置较多的分值。较多的分值既不利于参训人员打分，也会影响离散度。培训管理者设置问卷的目的是为了发现问题，所以结果离散度大的分值反而便于培训管理者快速发现问题。

3. 打分项操作越简单越好

培训管理者设置的所有打分项最好能便于参训人员快速做出选择，不要让参训人员在参与调查的时候感受到较大的工作量。打分的方法一般可以是勾选或填选项。有的培训管理者把培训调查问卷设置得过于复杂，每个问题的空格都让受训者写分数，结果一场培训评估可能需要耗费参训人员大量时间，引起参训人员的不满，而且评估汇总的环节也较困难。

7.2.2　学习层面的评估

学习层面的评估又称二级评估，指的是测试参训人员对培训项目传授的知识、理念和技能的掌握或领悟情况。每项工作有对应的技能和知识，学习层面的评估可以通过笔试、技能实际操作、案例分析、情景模拟、课堂回顾等方法，考察参训者培训前后在知识、理念、技能方面有多大程度的改善。

在进行学习层面评估时要注意评估的信度和效度。

评估的信度，指的是评估结果的可靠性、稳定性和一致性。信度越高，代表测试结果的一致性水平越高；相反的，则代表测试的结果越不一致。有时候，评估的误差将会导致评估的不一致性，从而降低评估的信度。

评估的效度，指的是评估结果的有效性。效度越高，代表评估结果和实际情况之间越吻合；效度越低，代表评估结果和实际情况之间越不吻合。

以高考科目中的数学测试为例。假如有一位同学，他只掌握了数学教材上50% 的知识，另外 50% 的知识没有掌握。这时这位同学去参加高考的数学考试，他其实有一定的概率能得满分，也就是当考的全部知识恰好都是他所掌握的知识；他也有一定的概率得零分，也就是当考的全部知识恰好都是他没掌握的知识。这就是信度思维。

从考评人的角度思考问题，他为了考察出学生的真实水平，一定不希望一个事实上只掌握 50% 知识的学生在考试中拿满分，所以他出题的时候会怎么做呢？他一定会把必要的知识点分散地放到卷子上，保证卷子上的知识点具有代表性、重要性和全面性。考评人这样做，从考察知识的方面最大程度地实现了科学性和严谨性。

培训管理者在设置培训结束后学习层面评估的时候也是同样道理。培训管理者不希望看到一个事实上掌握培训内容较少的员工通过评估，所以在选择评估测试内容时要把培训过程中最具有代表性、最重要的内容尽可能全面地加入评估内容。

对效度思维的应用同样可以高考数学考试为例。考评人的目的是为了测评高中生对数学知识的掌握程度，那么他就应当在考试题中测评数学，而不应该在出卷子的时候加入英语，或者把中文的数学卷子变成英文的数学卷子，这样就违背了测评数学的初衷。

在进行学习层面评估的时候也要注意类似的问题，培训管理者要评估的是本次培训传递的知识或技能被参训人员接受的程度，那么就应当围绕本次培训设置评估内容，而不应该加入一些本次培训并没有涉及的内容。

7.2.3 行为层面的评估

行为层面的评估又称三级评估，指的是衡量参训人员培训前后的工作变化情况，是了解参训人员有没有把掌握的知识和技能落实到行动或运用到工作中去的过程。这种评估方式一般是由平级、上级观察参训人员行为在培训前后行为上的差别，评估方法可采用绩效评估、访谈法、小组讨论法、观察法等。

通用的行为层面评估样表如表7-2所示。

表7-2 通用的行为层面评估样表

姓名	培训前行为	培训后行为	评估时间	评估人	培训管理者

某企业组织中层干部培训后，对所有参训人员培训的收获、培训过程中承诺做出的改变及改变结果、培训后待改变的行为以及对此的评估进行汇总后形成的行为层面评估如表7-3所示。

表7-3 某企业中层干部行为层面评估样表

序号	姓名	培训收获	预期结果	执行措施	检查人	评估时间	评估结果
1	王××	1.××× 2.××× 3.×××	×月底，A产品销售增加30%，B产品销售增加25%，C产品毛利率不低于10%	1.××× 2.××× 3.×××	李××	×××	全部执行到位
2	张××	1.××× 2.××× 3.×××	×月底，自动补货率达到80%，生鲜毛利率达到18.86%	1.××× 2.××× 3.×××	常××	×××	全部执行到位
3	于××	1.××× 2.××× 3.×××	×月底，生鲜产品盘点损耗率降低0.5%，销售预算增长25%	1.××× 2.××× 3.×××	刘××	×××	生鲜损耗目标达成，销售增长待×月份评估

7.2.4 结果层面的评估

结果层面的评估又称四级评估，指的是衡量培训是否最终改善了企业的业绩。如果培训可以达到改变员工态度和行为的目的，那么接下来就应当考察员工的这种改变是否对企业经营业绩的改善起到积极的作用。结果层面评估的方法可采用绩效评估、访谈法等。

由于绩效数据结果多种多样，结果层面的评估结果没有相对固定的形式。比如某企业的某品类产品销售有下滑趋势，该企业对销售人员进行培训后，对产品的销售业绩情况进行评估后的结果如表7-4所示。

表 7-4 某企业培训结果层面评估样表

分类	开始日期	结束日期	20×2 年业绩		20×1 年业绩	
			销售金额/元	毛利额/元	销售金额/元	毛利额/元
培训前	20×2-6-12	20×2-6-18	5 032 487	1 135 487	5 132 574	1 237 425
	20×2-6-19	20×2-6-25	6 095 294	1 513 792	5 901 714	1 420 305
培训后	20×2-6-26	20×2-7-2	5 793 909	1 467 626	5 444 911	1 297 784
	20×2-7-3	20×2-7-9	5 630 053	1 444 738	5 255 109	1 283 352
	20×2-7-10	20×2-7-16	6 035 636	1 640 722	5 428 318	1 314 703
	20×2-7-17	20×2-7-23	11 062 800	1 738 222	9 521 474	1 469 179
	20×2-7-24	20×2-7-30	6 888 144	1 535 316	6 024 382	1 232 302
分类	开始日期	结束日期	20×2 年业绩		20×1 年业绩	
			销售金额/元	毛利额/元	销售金额/元	毛利额/元
培训前	20×2-6-12	20×2-6-18	−100 087	−2.0%	−101 938	−8.2%
	20×2-6-19	20×2-6-25	193 579	3.3%	93 488	6.6%
培训后	20×2-6-26	20×2-7-2	348 997	6.6%	169 843	13.1%
	20×2-7-3	20×2-7-9	374 944	6.9%	161 386	12.6%
	20×2-7-10	20×2-7-16	607 318	11.2%	326 019	24.8%
	20×2-7-17	20×2-7-23	1 541 326	16.2%	269 043	18.3%
	20×2-7-24	20×2-7-30	863 762	14.3%	303 014	24.6%

在表 7-4 中，通过对培训前后产品销售业绩的对比，培训管理者能够清晰地看出培训前后的销售业绩与同期业绩对比的情况。培训前的销售业绩与上年同期有所下降，培训后销售业绩有明显增长。需要注意的是，销售业绩的变化与多种因素有关，培训管理者不能简单地认为这全是培训的功劳。

结果层面的评估也可以通过评估培训的投资回报率的方法操作，培训的投资回报率计算公式如下。

培训投资回报率 =[（培训项目总收益 − 培训项目总成本）÷ 培训项目的总成本]×100%。

在培训投资回报率的计算公式中，"培训项目总收益 − 培训项目总成本"也叫培训项目的净收益，培训项目的总成本应当把培训费用的全部类别都算在内。

培训项目总收益根据培训的目的和类别不同有所不同，常见的四种培训项目总收益的计算公式参考如下内容。

如果培训的最终目的是有利于销售增长的，培训管理者可以通过如下公式计算培训项目总收益。

培训项目总收益 = 人均销售额增长 × 销售利润率 × 参训人员数。

如果培训的最终目的是有利于劳动生产率提高的，培训管理者可以通过如下公式计算培训项目总收益。

培训项目总收益 = 劳动生产率提高的比例 × 人均工资福利 × 参训人员数。

如果培训的最终目的是要减少某些差错，培训管理者可以通过如下公式计算培训项目总收益。

培训项目总收益 = 平均每个差错的成本 × 平均每人避免差错的次数 × 参训人员数。

如果培训的最终目的是要留住客户，培训管理者可以通过如下公式计算培训项目总收益。

培训项目总收益 = 留住的客户数 × 从每位客户获得的平均收益。

7.2.5　培训评估工具的选择

针对培训结束后四个不同层面的评估，可以使用的评估工具如表7-5所示。

表7-5　不同层面培训评估可以使用的评估工具

评估层次	可以使用的评估工具
反应层面	问卷调查法、访谈法、小组讨论法、观察法
学习层面	笔试、技能实际操作、案例分析、情景模拟、课堂回顾
行为层面	绩效评估、访谈法、小组讨论法、观察法
结果层面	绩效评估、访谈法

不同评估工具使用时的优点、缺点和注意事项如表7-6所示。

表7-6　不同评估工具使用时的优点、缺点和注意事项

培训评估工具	优点	缺点	注意事项
问卷调查法	（1）便于全面评估问题； （2）能够给予填写人足够的时间表达自己对整体培训的意见和建议	如果设计不当或使用时机不合适，容易流于形式	（1）问卷设计时要注意必须符合培训的目的； （2）设计的问卷要充分考虑到各种不同的反应； （3）采用定性描述与等级打分制相结合的方法设计； （4）时间控制有度，填写调查问卷的时间应控制在15分钟以内； （5）鼓励参训人员真实填写； （6）应该在培训结束后立即进行

培训评估工具	优点	缺点	注意事项
测试类（笔试、技能实际操作、案例分析、情景模拟）	可以直接测试参训人员对培训内容的掌握程度	（1）有可能使部分参训人员情绪紧张，不利于正常水平的发挥； （2）测试的成功并不一定意味着在实践工作中的成功	（1）应针对培训内容与参训人员的特点设计相应的测试内容； （2）可以考虑将笔试、技能实际操作、案例分析、情景模拟等几种方式一起使用； （3）最好在培训结束后立即进行
绩效评估	有助于全面评估参训人员的工作表现	（1）周期长，成本高； （2）涉及多个部门； （3）如果没有严格的制度保障和客观、公正的评估标准，很容易流于形式； （4）数据的收集真实、全面性有待确认； （5）经营的改善取决于多种因素，有时难以判断是因为某类培训直接造成某种效果的产生	通常由财务部、人力资源部、参训人员所在部门负责人共同进行评估
访谈法	克服了其他评估方法无法进行双向式沟通的弊端，可以随时根据情况调整访谈的目的和方向，以全面获取所需要的信息	访谈的效果受制于访谈者的技巧与参训人员是否愿意透露真实想法等多种因素	（1）要有明确的访谈目的； （2）掌握一定的访谈技巧； （3）通常应作为一种辅助方法应用，而不是唯一的方法
观察法/小组讨论法	直观，便于操作	只能提供被观察者表象，不能揭示深层次原因，主观臆断性强	最好与其他的评估工具配合使用
课堂回顾	便于纠正参训人员主观上的错误认识	不利于发现每个参训人员对培训内容的掌握情况	（1）通常在某一培训完成或当天课程结束后使用； （2）如果培训持续一天以上或包含不同的培训内容，在培训的开展过程中使用，主要是评估参训人员对学习内容的掌握程度

在所有的培训评估工具中，问卷调查法、测试法（包括笔试、技能实际操作、案例分析、情景模拟）、绩效评估是培训评估的主要工具，访谈法、观察法、小组讨论法是培训评估的辅助工具，课堂回顾是特定情况下的简易评估方式。

7.3　培训效果转化和培训追踪

企业实施培训的目的是为了将培训效果转化到实际工作中，内化为员工的能力或行为，落实到员工的行动。要实现这一点，培训效果的转化以及对培训后参训人员的跟踪工作至关重要。

7.3.1　培训效果转化

参训人员把培训的效果内化为能力的过程，通常要经历四个环节，分别是转化、应用、传播和固化，内化成果表现为员工工作能力的提升。培训效果的转化过程如图 7-2 所示。

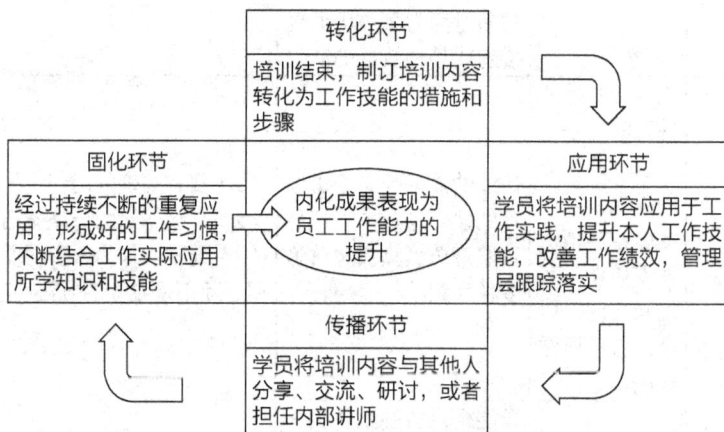

图 7-2　培训效果的转化过程

1. 转化环节

培训管理者应当根据培训转化的步骤和企业情况，在培训结束之后，制订培训内容转化为工作技能的措施和步骤。

比如培训管理者可以告知参训人员的直属上级培训中对参训人员传授了哪些内容，和参训人员的直属上级沟通期望参训人员在培训后如何执行和应用这些内容，并期望他能够监督和评价参训人员执行和应用的全过程。

这种监督和评价也可以和参训人员在培训过程中做出的一些行为或绩效改进的承诺联系到一起。培训管理者可以把参训人员做出的承诺发给他的直属上级，并期望他能够监督和评价参训人员承诺的执行过程。

2. 应用环节

在应用环节，培训管理者应当要求参训人员把培训内容应用于工作实践，提升参训人员的工作技能，改善他们的工作绩效，并且同样可以要求参训人员的直属上级协助跟踪落实。

比如某企业某类生产工艺改革，员工参加新工艺操作方式的培训之后回到工作岗位上，就必须按照新的培训工艺实施操作。

整个应用环节的关键不是培训管理做出了怎样的要求，而是参训人员的直属上级能否有效地实施监督、评价、管理和纠正。因为在这个环节，参训人员已经回到了各自的岗位，培训管理者就算实施检查，也不可能面面俱到，不可能像参训人员的直属上级一样对参训人员的工作情况全面掌握。

这个环节的工作质量，能够看出企业培训管理所处的阶段。要想有效地实施该环节，培训管理组织机构设置、培训管理权责利的划分、培训文化建设、培训管理制度等都非常重要。

分散在各部门的培训管理者在这个环节也同样能够起到一定作用，协助部门管理者实施监督和检查。当培训管理者发现问题后，可以及时向人力资源部报备。培训管理者也要勤勉，要到工作现场实施检查。

3. 传播环节

在传播环节，培训管理者可以要求参训人员把培训内容与其他人分享、交流、研讨，或者担任内部讲师。培训机会通常是比较宝贵的，有很多培训可能一个部门只有少数人才有资格参加。

这时参训人员回到工作岗位后，经过对培训内容的转化和应用实践，已经具备了理论联系实践的基本知识，具备把自己的知识和经验再向部门的其他人传播的条件。培训管理者应当要求他们向更多的员工传播这些信息。

这个环节一般在培训结束、参训人员回到工作岗位后的 2 ～ 6 周内。如果实践时间较短，参训人员可能还没有深刻体会培训内容的意义；如果实践时间较长，参训人员可能过于注重实践而忘记理论化的总结，不利于传播。

4. 固化环节

到了固化环节，参训人员通常已经具备了知识转化、应用实践以及与他人分享的经验，对培训内容将有更深层次的理解和认识，接下来，是参训人员不断持续的操作和固化的过程。通过不断实践的过程，参训人员对培训信息的理解可能发生进一步深化和升华。

举例

　　某餐饮企业外派一名厨师去另外一家大型餐饮连锁企业学习了 10 种特色菜的做法。培训结束后，培训管理者与这位厨师一起制订了一份详细的培训效果转化方案。这个方案是保证培训成果能够最终落地的具体行动计划。

　　这份行动计划的大体内容如下。

　　（1）培训管理者制订了培训内容转化为工作技能的步骤。这是培训成果的转化环节。

　　（2）学习归来的厨师首先把这 10 道菜自行练习多遍。在这个过程中，厨师长负责监督、支持和帮助这位厨师不断练习。这是培训成果的应用环节。

　　（3）企业将在 14 天后组织一场培训，由这位厨师把他学到的这 10 道菜的做法，教给其他的厨师。然后，要求其他的厨师也实施转化和应用，也就是其他厨师也必须持续练习和在实践中应用。这是培训成果的传播环节。

　　（4）培训结束后，这位厨师再应用技能 14 天。在应用的过程中，这位厨师可以和其他厨师不断地研讨流程和补充不足。通过这样的过程，厨师们还可能会对其中的某几道菜做出改进升级，让那几道菜的口味更好或者制作流程更简单。

　　30 天之后，经过所有厨师的研讨和改进后，形成这 10 道菜的标准制作流程。这家餐饮企业在自己的菜单上，正式加入这 10 道特色菜。

7.3.2　培训追踪方法

　　培训结束后，培训管理者通过了解参训人员的工作情况、思想状况，不仅让参训人员感受到企业对其的关心和重视，同时能够帮助他们解决工作中实际遇到的问题或困难，增强他们对企业的归属感，同时以解决问题为导向，进一步提升他们的技能和绩效。

　　培训管理者对参训人员实施培训追踪的常用方法有六种。

1. 撰写培训心得

　　培训管理者可以要求参训人员撰写关于培训的心得体会，内容必须包含培训课程中讲到的关键词、关键理念、关键内容等信息。培训管理者收集培训心得后将其发送至培训讲师及参训人员的相关管理者处，并要求相关人员对参训人员的培训心得做出反馈。

2. 制订行动计划

　　培训结束后，培训管理者可以要求参训人员做行动改进计划，形成行动改进计划表，如表 7-7 所示。

表 7-7　行动改进计划表

姓名	培训收获	当前问题	设立目标	行动计划	截止日期	检查情况	检查人

行动计划改进表中要详细写明员工重返工作岗位后运用培训理念或技巧的情况，参训人员与直属领导进行讨论后，共同确定该行动计划的操作方式和截止日期。培训管理者留存行动计划改进表复本以备追踪，同时也可以给培训讲师一份存档。培训管理者对参训人员行动计划改进的管理可以与行为层面评估一起操作。

3. 问卷跟踪与辅导

培训结束一段时间后，培训管理者可以利用培训跟踪与辅导表，对参训人员实施追踪，如表7-8所示。

表 7-8　培训跟踪与辅导表

姓名	培训前			培训后			评估人	评估时间	检查人	检查时间
	工作态度	工作行为	工作绩效	工作态度	工作行为	工作绩效				

培训管理者可以请参训人员的直属上级或者部门负责人对其工作态度、工作行为、工作绩效等整体改善状况进行评价，在过程中对于参训人员理念、知识或技能上存在的问题实施指导，并将结果反馈至人力资源部。通过这种形式的追踪，培训管理者可以了解参训人员对行动改进计划的执行情况。

4. 实地访谈

实地访谈法是培训管理者或培训讲师到参训人员所在部门，与参训人员、其帮带师傅、直属上级或者部门负责人面对面沟通，了解参训人员培训前后变化、培训效果转化等方面的事项。

如果参训人员的人数较少，那么采用面对面交流的方式是获取培训效果最直接有效的渠道。通过和员工深入的交流，培训管理者能够高效、直接地感知到他们对培训的想法。

培训管理者在与参训人员沟通时，要注意沟通的方式，不要以管理者的姿态进行盘问，而应以朋友间关心的方式相互交流。沟通的目的是为了产生积极的效果，所以注意沟通过程中不要让员工产生压迫感和排斥感。

培训管理者与参训人员的沟通内容应包括培训转化情况如何，工作进展情况如何，还存在哪些难解决的问题，还有哪些想提升的能力，对下一步工作有何想法，对企业有何建议，对培训有何建议等，同时培训管理者还要鼓励他们好好工作。

培训管理者与参训人员的帮带师傅、直属上级、部门负责人沟通的内容应包括参训人员培训后的工作改变如何，近期的工作表现如何，在能力上还存在哪些问题，在培训方面还有哪些事项需要人力资源部协助等。同时可以向他们强调最有效的培训其实在日常工作中，鼓励他们用心培养参训人员。

培训管理者在实地访谈后，应形成培训访谈记录表，如表 7-9 所示。

表 7-9　培训访谈记录表

姓名	访谈时间	员工本人意见	管理者意见	访谈问题总结	培训管理工作改进建议	访谈人	备注

对参训人员、帮带师傅或部门负责人所反映的问题和提出的合理化建议，培训管理者若能够现场解决，则应现场解决，若不能现场解决，培训管理者需汇总整理后及时与相关领导沟通，形成解决方案，定期追踪方案的完成情况，并及时向问题或建议提出者反馈。

5. 召开培训后座谈会

培训管理者可以在培训课程结束后一段时间内（一般为 1～2 周内）开展培训心得及培训成果转化的座谈会，了解参训人员的思想和行为动向。召开座谈会前，需要拟出会议议程，由专人做座谈记录，形成会议纪要。若有必要，也可以形成行动改进计划表。

6. 成果认定与表彰

培训管理者综合所有参训人员的行动改进计划表，在培训结束后的季度、半年或年度定期追踪其完成情况，形成成果的认定，计入员工培训档案，并组织开展培训成果表彰会议，编写成果转化优异员工的事迹并予以表彰，报导其成功的故事。对于培训成果转化不理想的员工，培训管理者可以统计他们的名单，与他们的直属上级或部门负责人沟通后，安排他们再次学习；对拒不配合的员工，参考培训管理相关规定，给予相应处罚。

【前沿认知】培训评估的作用到底有多大

笔者曾问过许多做企业大学管理或培训管理的 HR 朋友工作中最大的痛点在

哪里，得到的答案中被提及最多的是培训效果评估。这可能是因为许多 HR 认为培训效果评估是培训管理中最重要的一项工作，所以才会认为这是痛点。

类似的情况还出现在笔者曾经服务的一家企业。当时那家企业已经有 15 年的历史，企业发展规模在行业中遥遥领先，但企业的董事长、总经理还有常务副总经理这些核心管理层还是企业的第一代。

他们抓住了经济发展的机遇，敢想敢干，努力拼搏，确实获得了比较大的成功。他们在企业经营上的眼光是独到的、超前的，但他们在企业管理方面的理念相对比较落后。当企业规模不大时，这种问题并不明显，但当企业达到一定规模后，如果管理理念不升级，就会带来很多管理上的问题。

有一次这家企业的常务副总经理不知道从哪里获得的信息，开始注意培训评估的问题，回到企业之后就要求人力资源部做好培训评估。

按照这位常务副总经理的观点，人力资源部如果不能确切地说明所有培训的效果如何、投入产出比如何，那培训就等于白做。他要求以后每一次培训都必须把柯氏的四级评估做全，要不然他就要对人力资源部实施考核，而且他时不时地会到人力资源部检查这项工作。

原本人力资源部一个月能举办大约 20 场培训，在这位常务副总提出要求后，变成了每个月最多只能做 10 场，因为培训管理者要花费大量的时间做评估。一场培训下来，考试、跟踪、访谈、数据这些评估全部要有，培训评估报告变得要多详细有多详细。全套的培训评估工作非常大，但因为控制成本，当时的人力资源部不能增加人员。

某项工作的工作量大本身不是问题，问题是这项工作真的对经营管理有效吗？

管理不是做得越细越好，也不是做得越多越好，而应该在对的时候做对的事。管理企业如烹小鲜，管理者就像厨师，没有一道菜的做法是完全一样的。如果是做爆炒土豆丝，那么需要不断地翻炒，不然土豆丝可能会粘锅糊掉；可是如果要做的是一道鱼，肯定不能像爆炒土豆丝那样不停地翻炒，不然鱼会散掉。管理也是同样道理。

笔者在一家世界 500 强的企业工作时，发现那家企业对于什么样的培训需要有什么样的培训评估、用到什么样的表格都已经有了明确规定，绝对不是每一场培训都要死板硬套柯氏四级评估模型。

为什么？因为管理比较成熟的企业，有了时间的沉淀和经验的积累，对于管理成本和管理效果的认知也已经比较成熟。这样的企业，不会随随便便地做一些管理者想当然的事情。什么事情有用，什么事情没用，什么问题应当通过什么样的管理方式解决，这些企业早已经有了一定的经验和认知。可能它们几十年前也犯过类似的错误，经历过这个阶段，但是现在，从体制上已经不会再犯同样的错误了。

培训评估是把培训实施后的结果与预期进行比较和分析的过程，其目的是帮助下一次的培训查找出问题，及时改进，提高培训的效果。培训管理不是为了评估而培训，而是为了更好地培训而评估。

【疑难问题】如何降低培训后的人才流失率

有时候，培训管理者做好了培训，但是企业的离职率却居高不下。如果企业付出了大量的时间、投入了大量的培训资源培训出来的员工却离职了，不仅是企业自身岗位的损失，同时也很可能为竞争对手节省了培训资源，为其提供了素质和能力较强的人才。

人才流失对企业造成的损失不仅包含招聘成本、培训成本等管理成本，还包括从寻找接任者到接任者达到该岗位能力要求的时间成本和因人才流失影响现有在职人员士气的精神成本。

要想预防企业投入大量培训资源重点培养的员工离职，企业应做好如下工作。

1. 注意招聘的环节

招聘管理的质量和未来员工是否离职有直接关系。面试时，如果候选人曾经的工作经历转换比较频繁，平均每份工作的时间不超过 3 年，工作过的企业数量较多，转换工作的理由含糊其辞，说明该员工的稳定性较差，用人单位在选择的时候就需要谨慎考虑。

有的人力资源管理者为了迅速吸引人才，在招聘宣传的时候会给候选人传递过多的正面信息；有的人力资源管理者提供薪酬信息时只提供薪酬范围（比如，月薪 4 000 ～ 15 000 元）；有的人力资源管理者甚至提供虚假岗位、薪酬、福利待遇等信息。候选人产生过高的期望，入职后却发现实际情况与 HR 的描述不符，必然会产生较大的心理落差，最终选择离职。

2. 用薪酬福利留住员工

具有市场竞争力的薪酬福利体系是留住员工的有效手段之一。薪酬和福利应采取多样化的方式，不应仅包括工资和奖金金额的提高，还应在薪酬福利的多样性、长远性、独特性上下功夫。比如，设置员工持股计划、提供菜单式可选的个性化福利、定期组织团建活动等。

需要注意，薪酬和福利是"保健因素"，而不是"激励因素"，是能够满足员工物质和生活需求的基本资源，而不是"灵丹妙药"，一味期望通过采取高薪酬、高福利留住人才的方式并不可取。

3. 用文化和情感留住员工

比制度更能够影响员工的是企业文化，企业文化是员工扎根的土壤。优秀的企业文化具有吸引和留住员工的作用，能够让员工在企业这片土壤中茁壮成长；而不好的企业文化，就像一股无形的力量把员工往外推。

与薪酬和福利这些"保健因素"不同，与员工建立起的情感交流属于"激励因素"。通过上级和同事与员工之间建立起的感情纽带，能够极大地增加员工的幸福感、满意度、责任感，进而增加员工的稳定性。

4. 用职业发展留住员工

如果企业能够为员工提供良好的学习和培训，提供一条畅通、清晰的职业发展通道，那么哪怕目前企业在该岗位上的薪酬没有市场竞争力，但是未来的预期收益是明显的，职业的发展和能力的提升意味着员工将收获自身价值提高的满足感，会有许多员工为了得到更好的发展选择留在企业。

所以，企业应完善培训管理体系，做好职业发展通道建设，为员工创造更多的学习和发展的平台和机会。

5. 从法律角度防止员工离职

除了情感、文化、薪酬、福利、职业发展等这些常用的留人手段之外，从培训管理的角度来说，人力资源管理者还可以和参训人员在培训后签订《培训服务协议》。

【实战案例】培训总结报告的模板与写法

20××年×月×日至×日，××在××进行了为期×天的××类型培训，现对本次培训管理工作做如下工作总结汇报。

1. 培训目的

为了××（略）

附件：培训计划通知（附件略）。

写作注意：要有详细的培训目标，要遵循 SMART 原则。如果培训实施之前有培训需求分析调研报告的话，可以把培训需求分析报告附在这部分；也可以把培训需求分析报告附在报告的附录里，并在这部分简单说明。

2. 培训对象

本次培训对象为××，应到××人，实到参训××人。

具体应到与实到名单如下：（略）。

写作注意：在应到与实到的名单中，要有没有到场人员的具体原因；对于应到未到但无理由的情况，应当在这里建议按照培训管理制度给予处罚；如果写这份总结报告时处罚已经发生了，那么可以在报告中写明是依据什么制度、怎么处罚的。

3. 培训课程

此次培训课程包括××。

具体日程安排如下：（略）。

写作注意：这部分内容应包括培训课程有哪些内容，培训讲师是谁，具体课程的日程安排如何，原来的计划情况如何，实际发生的情况如何，计划与实际之间的不同，为什么会出现计划和实际的差异。

4. 参训参训人员表现及奖励、处罚人员名单

通过观察参训人员状况以及在培训过程与参训人员的交流沟通发现，大约 $X\%$ 的参训人员可以做到积极主动，原因是××；大约 $Y\%$ 的参训人员对培训并不认可，原因是××。对于培训中的××，普遍的认同度较高。对于培训中的××，普遍的认同度较低。

奖励人员名单如下。

培训过程中有××现象。根据××企业培训纪律和奖惩管理办法，建议做如下奖励：（略）。

处罚人员名单如下。

培训过程中有××现象。根据××企业培训纪律和奖惩管理办法，建议做如下处罚：（略）。

写作注意：通过培训管理者在培训过程中观察参训人员状况以及交流沟通，应该能在本报告中体现出大约有多少名参训人员可以做到积极主动，如果有原因的话要说明原因，比如可能授课的内容正好和他们的岗位工作相关。培训管理者要写清楚大约有多少参训人员对培训并不认可，如果有原因的也要写清楚原因。

这里还应当写清楚，采取什么样的培训内容或培训形式，可能会让培训普遍获得参训人员的认同，采取什么样的内容或形式，可能会让参训人员的普遍认同度较低。这里的结论不必完全来自培训调查问卷的评估，可以包含培训人员运用观察法或访谈法获得的结论。

培训管理者编写这部分内容的原因，一方面是要让没有到场的其他管理者能够了解到培训过程中参训人员的情况，另一方面是为培训管理者下一步改进培训提供依据。

培训实施的奖罚部分一定要写清楚是在培训过程中什么时间、谁、具体发生

了什么样的行为，根据企业什么规章制度的哪一条，应当给予什么样的奖励或惩罚。

5. 培训中的考试成绩

培训过程中，对参训人员进行了考试，考试形式为：开卷／闭卷。

考试内容见附件：（附件略）。

考试结果如下：（略）。

6. 培训评估结果

为了调查本次培训的满意度，在培训结束后，对每一位培训讲师进行了公开、公正的不记名问卷调查，调查问卷随机发放 ×× 份，有效问卷 ×× 份，本次培训参训人员对课程的满意度为 ××％，对培训师的平均满意度为 ××％，对培训期望的达成度和对整体培训的满意度是 ××％。各分项评估结果见附件：（附件略）。

写作注意：培训评估结果的部分要包括整个培训实施的所有评估的过程和方法；要写清楚是培训前的评估、培训中的评估，还是培训后的评估；还要写清楚评估的目的、评估的意义和价值、评估的方法、评估的内容有哪些、评估的范围包括哪些。

如果有笔试考试题的评估，要写清楚考试的形式、考试题的来源、考试成绩，附上考试题的内容。

培训评估结果本身不重要，重要的是培训管理者对培训结果的分析，以及在分析之后得出的结论和给出的建议。

7. 参训人员跟踪

本期培训参训人员的跟踪计划及实施情况见附件：（附件略）。

参训人员的行动改进及进度见附件：（附件略）。

写作注意：这部分内容是培训管理者对培训跟踪整个过程的总结，包括做了哪些形式的培训跟踪，参训人员有什么样的行动改进。

8. 下一步工作计划

总结本次培训可以看出，×× 需要加强，下一步将 ××。

写作注意：这部分是对整个培训概括总结后得出的结论，最终的落脚点是企业还需要加强哪些事情、做好哪些事情、改变哪些事情，要落实到具体的行动。

培训总结报告的最后，培训管理者要附上所有相关的附件，所有在正文中没有出现的内容都可以在最后的附录中体现，比如用到的参考文献索引、数据分析统计工具等。

培训管理者在编写培训总结报告时要本着客观、公正、实事求是的态度来进行，不要刻意美化或粉饰培训过程中的问题，同时要注意报告用词的规范性。

第 8 章

如何实施以师带徒制度

　　由于培训有时间限制，不可能做到员工岗位需要的所有知识和技能都通过集中培训来实现。事实上，员工岗位需要知识和技能的获取绝大部分是发生在日常工作中的，集中培训的定位大多是查漏补缺。而员工知识技能转化和内化的全过程，则几乎是发生在岗位工作中的。要保证员工在岗位上知识和技能的持续提升，企业需要建立以师带徒的管理机制。在欧美企业中，这种模式也叫作"导师制"。

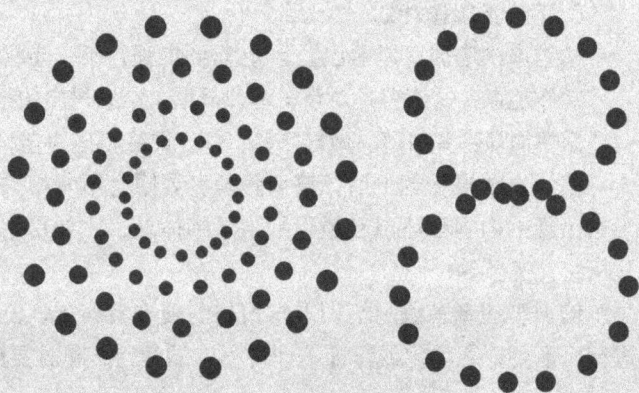

8.1 正确认识师徒制

当员工在日常工作中遇到困难时，能够最快速、最高效、最有针对性地给他指导、帮助他解决问题的人，不是人力资源部的培训管理者，也不是员工所在部门的高级管理者，而是能够直接辅导员工的师傅。上到企业的 CEO，下到最基层的新员工，师徒制适用于企业的任何层级。

8.1.1 师徒制的实施价值

传统国企的管理体制中，很多对师徒制的应用非常成功。有的企业甚至有着"一日为师，终身为父"的传统，徒弟和师傅之间亲如父子。师傅不仅关心徒弟的工作，而且还在思想上、生活上帮助徒弟；徒弟对师傅不仅有学到技能的感激，而且还在观念上、行为上尊敬师傅。这种师徒关系，精彩地演绎了国内企业中整整一代人的工作关系。

然而随着国内经济的飞速发展，企业的发展变革变得非常迅猛，渐渐地，师徒制这种优秀的管理传统在许多国内企业中已经不复存在。甚至有的管理者认为在企业中推行师徒制是一种管理的倒退。

师徒制从来不是对新型的企业管理模式或培训管理模式的否定，而是一种培养人才非常高效的手段。事实上，在国外许多管理已经非常先进的大型企业中，师徒制不仅存在，而且作为员工能力提升非常重要的方式，受到企业各级管理者的高度重视。

企业领导咨询服务企业海德思哲国际咨询企业（Heidrick & Struggles）的资深首席官杰里·罗奇（Gerry Roche）说："新媒体的发展，让人与人的关系浅碟化、虚拟化，如果在现实世界中能有一位比你位阶更高的导师指导，你一定比别人更具职场竞争力。有句话说得好，'获得一件东西最快的方法是帮别人得到它，学会一项本领最快的方法是教会别人'。没错，一段良善的师徒关系对你们彼此都有益。"

在职业成长和技能提升方面，如果有一位好的前辈能给员工一些建议，对员工来说往往意味着巨大的转折。企业与其让员工摸着石头过河、等待企业统一组织的培训或者促使员工自学，不如花点心思，为员工找个好的引路人，帮员工"过河"。

有句老话：读万卷书不如行万里路，行万里路不如阅人无数，阅人无数不如贵人相助，贵人相助不如高人指路。师傅能够让员工在忙碌中也始终认清工作的目的和方向。师傅会提醒员工可能会遇到的陷阱，这样的提醒也许无法完全避免员工走一些弯路，但会让员工更快地领悟错误中的教训，从而更有效率地总结出一套适合自己的方法。

师徒制对人力资源管理的重要意义包括如下内容。

- 能够让新员工更快、更好地融入企业。
- 能够让老员工的技能得到稳步的提升。
- 能够让技能较差的员工跟上团队的成长。
- 能够促进企业人才梯队建设中的人才培养。
- 能够提高师傅的荣誉感、成就感、责任感。
- 能够提升和锻炼师傅的综合素质及领导能力。
- 能够增强企业团队的凝聚力和团队意识。
- 能够提高企业员工的稳定性和满足感。

作为一种培养人才的有效手段，师徒制可以被运用在各种规模、所有组织形式的企业中。

8.1.2　师徒制的实施流程

培训管理者在实施师徒制的过程中，要从流程和制度的角度解决师傅对徒弟的培养工作中能不能做、愿不愿做和会不会做三大层面的问题。由此，师徒制的实施流程可以分成五大步骤，如图8-1所示。

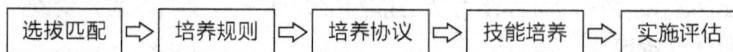

选拔匹配 ⇨ 培养规则 ⇨ 培养协议 ⇨ 技能培养 ⇨ 实施评估

图8-1　师徒制的实施流程

（1）选拔匹配环节指的是培训管理者对师傅的选拔以及师傅与徒弟的匹配环节。成为师傅是企业对员工的认可，是一种荣誉。师傅不一定是徒弟的直属上级，有时候甚至不一定在同一部门。

（2）培养规则环节指的是企业要明确在师徒制中，师傅对徒弟的具体培养规则，主要体现为培训管理者对师徒制的流程和制度的具体规定，以及制度和流程在企业内的传播、宣导和落实工作。

（3）培养协议环节指的是培训管理者为了保证师徒制的推行和落实，要求师傅和徒弟之间签订一份纸质的培养协议。一方面从正式文件的角度明确师徒关系，另一方面形成纸质的承诺能够增强师傅对这项工作的重视。

（4）技能培养环节分两方面：一方面是培训管理者对师傅培养徒弟技能方面的培养，发起人是培训管理者，被培养的对象是师傅；另一方面是师傅对徒弟实施的技能培养，也就是师徒制运行的主体之间，发起人是师傅，被培养的对象是徒弟。

（5）实施评估环节指的是培训管理者站在企业培训管理的角度，通过预先设立的师徒制运行评估机制，实施检查和评估工作，保障师徒制的有效运行。

8.2 师徒制的实施保障

除了制度和流程层面的规定，企业要保障师徒制的有效推行，还需要做好师傅人选的选拔工作、师傅能力的培养工作，以及通过师傅的主动承诺和师徒协议的签订，让师傅愿意教徒弟。

8.2.1 企业如何选拔师傅

有的人认为，为了防止师傅有"教会徒弟饿死师傅"的想法，师傅的人选不能是员工的直属上级；有人认为，因为企业部门内部的同事之间存在一定的竞争关系，所以师傅的人选不能是员工的同事；还有人认为，师徒制的定位不一定全是解决技能问题，还有很多通用能力和精神层面的培养，所以师傅的人选可以是企业的高层管理者。

这些观点在具体企业、具体条件和具体环境中都是成立的，但并不具备通用性，不能作为寻找师傅人选的原则。很多企业的规模、文化和性质决定了师傅的人选只能在本部门内部找，而且很可能只能是员工的直属上级。

如果硬要找其他部门的人担任师傅，也许只能解决徒弟思维或通用方法上的问题，并不能解决徒弟日常工作操作层面遇到的具体问题，而且徒弟很难在第一时间得到解决眼前问题的方法，结果往往会让师徒制起不到最基础的效果。

所以选择师傅人选的原则是能够最快速、最有效、最方便地教给徒弟技能或者能够为其提供解决方案的人。同时，在人选确定方面要注意最小化负面影响。有条件的企业，师傅和徒弟之间最好是一对一的关系。即使徒弟人数超过一个，一位师傅同一时间带徒弟的数量也不宜超过3人。

师傅最好是在职业轨迹上领先徒弟3～10年的前辈。这样的时间距离一方面可以保证师傅提供给徒弟的建议足够前瞻，让徒弟提前做好准备，另一方面又不至于出现过分超前于徒弟现状的理念而脱离实际。

选拔师傅的通用原则，一般包括具有强烈的责任心和事业心，工作表现良好，具有一定培训与组织能力，对企业忠诚，具有一定的执行能力，掌握本部门专业知识和技能，熟练掌握本部门工作流程，富有实操管理经验。

8.2.2 师傅传授技能培训

许多师傅不知道如何向徒弟传授技能，为此培训管理者要把对师傅传授技能的培养工作加入企业年度的培训管理计划中，定期向师傅提供传授技能方面的培训。

师傅教徒弟的通用流程可以分成六步，如图8-2所示。

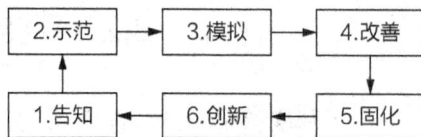

图8-2 师傅教徒弟的流程

（1）告知指的是师傅要把待传授的技能变成可操作性的流程和步骤，介绍给徒弟。

（2）示范指的是师傅把待传授的技能实际操作，并向徒弟演示。

（3）模拟指的是师傅让徒弟自行模拟操作，并向师傅展示。

（4）改善指的是师傅指出徒弟操作环节中的问题，帮徒弟改进操作。

（5）固化指的是师傅督促徒弟不断练习和操作，帮徒弟形成习惯。

（6）创新指的是师傅鼓励徒弟有所创新或改进，帮徒弟实现超越。

这六步通用的传授技能流程可以用在企业内部任何级别的师傅和徒弟之间。

8.2.3 师徒协议中涉及的心理学原理

为了促进师傅持续关心和帮助徒弟、徒弟积极响应师傅的传授，保证师傅和徒弟在师徒制的运行中相互配合、各司其职，除了制度上的规定和奖罚上的约束外，培训管理者可以在师徒制的管理中运用"承诺一致性原理"。

心理学家曾经在纽约的沙滩上进行过一个实验。实验人员扮演成一名游客，放下随身听（一种播放器设备）去上厕所。另一名实验人员扮演成小偷把随身听拎走，并故意让一名受试者看到。这个实验运行了20次，只有4名受试者阻止"小偷"的行为。

后来，实验人员改变了做法，他在上厕所前请求旁边的人（受试者）帮他看好自己的随身物品。在得到受试者的肯定答复后，他再假装去上厕所。这时，实验同样运行了20次，有19名受试者阻止"小偷"的行为。

这个实验表明承诺与不承诺是决定人们是否采取某种行为的关键因素。这个原理在日常生活中同样经常能够见到。

在美国，圣诞节后的一个月是一年中玩具销售的最淡季。因为在圣诞节之前，父母已经花光了给孩子买玩具的全部预算，所以圣诞节后的一个月内，玩具商的销量会大减。为了提高销量，玩具商想了各种办法，最后利用承诺一致性原理实现了销量的增长。

玩具商原来会在圣诞节之前对最吸引小孩子的玩具大肆宣传，并在圣诞节前在商场中提供充足的货量，最大幅度增加销量，但这也是造成圣诞节后玩具销量降低的原因。他们改变后的策略是在圣诞节之前，会大量做一种最好玩、最吸引小孩子玩具的广告，让小孩子认为圣诞节一定要有这样一套玩具，才是完整的圣诞节。

但到圣诞节前夕，家长带孩子去商场买玩具的时候，却发现到处都找不到这种玩具。不过家长和孩子会发现，商场里大量陈列着一种和广告里那种玩具差不多的玩具。为了不让孩子失望，家长通常会买这个替代品来弥补孩子。

很多家长看着孩子失望的样子，会对孩子说，"等有货了再给你买那个玩具吧"。这句话原本只是用来安慰小孩子的，可是圣诞节后的一个月里，也就是原本最淡季来临的时候，广告里的那款产品开始大量上架了，商场里的货量供应非常充足。结果孩子就会闹着家长买，家长因为当初给了孩子承诺，也只得购买。

这个原理也运用在美国的一些慈善机构。美国有一个癌症募捐协会，他们之前募捐的做法是直接给陌生人打电话，要求对方捐款，效果非常不理想。后来，他们换了一种方法，他们先打电话自称是做社会道德调查问卷的，问了对方 10几个问题，只需要回答是或否。

其中一个问题是"如果癌症协会向你募捐，你是否愿意捐款？"，大多数人为了显示自己的社会道德感，会回答愿意。第二天，这个癌症协会打电话给受调查的人要求捐款，结果募捐率增长了 7 倍。

承诺一致性原理在企业师徒制的运用中也起着非常重要的作用。有的企业在搞师徒制的时候，要举办非常隆重的"拜师仪式"。在拜师仪式上，师傅要做出传授徒弟技能的承诺，徒弟也要做出认真学习的承诺。

仪式越隆重，效果越难忘。结婚时的婚礼、节日的庆典、举办体育赛事的开幕式或闭幕式，这些都属于不同类型的仪式。有了隆重的仪式，人们内心会产生一种敬畏和重视。参与到企业拜师仪式中的人越多、职位越高，仪式的效果就越强，在师傅和徒弟内心形成的影响就越强烈。

对于一些企业文化不适合举办拜师仪式的企业，可以通过师傅和徒弟之间签署《师徒协议》的方式达到相互承诺的目的。培训管理者也可以根据承诺一致性原理，采取适合自己企业的方法保证师徒制的运行。

8.3　师徒制的检查评估

人都会有惰性，师傅和徒弟也不例外。为了保证师徒制能够落实到位，培训管理者应定期或不定期地对师徒制的运行情况实施检查和评估。

8.3.1　师徒制运行的检查

为了更好地规范和管理师傅对徒弟的行为，保证企业要求徒弟掌握的每项技能都能够得到师傅的传授，培训管理者可以运用清单管理的方式，将师傅必须对徒弟做出的行为或必须传授徒弟的知识全部列出，形成模板文件，如表8-1所示。

表8-1　师傅必须为徒弟做的 N 件事样表

序号	事项	完成时间	师傅签字	徒弟签字
1	互相进行自我介绍			
2	最初的交流：与徒弟进行一次最初的交流，了解徒弟的基本情况			
3	将徒弟介绍给部门的其他人，并向徒弟介绍其他人			
4	带领徒弟熟悉办公环境和其他部门			
5	带徒弟去餐厅吃一顿午餐			
6	教徒弟如何使用办公系统			
7	与徒弟共同制订实习计划			
8	将徒弟送到实习车间，并为其介绍车间情况			
9	给徒弟示范讲解一项工作			
10	让徒弟动手做一件事情，并给予指导			
11	为徒弟布置一项稍有难度的任务，并检查			
12	检查徒弟每周的总结，并给予点评			

续表

序号	事项	完成时间	师傅签字	徒弟签字
13	每月对徒弟的表现进行书面总结			
14	每月与徒弟一起讨论实习计划的完成情况			
15	每月与徒弟谈一次心			
16	帮徒弟解决一项工作中的困难			
17	帮徒弟解决一项工作以外的困难			
18	表扬并鼓励徒弟一次			
	……			

这个表单模板可以在师徒关系形成时，由培训管理者打印后发给师傅和徒弟各一份。表格中的每一项完成后，由师傅和徒弟分别在表格中签字。这里需注意，签字必须在每项逐一签字，不能多项一起签。企业可以规定，将该表单模板作为徒弟参加检核前的必备资格条件之一。

该表单模板不仅可以作为师徒之间传授行为的依据，也可以作为培训管理者对师徒制的运行实施检查的依据。培训管理者一方面可以检查该表单的签字情况，另一方面可以对照表单上的项目与师傅或徒弟面谈，抽查单个项目的完成情况。

举例

某大型零售企业培养店长采取的是师徒制和集中培训相结合的方式。该企业在对店长岗位进行了充分调研后，明确规定了店长岗位的应知应会，并将其制作成了固定的表格，作为师傅教授徒弟时的参照依据。

店长岗位学习表如表8-2所示。

表8-2　店长岗位学习表

类型项目	学习内容	学习要点	参考学习天数	师傅签字	徒弟签字
店长的工作流程	工作流程	每天作息时间，工作流程，工作重点	7		
	店长每日巡店流程	检查内容以及关键管控点	7		

续表

类型项目	学习内容	学习要点	参考学习天数	师傅签字	徒弟签字
前台管理	商品陈列管理	生鲜、食品、非食类商品陈列原则	14		
	订货管理	生鲜、杂货订货流程，自动补货	14		
	商品质量管控	生鲜商品品质管控，杂货商品保质期管理	7		
	档期管理	档期前、中、后需考虑的问题	14		
	异常商品管理	缺货、负毛利、负库存等异常商品管控	14		
	竞争性市调	市调的流程、内容	1		
	价格管控	标识系统，商品变价流程，价格管理规范	5		
	销售管理	销售预算，毛利预算，预算分解，面销	5		
	公共关系沟通	对内（物流；企业各部门、门店、柜组；食品厂等），对外（维护顾客关系；联系和接待团购、大客户等）	5		
后台管理（商品）	数据分析	数据报表各品类指标分析	30		
	收货管理流程	生鲜、杂货、直送、配送等收货流程和标准	3		
	仓库的管理	仓库/冷库安全、卫生、检查管理要求	5		
	退换货流程	配送、直送退换货，前台顾客退换货	5		
	盘点管理	生鲜商品、杂货商品的盘点流程和关键控制点	14		
	调拨管理	门店之间、门店内部的调拨流程和关键控制点	3		
后台管理（门店）	开闭店管理	开店、闭店的流程和关键控制点	5		

续表

类型项目	学习内容	学习要点	参考学习天数	师傅签字	徒弟签字
后台管理（门店）	卖场清洁管理	保洁管理，保洁管理标准，卖场整体清洁标准	3		
	耗材管理流程	门店内部各类耗材的管理	3		
	门店设备管理	设备的种类、使用方法和日常维护保养	3		
	办公室管理	办公室管理标准	1		
	办公电子系统使用	DRP、BI、供应宝、NC 等系统使用	14		
客服管理	收银管理	资金管理，收银员上机流程，服务规范，款项制度，团购，结算方式	14		
	赠品的管理	赠品管理原则，如何管控	3		
客服管理	顾客投诉处理流程	站在顾客角度，安抚顾客情绪，协助顾客解决，总结投诉问题，思考改进方案，向总部反馈	14		
	会员管理	会员卡积分规则，会员卡办理流程，如何增加会员数量，如何提高会员满意度，会员分析，会员跟踪与维护	5		
	大宗购物	团购商品管理流程	5		
	招商区管理	外租区管理规定，联营柜台管理规定	7		
防损管理	超市安全管理	设备使用安全，用电安全，消防安全，人身安全，款项安全，商品安全	7		
	损耗管理	生鲜和杂货的损耗管控，贵重商品区安全管理制度	14		
	门店的财务管理	资产管理，发票、保险柜、储值卡等的管理	3		

续表

类型项目	学习内容	学习要点	参考学习天数	师傅签字	徒弟签字
防损管理	突发事件的处理	突发事件类型（火灾、抢劫、盗窃等），各种突发情况处理流程	14		
人员管理	排班管理	根据时间段、客流量、工作量等合理排班，保障员工的休假，检查员工出勤状况	7		
	促销员管理	促销员上岗手续的办理，考勤管理，合理排班	7		
	团队管理	员工入职、培训，员工沟通，培养下属，增强自身领导力，晋升下属	30		

8.3.2 师徒制效果的评估

培训管理者要持续关注企业师徒帮带工作的进展情况，并定期通过对徒弟学习成果的检核评估师徒制的运行效果。对徒弟学习成果检核的流程清单如表8-3所示。

表8-3 师徒检核流程清单

序列	内容
检核前	确定检核人员人选
	通知徒弟和师傅
	提前安排检核人员达到的交通、食宿情况
	提前制作笔试题、面试题及待检核人员的信息
	打印桌签、检核流程、检核表、考评表、面试题
	准备瓶装水、盒饭和黑色中性笔等物资
检核中	实施笔试（根据岗位出题）
	面试——自我介绍及总结学习内容环节
	面试——检核人员提问环节
	座谈（检核人员点评待检核人员的表现，并让其提问）
检核后	回收所有资料
	批改试卷
	汇总成绩
	公布结果

在实施检核之前，培训管理者应当与师傅和徒弟分别进行深入的交谈，了解他们的真实想法，了解企业的师徒帮带体制是否真正发挥作用，是否存在走形式的情况。通过面谈，培训管理者及时地查找问题，进而予以评估和改进。

这里需要注意，为保证面谈的效果，培训管理者最好到师傅和徒弟的工作现场与他们面谈。如果有时间或空间上的障碍，培训管理者可以通过网络、电话等形式与他们取得联系。为促进员工关系的和谐，切忌让他们到办公室找培训管理者。

检核人员的人选根据待检核人员类别的不同而有所不同，一般来说，检核人员应比待检核人员的职务高 1 ～ 2 级为宜。

检核过程中用到的笔试问卷和面试题目，培训管理者可以根据岗位的应知应会准备，或者由检核人员提前提供。另外，笔试和面试题目的制订一定要有从事相关岗位的专业人士的参与，具备测评需要的信度和效度，不能想当然地出题。

【疑难问题】师傅如何培养徒弟独立

师傅的定位应该是能够启发徒弟找到问题根源的人，而不是事事都替徒弟完成或出面的"靠山"。虽然一位喜欢大包大揽的师傅能够让徒弟很轻松，但这并不利于徒弟的成长。好的师傅会把训练徒弟解决问题的能力放在首位，这就是"授人以鱼不如授人以渔"的道理。

为此，师傅应找准自己的定位，具体内容如下。

1. 给徒弟指明方向和启发智慧

理想的师傅要能给徒弟指明方向，指点徒弟的职业生涯发展轨迹。这需要师傅具备较强的前瞻性，能够给徒弟目标感。徒弟可以达到师傅的水平或以成为师傅为努力的目标。在徒弟明确方向后，师傅要帮助徒弟一起完成目标。

师傅要启发徒弟的智慧，给他提供思维模式，而不是代替他出方案、做决策。当徒弟面临工作中的挑战时，师傅要帮助他思考得更透彻。就像是苏格拉底一样的智者，通常不会告诉人们怎样去行动，不直接给出答案，而是通过不断地问问题，启发和帮助人们思考。

有些师傅误以为讲述自己当年的故事就是对徒弟最有效的帮助，喜欢用"想当年我怎样"的语言模式与徒弟说话。这种方法在传授一些固定不变的技能方面或许有所帮助，但在处理大多数应变类问题时，师傅所经历的情景并不能为徒弟提供有针对性的线索。

师傅不要以"如果我是你，我会如何"的模式与徒弟谈话。每个人的人生观、世界观、价值观都不相同，就算师傅再怎么以为自己能站在徒弟的立场上思考问题，也不可能真正完全了解徒弟的情况，况且这也不是启发徒弟的有效方式，依然是代替徒弟思考。

2. 给徒弟消极和积极两种反馈

由于师傅在某方面比徒弟具备优势，在某方面是徒弟的榜样，所以徒弟很容易会对师傅产生某种情感上的认同，例如对师傅产生敬佩。这种情感往往会引发皮格马利翁效应（Pygmalion Effect）。皮格马利翁效应是指人的情感和观念会不同程度地受到别人下意识的影响，人们会不自觉地接受自己喜欢、钦佩、信任和崇拜的人的影响和暗示。

基于这个效应，有人说师傅对徒弟要多赞赏，少批评，要多给徒弟积极的反馈，少给他消极的反馈。这种观念和实务中很多企业的相关规定，造成很多师傅对徒弟只会说："干得好！"这样的师傅和只会说"你做得太差劲了"的师傅一样对徒弟没有太大的帮助。

师傅给徒弟的反馈应该包含积极和消极两种不同的意见：既要帮助徒弟看到他的优点，也要帮助他看到自己的不足；既要对他每一次独立解决问题的过程给出正面的评价，也要引导他发现还有哪些部分可以改善。

3. 鞭策徒弟成长而非提供保护

给徒弟设置师傅的目的是让他更强大，获得成长，而不是把他变成温室里的花朵。失败本身是成功的一部分，失败最能锻炼人。如果徒弟身边有了一位总是能够防止他犯错误的人，那不会使他强壮，反而会让他变得无力，不会让他独立，反而会让他产生依赖。

一位能够鞭策和促进徒弟成长的师傅是能够把徒弟训练成冠军的教练。当徒弟自满时，他总是在质询、挑战徒弟的现状，把徒弟从自信满满的状态中摇醒，督促他规划和考虑未来；当徒弟灰心时，他总是能帮助徒弟重新树立信心。

【实战案例】师徒制度模板

为了提高员工整体素质，帮助新员工融入企业，实现员工职业生涯发展的目标，特制订本管理制度。

1. 师傅的任职资格

（1）具备中级以上职称及相关资质。

（2）拥有该岗位3年以上的工作经验。

（3）具备良好的总结能力和表达能力。

（4）平均每年绩效评定结果为B（良好）及以上。

2. 师傅的职责

（1）热心传授徒弟理论知识和实际操作技能。

（2）为人处世方面为徒弟起到榜样模范作用。

（3）从思想、工作、生活上关心和爱护徒弟。

（4）引导徒弟认同企业文化和各类规章制度。

（5）帮助徒弟达到岗位要求的知识技能水平。

（6）定期向培训管理者反馈徒弟学习情况。

（7）协助徒弟规划内部的职业生涯发展通道。

3. 师傅的权利

（1）放弃权：对于不履行师徒制职责、屡教不改或者资质较差的徒弟，师傅可以选择放弃。

（2）建议权：根据徒弟的表现和潜质，师傅可以给予人力资源部对其绩效考核或岗位调整方面的建议。

（3）评价权：师傅有权对徒弟做出评价。

4. 徒弟的职责

（1）遵守企业的各项规章制度。

（2）按照工作流程和规范操作。

（3）做好本职工作，认真学习。

（4）服从师傅合理的工作安排。

（5）配合师傅完成学习计划。

（6）规划并实施个人职业计划。

5. 徒弟的权利

（1）举报权：徒弟有权举报师傅的违规行为或故意刁难行为。

（2）更换权：对于不履行师傅职责的师傅，徒弟有权提出更换。

（3）建议权：为了更好地学习吸收，徒弟有权对学习内容提出建议。

6. 师徒制的管理流程

（1）拜师流程：新员工入职、员工调岗、员工晋升之前，由培训管理者安排师徒见面，进行一对一的沟通，并签订《师徒协议》，形成正式的师徒关系。

（2）监督流程：辅导期间，师傅必须做好辅导记录；学习期间，徒弟必须做好学习记录；培训管理者要对师傅的辅导记录和徒弟的学习记录实施定期的检查、抽查、考核。

7. 奖励政策

（1）师傅每月享受补贴 × 元。

（2）师傅每成功带出 1 名徒弟，绩效考核分加 × 分。

（3）师傅带徒弟的成功记录，将作为师傅职业发展的重要参考。

（4）有 × 名徒弟被评定为优秀的师傅，优先享受企业评优、学习的额外福利。

（5）每年评选优秀师傅奖，奖励师傅 × 元。

（6）徒弟连续两年绩效表现为 A（优秀）时，为师傅追加奖励 × 元。

（7）徒弟获得任何的企业奖金，师傅都将获得其中的 ×%。

8. 惩罚政策

（1）有 × 名徒弟被评为不合格的师傅，将取消师傅资格，并评估其工作状态。

（2）师徒学习期超过 × 天徒弟仍未合格的，师傅绩效考核减 × 分。

（3）不履行师傅职责或违反企业规章制度的，取消其师傅资格。

【实战案例】师徒协议模板

师傅：_____　身份证号：_____

徒弟：_____　身份证号：_____

经双方共同协商，自_____年___月_ 日至_____年___月__日，双方确定为师徒关系，为提高徒弟的专业理论知识和技能水平，双方愿意订立《师徒协议》，并共同遵守。

1. 师傅职责

（1）承担对徒弟的全面培养工作，制订有针对性的培训计划、目标和学习书目，监督检查徒弟对培训计划的执行情况。

（2）耐心、细致地指导徒弟工作和学习，及时帮助徒弟解决工作中遇到的问题，真正把技术、本领和自身所长传授给徒弟。

（3）在传授技艺的同时，要把优良作风、安全生产以及各种规章制度知识等传授给徒弟，培养徒弟认真负责、爱岗敬业、开拓创新、遵纪守法的工作作风和刻苦钻研、迎难而上的学习态度。

（4）定期检查徒弟的工作、学习情况，协助做好对徒弟的考核评价工作。严格遵守相关规定，履行相关职责，按要求完成培训任务，实现培训目标。

（5）及时总结徒弟的进步和不足，每月向部门负责人及人力资源部提交反映徒弟各方面表现的工作小结，协议期满后提交学习总结报告。

2. 徒弟职责

（1）按照制订的培训目标努力学习，有计划、有步骤、有措施地圆满完成学习计划。

（2）尊敬师傅，虚心请教，服从指导，勤问、勤记、勤练。在学习技艺的同时，要学习师傅的优良作风，学习安全生产知识，学习各项规章制度知识。每月向部门负责人及人力资源部提交工作小结。协议期满，提交一份内容详细的学习报告。

（3）严格遵守相关规定，履行相关职责，按要求完成学习任务，实现学习目标。

3. 考核办法

帮带期满，将由相关管理者及业务人员对徒弟实施检核，检核结果分为优秀、合格、不合格三类。徒弟检核不合格者，师傅不享受补助费，将由师傅继续培养或指派其他师傅，直至合格为止。徒弟学习情况将计入师傅个人档案，有多名徒弟被评定为优秀的师傅，优先享受企业评优、晋升等福利。有多名徒弟被评为不合格的师傅，将取消师傅资格。

4. 有关要求

（1）师傅每月享受的补助标准为 × 元 / 月。

（2）协议期内，如师傅或徒弟一方工作变动，导致不能继续履行协议的，协议即行终止。

（3）根据工作需要和个人申请，可变更师徒人选，变更后应重新签订或变更帮带协议。

（4）本协议一式三份，师傅、员工与人力资源部各持一份。

师傅签字：＿＿＿＿＿＿＿　　徒弟签字：＿＿＿＿＿＿＿

日期：＿＿＿＿＿＿＿　　　　日期：＿＿＿＿＿＿＿

培训管理者：＿＿＿＿＿＿＿

第 9 章

如何开展新员工培训

新员工培训是培训管理中重要的一环，它是让新员工全方位了解企业环境、认同并融入企业文化、坚定职业选择、理解并接受企业规章制度和行为规范的关键。好的新员工培训，应该能让新员工明确自己的工作目标和岗位职责，掌握工作程序和工作方法，尽快进入角色。

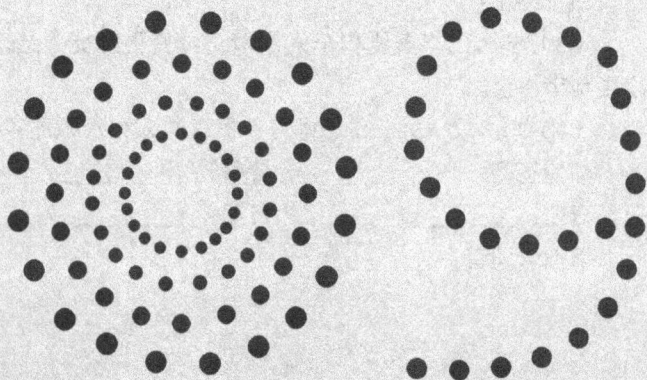

9.1 正确认识新员工培训

新员工培训不仅指的是员工上岗之前，企业集中做的培训，更多是指从企业确定录用员工之后员工来企业报到，到员工的技能水平达到岗位的基本要求，整个期间需要的一系列培训或师徒学习的过程。简言之，新员工培训指的是从新员工到技能成熟的员工之间所有培训学习的过程。

9.1.1 新员工培训的目的

新员工培训的定位决定了每个企业都必须设立新员工培训。新员工培训的目的包括如下内容。

1. 了解企业情况

新员工培训能够让新员工了解企业的基本背景情况，包括企业的发展历程、历史沿革、企业文化、战略发展目标、组织结构、管理方式等内容。

2. 了解工作情况

新员工培训能够帮助新员工了解岗位的工作流程以及企业的各项制度规范，帮助员工明确自己工作的职责、程序、标准等应知应会，让员工了解应该做什么、不应该做什么。

3. 了解企业期望

新员工培训能够让新员工初步了解企业期望员工具备的工作态度、价值观、思维模式和行为模式等。

4. 适应岗位环境

新员工培训能够帮助新员工更快地适应环境和新的工作岗位，更快地进入角色，提高工作绩效。

5. 建立人际关系

新员工培训能够帮助新员工建立良好的人际关系，增强员工的团队意识和合作精神。

基于新员工培训的目的，培训管理者可以把新员工培训的形式分成两部分：一部分是由人力资源部统一策划和组织的针对企业所有新员工的集中培训；另一部分是部门内部进行的由各用人部门负责人或者师傅根据岗位特性进行的岗位实操层面的培训。

9.1.2　新员工培训的内容

新员工培训的内容，可以根据由人力资源部统一组织的和由部门内部自行组织的不同分成两部分，如图 9-1 所示。

由人力资源部统一组织的集中培训一般包括如下内容。

人力资源部组织	部门内部组织
1.组织概况 2.员工守则 3.入职须知 4.财务制度 5.人事制度 6.晋升通道 7.安全知识 8.实地参观	1.岗位概况 2.个性要求 3.熟悉环境 4.技能训练

图 9-1　新员工培训的内容

1. 组织概况

组织概况的内容包括企业的创业历史、发展历程，企业的现状以及在行业中的地位、品牌影响力、经营理念、经营目标、未来前景，企业的组织机构、各部门的功能和业务范围、人员结构，企业文化、愿景、使命、核心价值观等。

2. 员工守则

员工守则的内容包括企业的规章制度、奖惩条例、行为规范、纪律规范、员工手册、个人仪表要求、商务礼仪、电话礼仪等。

3. 入职须知

入职须知的内容包括员工入职的程序、入职需准备的资料、入职相关手续办理流程、入职的注意事项等。

4. 财务制度

财务制度的内容包括财务费用的报销程序、财务相关手续办理流程、办公设备或用品的申领使用流程等。

5. 人事制度

人事制度的内容包括薪酬制度、福利制度、社保和公积金管理制度、考勤制度、绩效考核制度、培训制度、人事档案管理制度等。

6. 晋升通道

晋升通道的内容包括企业的职务等级划分，晋升需要的条件，晋升的流程、方法、标准等。

7. 安全知识

安全知识的内容包括消防安全知识、设备安全知识、紧急事件处理知识、安全逃生演练等。

8. 实地参观

实地参观的内容包括参观企业内部的展厅、展馆，参观具有标志性或特殊意义的场所，参观餐厅、宿舍、图书阅览室、工会活动室等生活设施相关的公共场所。

在部门内部由各部门负责人或师傅组织的培训一般包括如下内容。

1. 岗位概况

岗位概况的内容包括部门职责介绍、部门内用到的政策，部门的汇报关系、工作职责、工作汇报流程，岗位对外联络的可能性，岗位用到的相关程序操作方法，岗位相关设施与设备基本操作方法与保养方式介绍等。

2. 个性要求

个性要求的内容包括岗位的班次、就餐时间，岗位可能遇到的紧急情况及处理程序，岗位需要用到的规范文件、表格、作业程序、业务知识及技能等。

3. 熟悉环境

熟悉环境的内容包括介绍本部门的同事，介绍内外部可能联络部门的同事或领导，介绍工作场所内的设施设备情况，参观工作岗位开展工作需要了解的地点或环境情况等。

4. 技能训练

技能训练的内容包括员工岗位需要的技能，员工对岗位技能的持续练习，部门负责人或师傅对员工岗位技能的持续纠偏等。

9.2　新员工培训的操作流程

新员工培训的操作流程分为两部分，一部分是人力资源部统一组织的集中培训的操作流程，另一部分是部门内部负责人或师傅对新员工进行的培训的操作流程。由于内容和定位的不同，它们的操作流程各有不同。

9.2.1　集中培训的操作流程

人力资源部统一组织的集中培训的操作流程如图 9-2 所示。

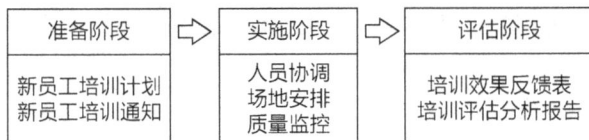

图 9-2　人力资源部统一组织的集中培训的操作流程

1. 准备阶段

在培训开始之前，人力资源部应根据新入职员工的规模等具体情况确定培训时间，拟定培训的具体方案，形成新员工入职培训计划，报送本部门领导审批，确认后再报送其他相关部门领导确认。待其他相关部门确认无异议并给出反馈后，发送正式的新员工培训通知。通知发送后，人力资源部要做好与培训讲师的沟通，以及场地、设备等这些培训资源的准备。

2. 实施阶段

在培训实施的过程中，人力资源部要和相关部门协调，做好培训全过程的组织管理工作，包括人员的协调组织、场地的安排布置、培训讲师的沟通安排、课程的调整及进度推进、培训质量的监控保证等工作，保证培训能够按照预定的计划顺利运行。

3. 评估阶段

人力资源部应在每期培训结束当日对新员工进行培训评估的反馈调查，填写新员工入职培训效果反馈调查表，并汇总分析新员工反馈的意见，总结出对培训课程、培训讲师、授课方式、授课时间等改进参考意见。一般在新员工培训结束后的一周内，要提交该期培训的总结分析报告，报相关领导审阅。

这里需要注意，除非是企业做不了的特殊项目，新员工培训的讲师一般不宜使用外部讲师。因为外部讲师不在企业内部工作，很难真正了解企业的核心文化和倡导的理念，很难把企业精神的核心精髓传递给新员工。

新员工培训的讲师应该尽量在企业内部寻找，一般可以找优秀的部门领导或有较丰富工作经验、品行兼优、具备正能量的骨干员工。规模不大的企业，建议让企业的创始人或最高领导参与讲授企业文化或者企业的发展历程。

9.2.2 部门培训的操作流程

部门负责人或师傅对新员工进行的培训的操作流程如下。

1. 创造第一印象

新员工入职后，部门负责人或师傅要给新员工留下好的第一印象。进入一个陌生的环境，任何人都会感到不安，为了让新人尽快融入环境，部门负责人或师傅应该亲切地迎接他们，让他们感到轻松愉快，要给他留下"这里的人都很好"的印象。

2. 彼此认识对方

部门负责人或师傅先主动向新员工介绍自己的姓名、岗位、负责的工作内容，然后请新员工介绍一下自己。之后，对新员工说明："我是你的部门负责人/师傅，你将从事和我相同的工作，我会帮助你尽快熟悉工作，别担心，有什么不会的问题可以随时问我，我相信你经过学习之后一定会做得很好。"

3. 消除不安情绪

新员工来到一个陌生的环境，难免会有一些不适的情绪反应。这时，部门负责人或师傅应协助新员工消除紧张和不安的情绪，例如对他说，"别担心，我刚来的时候也这样，过两天习惯了就好了"。注意语速放慢，面带微笑，声音放低。

4. 熟悉工作环境

部门负责人或师傅要带着新人一起在企业内走走，引领新员工熟悉工作环境。可以参考的话语包括"我们上下班在这里打卡，我们打卡的时间是……这里是更衣室，这里是机要室，打印复印文件都在这里，这是洗手间……我们的餐厅在那边，中午吃饭时间为……需要用饭卡就餐。我们再去熟悉一下车间，这个是……车间，主要生产……这个是……仓库，主要存放……"

5. 介绍工作关系

部门负责人或师傅要带着新员工认识部门的同事，并介绍与新员工相关的内外部工作关系的联系人。参考的话语包括"这是我们部门的负责人，我们部门的……工作需要向他请示汇报，这是××，有关……方面的工作可以和他联系，这是××，有关……方面的工作由他负责。我们常打交道的部门主要有……我带你去认识一下……"

6. 制订学习计划

在初步熟悉之后，部门负责人或师傅要为新员工制订学习计划。在了解新员工的学习和工作背景之后，要根据岗位技能要求因材而施教，合理安排新员工的学习进度。学习计划要有时限要求和评价措施。制订学习计划时，部门负责人或师傅可以将计划和新员工的职业生涯发展相结合。

7. 实施学习计划

部门负责人或师傅要和新员工一起执行学习计划，过程中要持续地指导和纠偏，保证新员工不断学习和内化技能，并定期检核新员工的学习情况。

9.3 新员工培训的常见问题和注意事项

不同企业由于规模、文化、管理模式不同，在实施新员工培训方面的能力、方式、流程也千差万别。一些管理不成熟的企业，在新员工培训中常常出现各种问题，或者在一些关键环节中常常操作不当。

9.3.1 新员工培训的常见问题

很多企业虽然有新员工培训，但是做得不好，常常使培训达不到想要的目标和效果。比较常见的问题如下。

1. 信息量少

信息量少指的是新员工培训该有的内容没有，员工接受的信息比较少。员工可能入职很长一段时间之后还不了解企业的发展历程，不知道企业的规章制度，不了解企业的企业文化，不知道该怎么工作。结果将直接导致员工选择离职。

针对这种问题，企业应该完善新员工培训的课程和管理体系，保证新员工在整个新员工培训过程中能够接收到足量的知识和信息。

2. 信息超载

和信息量少相比，信息超载就是指企业一下子提供给员工的信息太多了。对于培训管理处在初级阶段的企业来说，信息超载问题在新员工入职培训中最常见，也最普遍。企业总希望在短时间内向受训者灌输大量信息，然而，人在一定时间内能够吸收的信息量是有限的。当信息量超过人所能接受的程度时，人的学习效率会下降，压力会上升，培训的体验和效果都会变差。

不要抱着给员工安排了3天的集中培训，这3天集中培训的内容他就能全部记住的心态。有时候即使企业在培训之后安排了考试，考试结束一段时间后员工还是很快会忘记培训中学到的东西。培训在提供足量信息的同时，要注意精炼，简化内容，提炼出核心信息。

针对这种问题，培训的初期阶段应该只包含比较重要的信息，可以提供书籍或者培训材料以便受训者课后复习，尤其是对于复杂或重要的培训内容。新员工培训可以分期、分阶段地进行，使各项培训之间有时间上的缓冲。同时要注意进行新员工培训之后的跟踪工作，以确保新员工完全理解主要的培训内容，并且可以在跟踪谈话时回答新员工的疑问。

3. 缺少反馈

企业的培训管理者很容易只重视培训的数量、时间、人数，以为培训结束就等于完成任务，对于培训最重要的效果检验却常常视而不见。许多企业对新员工培训效果的检验仅停留在培训结束后对课程或培训讲师打分或者在培训过程中进行口试，没有与实际工作联系，造成培训与实际工作脱节。

人力资源部应当随时了解员工的情况。很多企业会在新员工培训结束很长一段时间之后，才进一步向员工了解反馈意见，甚至有的企业与新员工之间连培训结束后的反馈都没有。结果企业发现不了培训中的问题，也不知道应该改进什么。

针对此问题，企业要制订每次培训结束后形成总结报告的流程，报告中体现培训的跟踪、反馈和效果，形成培训结束后一段时间到工作岗位上了解员工真实想法的工作流程，定期关注和跟踪新员工的成长和职业发展。

4. 体验感差

新员工培训的效果和它给新员工带来的体验感成正相关。新员工是第一次到企业参加培训，对于企业的培训风格并不了解，心中有想象、有期待甚至有比较，如果培训实施者对新员工培训不够重视，很可能会影响员工对企业的印象，严重的甚至会影响新员工的留存率。

有的企业培训变成了培训讲师的个人秀；有的培训讲师在培训中过分推销企业，把企业说得太好；有的讲师总强调一些工作中的失败状况或负面情况；有的企业新员工培训形式是单向沟通；有的企业使用录像培训；有的企业没有给新员工互动讨论的机会或提问的机会；还有的企业是闪电式培训……这些都会造成新员工的培训体验感较差。

针对此问题，企业要准确地把握新员工培训的需求，精心设计新员工的培训课程。培训课程内容要客观，思想要积极向上，要以正能量为主，但是不必刻意夸大。除了单纯的课堂授课外，注意加入一些游戏、体验、交流、探讨等互动环节，形成双向交流的过程。新员工培训的课程本身除了传递知识外，要增加培训讲师与员工间的情感交流。

9.3.2　新员工培训的注意事项

在新员工培训中，如果一些细节操作不当，很容易使培训达不到预期的效果，因此培训管理者应注意如下事项。

1. 通过事件传授理念

很多企业的新员工培训，想让员工了解企业的企业文化，于是在企业文化课程当中加入使命、愿景、价值观等标语。培训讲师在授课的时候，也只是单纯地告诉员工企业使命、愿景、价值观这些标语本身。

企业这样做，员工只能接受信息本身，很难真正体会到企业文化。企业文化要被员工接受和了解，绝对不是让员工背下几句简单的标语就能实现的，还需要员工真正体会其中的含义，这就需要引入具体的事件，比如案例或故事。

国外有一家零售企业，它有一条经营理念：顾客至上。承接这条理念，企业规定对待顾客要无理由退货。然而，顾客至上、无理由退货，这些概念还是停留在标语层面，如何真正让员工理解呢？这家企业在传达这一理念的时候，会给员工讲一个案例。

有一次，这个企业有家门店的前台客服人员接待了一位顾客的退货。这位顾客退货的商品是雪地防滑链（一种绑在汽车轮胎上、雨雪天用来防滑用的金属链）。这位顾客来退货的时候，冬天已经过了。这条雪地防滑链使用了较长一段时间了，看商品的状态至少用了一整个冬季。

顾客说商品质量不好，这家店的前台客服很为难，这时正好店长来了。

店长问这位顾客：您多少钱买的？有当时购物的单据吗？

这位顾客报了一个价格，理直气壮地说：没有购物单据。

店长想了想，还是把钱退给了这位顾客。

故事到这里，还没有讲出这家企业真正的经营理念。因为很多零售企业为了提升服务质量也都会在顾客没有购物单据而且商品已经使用一段时间之后给顾客退货。然而，这个故事的关键是，这家店其实从来都没有卖过雪地防滑链这种商品！也就是说，顾客退货的商品，其实根本就不属于这家店！

事件背后体现出的精神比简单的标语更加有力量。企业通过类似这样的案例或故事，不仅能让新员工快速认识到企业理念，而且能让新员工真体会到企业文化。

2. 站在新员工的角度

老员工很容易忽视新员工刚到企业入职时的感受，很容易从自己的视角出发设计新员工培训的流程和内容，很容易认为某项信息是新员工理应知道或应当是常识，所以就不需要传递给新员工了。很多老员工认为的小事，可能都会让新员工感到十分敏感和不安。

比如，当老员工还在思考迎接新员工的时候怎么让新员工感受到创新氛围和企业热情的时候，新员工想的很可能是"餐厅在什么位置""厕所在什么位置""饮水机在什么位置"这类对老员工来说看起来平常的事。对新员工来说，这些事直到他们正式上岗工作前，都会是一直困扰他们的疑问。

新员工培训应当从新员工的视角思考问题。海底捞服务好背后的逻辑是企业用真心服务好员工，员工才会用真心服务好顾客。企业对员工无微不至，员工才会对顾客无微不至。企业让新员工感受到了温暖，新员工才有可能在企业扎根。

3. 重视细节

新员工培训依然是企业与员工双方相互了解和考察的机会，员工很有可能因为培训过程中的细节安排不到位而放弃企业。有的候选人会因为企业的 Wi-Fi 速度慢而不选择企业，有的员工会因为企业的计算机运行速度慢而离开企业。

员工为了小事而离职，看似不可理解，却真实地发生在各个企业中。人们喜欢把某个事件上升到对事物定性的评价上。不仅员工对企业的评价会这样，企业管理层对员工评价的时候也经常把一些小事上升到定性的评价上。

比如，某员工上班迟到了1分钟，有的管理层会认为这个员工对企业的制度不敬畏，对这份工作不在乎，对企业不重视。总而言之，他是个不合格的员工！而事实上，联想集团的柳传志在制订了联想只要开会所有人都必须准时、不准时要罚站1分钟这条规定之后，他本人也因为种种原因迟到过2次。人们是否也可以用上述逻辑来推论和评价柳传志呢？

员工同样会按照这套逻辑来推论和评价企业。比如，员工可能会因为企业计算机的运用速度慢，而认为企业根本不重视对员工工作氛围的打造。员工可能会认为连一台计算机都不舍得给员工换的企业，怎么敢相信它能够重视人才？

在企业，新员工各有各的性格，人力资源管理者不能用细节来定性员工，也不可能要求不同层次的员工都对企业有充分的理解。企业唯一能做的，就是把能为员工想到的、做到的细节都做好。

【疑难问题】如何打造有温度的企业文化

职场人每天和同事在一起度过的时间可能比和家人一起度过的时间都多，可有时候却对同事形同陌路，不闻不问。企业中的同事关系、上下级关系具备商业的属性，运用企业文化可以润滑这种商业关系。

人力资源管理者要打造有温度的企业文化，就要通过企业文化的引导，让企业能够温暖人心。有温度的企业文化可以分为如下类别。

1. 军队的战友情文化

世界上最有战斗力的组织是什么？是军队！想象一下，是同事之间的感情好，还是战友之间的感情好？为什么战友之间的感情好？因为战友是吃在一起，睡在一起，训练在一起，受苦受难时在一起，浴血沙场时在一起，面临生死时在一起。

当战士们一起在战场上时，为了打败敌人和生存而共同努力。战友死了，有我在；我死了，有战友在。战友彼此都会帮对方料理后事，铭记对方。当他们背靠背、肩并肩时，不需要再往后看，因为他们知道，有人守护在背后。

2. 家庭的亲情文化

世界上最有凝聚力的组织是什么？是家庭！想象一下，我们是和家人更亲近，还是和同事更亲近？为什么和家人之间更亲近？有人说是因为血缘关系，不尽然。为什么收养的孩子还是会对不是自己亲生的父母或兄弟姐妹产生浓厚的亲人感情，并且这份感情一点都不比亲生的弱？

亲情来源于较长时间的充分信任和这份信任带来的持续正反馈。能够做到这一点，不论是和谁，不论有没有血缘关系，都能建立起亲人之间的感情。家是心灵避风的港湾，亲人是给我们最多安全感的人。当我们和家人在一起的时候，不需要担心被欺骗。

3. 学校的同学情文化

不论是军队中的战友情、家庭中的亲情、学校中的同学情，他们都有几个共同的特点。

（1）都属于学习型组织，重视成长。这些组织里面的领导既是管理者，又是师傅（导师）。

（2）都特别注重从心灵和思想的角度去管理，而不是完全依靠管理制度。

（3）不是纯粹以物质报酬来激励，而是通过情感、教育和个人成长进行激励。

对不同的企业来说，这三类有温度的企业文化，总有一款是可以引用的。要确定在企业推行哪一种企业文化，人力资源管理者可以与高层领导召开企业文化研讨会，建立企业文化推广小组，由最高层领导主持，制订一整套企业文化的推广策略，建立企业文化的各项制度支持。

打造企业文化的方式如下。

（1）领导人的榜样作用。在企业文化形成的过程当中，领导人的榜样作用有很大的影响。行胜于言，员工更多不是看说的，而是看管理者（尤其是最高管理者）怎么做的。

（2）企业内部所有宣传活动的文案都要落实企业文化，比如宣传栏内的公告，企业内部发行的刊物、网站上的内容等。企业还可以利用各种会议，比如晨会、夕会、总结会，每天宣讲自己的企业文化和经营理念。

（3）故事的力量。有关企业的故事在企业内部流传，会起到企业文化建设的作用。在企业创业和发展史陈列室中，陈列一些与企业文化相关的物品，树立典型人物或典型组织，引导全企业员工学习和发扬。

（4）利用各种文体活动。比如唱歌、跳舞、体育比赛、晚会等，在这些活动中可以贯穿企业文化和价值观。

（5）新员工会带来新文化，新文化与原有企业文化融合后，将形成另一种新的文化。企业文化不代表固守不变，而应当与时俱进，考虑新员工的接受度并与新员工的思想有机融合。

（6）开展互评活动。互评活动是员工对照企业文化的要求当众评价同事和自己的工作状态，并由同事评价自己做得如何。互评运动能摆明矛盾，消除彼此分歧，改正缺点，发扬优点，明辨是非，达到工作状态的优化。

【实战案例】某企业新员工培训的操作流程

为提升企业人力资源管理效率，促进新员工适应环境，培养新员工从业能力和爱岗敬业精神，在尽可能兼顾到员工自我成长意愿的同时保住人才、用好人才，特设计本流程。

新员工入职管理的周期定为2年，具体分为0～2周、2周～3个月、3～6个月、6个月～1年、1～2年五个阶段，起始时间从员工入职之日起。新员工入职每个周期的内容和定位如表9-1所示。

表9-1　新员工入职每个周期的内容和定位

周期	内容和定位
0～2周	主要为新员工提供入职培训和教育。培训目标是为新员工提供正确的、相关的企业及工作岗位信息，鼓励新员工的士气；让新员工了解企业所能提供给他的工作岗位相关情况及企业对他的期望；让新员工了解企业历史、政策、企业文化；减少新员工初进企业的紧张情绪，使其更快适应企业；让新员工感受到企业对他的欢迎，体会到归宿感。 新员工入职一周内，培训部门组织实施下列培训：企业概况、企业文化、规章制度、安全及治安防火、职场礼仪规范。培训结束后，将新员工派遣到各个工作岗位，同时由各门店负责人或指定人员进行以下培训：岗位职责、部门工作流程、部门概况，并且在结束后根据新员工将从事的业务，负责人必须指派一名经验丰富的指导者，从工作方法和生活上对新员工加以指导和监督。最后填写"新员工部门岗位培训表"上交人事部门

周期	内容和定位
2周~3个月	职业导入期，主要是为了掌握新员工是否已经适应新的工作岗位，试用期届满，部门负责人要和新员工进行正式面谈，形成谈话记录，连同是否留用意见交给区域人事部。 新员工要提交本人试用期小结"员工转正申批表"，同时区域人事部门以调查问卷形式了解新员工在试用期的工作情况。通过分析，决定新员工的去留或调整及相关工作的协调改进。 此阶段结束后，要求新员工做工作完成情况及希望给予指导的问题点，同时部门负责人应认真批示，给予鼓励以及指导性的建议，给出具体明确的期望
3~6个月	部门负责人组织新员工参加绩效考评，将新员工的工作情况与其他员工进行比较，并根据绩效考评结果制订"新员工考评改进计划"反馈给新员工，同时给区域人事部门、培训部门备案。 培训部门组织新员工了解他们的想法和具体要求，并从中吸收和采纳合理化建议，在制订新一年人力资源工作计划时给"绩效改进计划"提供尽可能的支持
6个月~1年	新员工此时对企业运作流程、定位、与同类企业相比较的优势与劣势、发展前景有了较完整的了解；对自己所从事的业务也能够独立完成，同时也有了自我成长的明确意愿。 此时，干部管理部门通过部门责任者向员工下发"新员工自我申告书"。新员工在该申告书中主要表达三个内容：自己现任业务内容、自我职业生涯设计、具体的申告内容。干部管理部门在收到此申告书后将结果整理作为企业中长期人才储备、内部调配资料使用，尽可能满足与协调好申告人的意愿
1~2年	此时新员工各方面的能力得到了很大的提高，对工作、人生有了更加成熟的想法，能够完成工作中比较重大且较难的业务，同时也有了挑战更艰巨任务的需求。 此时干部管理部门主要的任务是充分利用企业信息资源平台，在适当的环境和正确引导的前提下组织企业发展论坛，引导新员工参与企业发展的研讨，促进企业文化健康发展；由培训部门开展各岗位技能竞赛，检验新员工的工作技能。而员工部门负责人更应从具体工作安排上考虑到其要求工作量上的增加与工作难度加大的特点，适当灵活地加以调整

新员工部门岗位培训表如表9-2所示。

表9-2　新员工部门岗位培训表

部门			时间	
新员工姓名：				
序号	培训内容		完成确认（负责人签名）	
1	让本部门其他员工知道新员工的到来			
	准备好新员工办公场所、办公用品			
	准备好新员工培训的内训资料			
	为新员工指定工作导师			
2	负责人代表全体员工欢迎新员工的到来			
	认识本部门员工			
3	部门结构与功能介绍，部门内的特殊规定			
4	新员工工作描述、职业要求			
	讨论新员工的第一项工作任务			
5	一周内进行与新员工的非正式谈话，重申工作职责，讨论工作中出现的问题，回答新员工的问题			
指导者对新员工的指导构想				
部门负责人签名				

新员工工作记录表如表9-3所示。

表9-3　新员工工作记录表

姓名			时间	
部门责任者				
序号	工作内容		进度	备注
1				
2				
3				
4				
5				
6				
7				
8				

续表

希望得到指点的问题	
1.	
2.	
3.	
部门负责人指示	
部门负责人签名	

新员工绩效改进书如表9-4所示。

表9-4　新员工绩效改进书

部门		所属部门		岗位	
项目	绩效改进计划安排				
	拟采取措施			时限（时间安排）	
业绩					
能力					
品性					
学识					
员工签字：					
部门负责人签字：					

新员工自我申告书如表9-5所示。

表9-5　新员工自我申告书

姓名		部门		岗位	
学历		专业		入职时间	
自己现任岗位内容	自己现任岗位内容，总结三项主要业务如下				
	工作难易度	工作量	工作兴趣	工作胜任度	职场人际关系	总体满足度
	1.偏难	1.偏多	1.有兴趣	1.充分胜任	1.融洽	1.满足
	2.适当	2.适当	2.一般	2.能够应付	2.平淡	2.一般
	3.偏低	3.不足	3.无兴趣	3.不能胜任	3.紧张	3.不满足

续表

自我职业生涯设想	1. 你认为从事何种业务最能发挥自己的才能，如管理还是技术？		
	2. 你对自己职业生涯是如何考虑的？		
	3. 你现在具有的能力与特长是什么？		
具体申告内容	教育培训意愿申告（如有具体培训项目请记录）		
	1.		
	2.		
	本人意愿申告	具体转换申告	理由
	1. 希望保持现状		
	2. 希望在企业内调换部门		
	3. 希望尝试其他岗位的工作		
	自由记录栏		

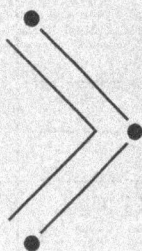

第 10 章

如何实施管理岗位培训

管理者是企业中最宝贵的财富。管理者是指在企业中行使管理职能、指挥或协调他人完成企业任务的人员，其能力的强弱、工作绩效的优劣直接关系着企业的兴衰成败。因此，对于管理者的培训与开发是企业培训管理的重要组成部分。

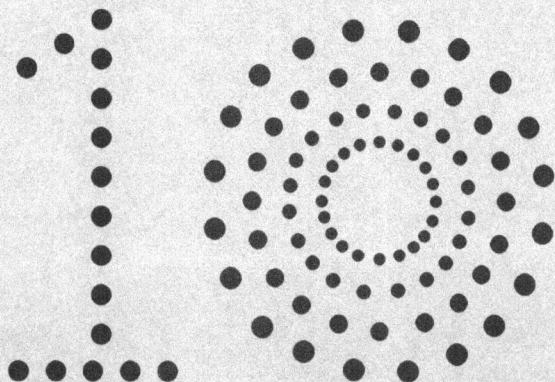

10.1 各层级管理岗位的特性分析

根据企业组织结构，企业管理者分为不同的层次。不同管理层次的管理者（基层、中层、高层）在企业中扮演着不同的角色，他们具有不同的工作目标，需要不同的管理技能。管理者的岗位特性决定了对各管理者进行培训的侧重点有所不同。

10.1.1 基层管理岗位的特性分析

基层管理者是企业管理的基石，在企业中主要处于一线的管理岗位，同时也会负责实际工作，如生产线组长、业务部门主管、开发部门组长、门店经理（主管）等。基层管理者既是执行者又是管理者，因此基层管理者在工作中既要关注细节、效果问题，进行人员管理，又要身体力行，保持业绩突出，起到带头作用。

基于自身的岗位特征，基层管理者需要有较强的业务技能的同时，还要能够具体执行对业务的指导与监督。所以对基层管理者的培训主要侧重协调沟通、辅导下属、专业技能等方面。

基层管理者主要根据企业的要求组织一线员工实施规定的任务，对实施的结果负责，并负责确定详细的短期经营计划、实施程序、现场工作流程与标准工作方法，考察一线员工的工作业绩，管理和监督日常经营运作，制订详细的任务分配计划，与操作员工保持密切联系和接触。

他们的首要任务是利用自己丰富的工作知识和经验完成好上级交办的任务，因此，他们应该具有丰富的专业知识和专业基础能力。

基层管理者培训的主要对象是各部门主管、开发项目组组长、生产线小组长（科长）、店面主管（经理）等基层管理者。

基层管理者培训侧重于服务意识、绩效考核、目标考核、成本管理、质量管理与督导、投诉处理及业务流程、工作指导方法、工作改进方法、人际关系方面的培训，使基层管理者具备经营管理工作需要的素质。

10.1.2 中层管理岗位的特性分析

中层管理者一般是企业的中流砥柱，是企业的腰部力量，如企业业务部门经理、生产部门科长等。中层管理者是企业管理者的重要组成部分，起着上传下达、承上启下的作用，一方面关注着高层管理者制订的战略规划，另一方面对接着企业员工的执行问题。

基于自身的岗位特征，中层管理者需要较强的组织能力、协调能力、沟通能力，进行企业信息的上传下达，组织部门实现部门目标。所以中层管理者培训主要侧重于团队组建、激励机制、交流沟通、系统思维、识人带人等方面。

中层管理者应该自觉地服从企业的整体目标与战略和业绩要求，为其在本部门的实现负责，并负责制订中期计划和长期计划，供高层管理者审查，分析管理工作的业绩，考察和确定提升员工的个人能力和绩效情况，建立部门政策，审查日常和每周的生产和销售情况，与下级管理者磋商生产、人事和其他情况，选择和招募员工。

他们首要的工作是组织好部门员工实施项目任务和协调上下左右的关系。因此，他们最应该具备的是服务于企业目标与战略的计划与组织实施能力。

中层管理者培训的主要对象是各业务部门和职能部门的经理（部长）、副经理（副部长）以及生产线处长（部长）、区域店面经理等。

中层管理者培训侧重于经营管理基本理论与实际运用方面的培训，包括在服务意识、部门目标管理、绩效考核、成本控制、市场营销、人力资源开发与培训、员工激励、沟通技巧、领导艺术等方面实施有针对的培训。

10.1.3　高层管理岗位的特性分析

高层管理者是组织的中坚力量，是企业的最高管理层，管理着整个企业，如企业的总经理、副总经理，事业部总经理、副总经理，各中心总监、副总监等。高层管理者负责整个企业的战略规划，业务经营模式、组织文化搭建等。高层管理者主要关注企业的全局、长远以及良性发展问题。

基于自身的岗位特征，高层管理者需要有较强的战略规划能力，进行企业战略规划，对企业总体进行把控。所以高层管理者培训主要侧重于经营意识、领导能力、战略规划能力、决策能力等。

高层管理者作为企业战略的制订者与决策者，要为企业实现总体目标与达成业绩要求负责，并负责制订和评价企业长期的目标、战略、规划与计划，进行企业高层的管理决策，评价企业不同部门的总体运作业绩，进行重要人员的选择，就全局项目或问题与下级管理者进行沟通。

他们首要的工作是及时发现问题和做出正确的决策。因此，他们首先必须具备获取信息、分析信息和决策的能力。

高层管理者的培训对象主要是企业正 / 副总经理、事业部正 / 副总经理、中心正 / 副总监、正 / 副厂长等高层管理者等。

高层管理者培训侧重于培养经营理念、服务意识、企业集团化发展、战略规划能力、资本运营能力与投资决策能力、人才开发与制度创新能力、统率全局的能力、控制能力等高级工商管理方面的内容。

10.1.4　三层级岗位胜任能力分析

所有管理者不论处在什么层次、担任什么样的职务，都需要拥有与其岗位职责相匹配的管理能力，基于不同层次管理岗位的特征，管理者应该具有的管理能力也有所侧重。不同层次管理者管理能力的侧重需求如表 10-1 所示。

表 10-1　不同层级管理者管理能力的侧重需求

岗位层级	专业技术能力	计划与组织实施能力	层次分析与决策能力
高层管理者	18%	43%	39%
中层管理者	35%	42%	23%
基层管理者	50%	38%	12%

鉴于不同层次管理者的管理能力需求不同，对他们的培训与开发应有所侧重。管理者培训的关键是帮助管理者实现能力转变，不断提升管理者的岗位胜任能力，做到人岗匹配。管理者的岗位胜任能力主要包括三个部分：通用胜任能力、业务胜任能力、专业胜任能力。

1. 通用胜任能力

通用胜任能力指的是管理者应该具备的基本素质和基本知识技能，如沟通能力、表达能力、组织能力、执行能力等。

2. 业务胜任能力

业务胜任能力指的是管理者分管业务的胜任能力，如产品技术知识、业务知识运用、客户关系管理、生产技能等能力。

3. 专业胜任能力

对于管理者来说，专业胜任能力就是管理能力，即管理技巧和个人特质，如领导能力、目标管理能力、时间管理能力等。

管理者层次不同，对其能力的要求也不尽相同。管理者职位越高，对其专业胜任能力的要求就越高，对其业务胜任能力的要求越低；反之，管理者职位越低，对其业务胜任能力的要求就越高，对其专业胜任能力的要求相对降低。

不同层级管理者胜任能力构成如表 10-2 所示。

表 10-2　不同层级管理者胜任能力构成

岗位层级	业务胜任能力	通用胜任能力	专业胜任能力
高层管理者	20%	30%	50%
中层管理者	30%	30%	40%
基层管理者	50%	30%	20%

10.2　如何实施基层管理岗位培训

基层管理者是企业战略的最终执行者。企业战略通过高层、中层传达到基层，最后由基层管理者组织员工执行，所以企业必须重视对基层管理者的培训。

10.2.1　基层管理岗位培训的需求分析

基层管理岗位培训的需求分析主要是通过工作岗位层次分析进行。工作岗位层次分析主要是收集工作岗位有关信息，针对基层管理者岗位需要的知识、技能、能力、职业素养、自我认知、特质和动机等岗位胜任能力进行分析，确定基层管理者现有能力水平与应有能力水平的差距，从而进一步找出基层管理者在知识、技术和能力方面的问题，确定其培训需求、培训重点，从而设置培训课程。

1. 基层管理岗位培训需求分析的内容

（1）新基层管理者培训需求分析。

（2）在职基层管理者培训需求分析。

（3）新晋升基层管理者培训需求分析。

2. 基层管理岗位培训需求分析的阶段

（1）目前培训需求分析：主要是为满足企业现在的需要而提出的培训需求。如企业推广新产品、开发新技术等，需要对基层管理者进行培训，让其快速掌握，并推广应用。

（2）未来培训需求分析：主要是为满足企业未来发展过程中的需要而提出的培训需求。如采用前瞻性培训需求法，预测企业未来工作岗位的变化、新工作岗位对员工的要求以及员工已具备的知识水平和尚欠缺的部分。

3.基层管理岗位培训需求分析的方法

基层管理者训需求分析主要是查阅文献法、观察法、经验判断法。

（1）查阅文献法。

查阅文献法主要是通过查阅基层管理者的工作说明书、岗位任职资格、绩效考核标准、工作记录等资料，分析基层管理者岗位胜任能力，了解基层管理者实际能力与岗位胜任能力之间的差距，确定基层管理者培训内容。查阅文献法的内容及目的如表10-3所示。

表10-3　查阅文献法内容及目的

内容	目的
工作说明书	描述此项工作的职责，有助于明确任职条件
人员任职资格	明确任职所需要具备的知识、技术、能力以及其他素质
绩效考核标准	明确完成工作任务的目标及其衡量标准
工作记录	了解基层管理者实际能力与岗位胜任能力之间的差距

（2）观察法。

观察法主要是以旁观者的角度观察基层管理者在工作中表现出的行为，检查基层管理者的工作熟练程度、技能掌握程度、知识认知程度等，发现基层管理者的不足之处，据此来确认基层管理者培训需求。

（3）经验判断法。

由于基层管理者很多时候不能准确做出自我评估，发现培训需求，但是他的上级却能够轻易地判断出他在哪些能力方面比较欠缺，需要哪些内容的培训。所以基层管理者培训需求分析经常采取经验判断法获取基层管理者培训需求的信息。

10.2.2　基层管理岗位培训的课程设置

基于基层管理者岗位胜任能力分析，基层管理需要具备的能力主要包括如下内容。

1.沟通能力

沟通能力指的是个人能够正确倾听他人倾诉，理解其感受、需要和观点，并做出适当反应的能力。例如在沟通中能够理解他人表达的观点、意见，同时给予适当的反馈。

2.表达能力

表达能力是指能通过口头描述和书面文字表达自己观点的能力。比如在与他人交流过程中思路清晰、语言流利，能够非常明确地表达自己的观点。

3. 计划能力

计划能力指的是针对工作任务制订工作计划，并通过合理配置资源，让自己和他人按时完成任务的能力。例如能够按照计划安排，有条不紊地完成工作任务。

4. 执行能力

执行能力指的是在工作中能够迅速理解上级的意图，快速制订具体可行的行动方案，并通过努力达成工作目标的能力。例如能够结合企业生产目标，制订生产进度方案，并能够根据方案实施生产，把控生产进度，完成生产目标。

5. 指导能力

指导能力主要是指能够适时检查员工的工作情况，并对员工工作给予具体的指导。例如监督检查员工的工作进度，并能够将存在的问题及时反馈给员工。

6. 业务能力

业务能力主要指的是岗位需要的专业知识，例如产品知识、企业技术等知识。

根据以上基层管理者需要具备的能力，基层管理者的培训课程主要包括如下内容。

1. 通用能力课程

通用能力课程主要的培训内容为工作沟通的技巧、高效执行力、公文写作、语言艺术、办公软件操作等。

2. 专业能力课程

专业能力课程主要的培训内容为 PDCA 管理知识、时间管理知识、SMART 管理知识、领导力、管理角色转换等。

3. 业务能力课程

业务能力课程主要的培训内容为产品知识、服务意识、成本管理、质量管理、投诉处理技巧、工作指导方法、工作改进方法等。

10.2.3　基层管理岗位培训的效果评估

根据柯氏四级培训评估模式，培训管理者对基层管理岗位培训的效果评估方式如表 10-4 所示。

表 10-4　基层管理岗位培训的效果评估方式

评估层次	评估内容	评估方法	评估时间	评估单位
反应层评估	收集基层管理者对于培训项目的效果和有用性的反馈	问卷调查法	课程结束时	培训单位
学习层评估	测量基层管理人对原理、事实、技术和技能的掌握程度	笔试法 工作模拟法	课程进行时 课程结束时	培训单位

评估层次	评估内容	评估方法	评估时间	评估单位
行为层评估	培训结束后的一段时间，由上级或同事观察基层管理者的行为在培训前后是否有差别	访谈法	3个月	直接上级
效果层评估	从组织的高度进行评估，即组织是否因为培训而运行得更好	绩效指标	半年或1年以后	企业

10.3　如何实施中层管理岗位培训

中层管理者介于高层管理者与基层管理者之间，起着上传下达的作用，因此中层管理者必须具备一定的本行业专业技术和整个企业整体运作的概念，更需要具备对上对下的沟通技能。中层管理者往往是未来的高层管理者，因此对其培训与开发的重点不仅是对现有技能的培养，更需要开发其潜在能力。

10.3.1　中层管理岗位培训的需求分析

中层管理岗位培训的需求分析主要是通过收集中层管理岗位个人层次的信息，对中层管理者职业生涯规划以及职位晋升目标进行分析。主要方式是考察中层管理者在企业管理工作过程中所表现出来的业务能力、专业能力等，分析中层管理者实际的工作能力与职业生涯规划目标岗位的工作能力要求之间的差距，来确定中层管理者需要进行哪些培训，应该在培训中重点关注哪些能力素质。

1. 中层管理岗位培训需求分析的内容

（1）新入职中层管理者培训的需求分析。

（2）在职中层管理者培训的需求分析。

（3）新晋升中层管理者培训的需求分析。

2. 中层管理岗位培训需求分析的阶段

（1）目前培训需求分析：主要是为满足企业现在的需要而提出的培训需求。如企业制定新政策、新制度时，需要对中层管理者进行培训，让其快速向下传达。

（2）未来培训需求分析：主要是为满足中层管理者未来职业发展的需要而提出的培训需求。如针对中层管理者的职业目标，分析目标岗位的能力要求与其现有能力水平的差距，分析其未来培训的需求。

3.中层管理岗位培训需求分析的方法

（1）绩效分析法。

中层管理者培训的最终目的是改进工作绩效，提升中层管理者的综合能力，减少或消除实际绩效与期望绩效之间的差距。因此，对中层管理者的工作绩效进行考核可以作为分析培训需求的一种方法。

（2）头脑风暴法。

将中层管理者召集在一起，让中层管理者提出培训需求并说明原因及迫切程度。培训管理者将所有提出的需求都当场记录下来，不做结论，只注重培训需求的记录。事后，培训管理者对每条培训需求的迫切程度与可培训程度提出看法，以确认当前最迫切的培训需求信息。

（3）问卷调查法。

培训管理者根据中层管理者岗位能力要求，设计调查问卷，向中层管理者发放问卷，了解中层管理者培训需求或征询中层管理者培训意见的调查方法。

10.3.2 中层管理岗位培训的课程设置

基于中层管理者岗位胜任能力分析，中层管理需要具备的能力包括如下内容。

1.沟通能力

沟通能力指的是个人能够正确倾听他人倾诉，理解其感受、需要和观点，并做出适当反应的能力。例如在沟通中能够理解他人表达的观点、意见，同时给予适当的反馈。

2.组织能力

组织能力指的是为了有效实现目标，灵活运用各种方法，把各种力量合理组织和有效协调起来的能力。例如协调关系的能力和善于用人的能力等。

3.协调能力

协调能力指的是工作过程中的协调指挥能力。例如在管理工作中能够协调人力、物力、财力，以获得最佳效果。

4.判断能力

判断能力是指人对事物单独进行观察和研究，并进行剖析、分辨，做出判断的能力。例如在管理工作中，经常会遇到突发事件，管理者需要快速分析并做出判断，提出解决方案。

5.领导能力

领导能力主要是影响力，它是一系列能力的组合，如引起他人信任的能力、激励他人的能力、教导他人的能力。

6. 业务能力

业务能力主要是指管理者对企业内外的政策、法规的把握能力与对企业的管理能力。

根据以上中层管理者需要的能力，中层管理者的培训课程包括如下内容。

1. 通用能力课程

通用能力课程主要有沟通技巧、如何有效授权、如何有效激励等课程。

2. 专业能力课程

专业能力课程主要有目标管理、时间管理、项目管理、会议管理、领导艺术等课程。

3. 业务能力课程

业务能力课程主要有专业技术知识、产品知识、业务流程、工作改进方法等课程。

10.3.3 中层管理岗位培训的效果评估

根据柯氏四级培训评估模式，培训管理者对中层管理者的培训效果评估方式如表 10-5 所示。

表 10-5 中层管理岗位培训的效果评估方式

评估层次	评估内容	评估方法	评估时间	评估单位
反应层评估	收集中层管理者对于培训项目的效果和有用性的反馈	问卷调查法	课程结束时	培训单位
学习层评估	测量中层管理人对原理、事实、技术和技能的掌握程度	笔试法 工作模拟法	课程进行时 课程结束时	培训单位
行为层评估	培训结束后的一段时间，由上级或同事观察中层管理者的行为在培训前后是否有差别	访谈法	3 个月	直接上级
效果层评估	从企业的高度进行评估，即企业是否因为培训而经营得更好	绩效指标	半年或一年以后	企业

10.4 如何实施高层管理岗位培训

高层管理者是指对整个企业的管理负有全面责任的人，他们的主要职责是制订企业的总目标、总战略，掌握组织的大致方针，其职务决定了他们要从大局上把握企业所处的环境及企业发展方向。因此对高层人员的培训内容设置应从全局性的角度出发。

10.4.1　高层管理岗位培训的需求分析

高层管理者是企业战略的制订者，他们的能力关系到一个企业的兴衰，对企业的意义重大，同时在企业运营中高层管理者也会分管某项工作，兼有参谋和主管双重身份。所以高层管理者的角色决定了其在具备必要的行业技能和基本沟通技能的基础上，必须具备较强的管理能力。同时高层管理者的知识结构也会存在老化衰退的问题，因此对高层管理者进行有效的知识更新也是企业培训与开发要解决的问题。

企业是由人组成的，是具有明确的目的和系统性结构的实体。高层管理者作为企业的决策者，对其岗位培训需求分析主要是通过收集组织层次有关信息，从企业整体目标和战略要求进行分析，来确定高层管理者的培训需求，为培训活动提供依据，通过对组织经营发展战略的分析，确定相应的培训，为培训提供相应的资源。

1.高层管理岗位培训需求分析的内容

（1）新入职高层管理者培训需求分析。

（2）在职高层管理者培训需求分析。

（3）新晋升高层管理者培训需求分析。

2.高层管理岗位培训需求分析的阶段

（1）目前培训需求分析：主要是为满足企业现在的需要而提出的培训需求。如目前行业的变化趋势、新技术的发展等，需要对高层管理者进行培训，让其快速获取新知识，更新其现有的知识结构。

（2）未来培训需求分析：主要是为满足企业未来发展过程中的需要而提出的培训需求。如采用前瞻性培训需求法，预测企业未来发展方向，来衡量高层管理者现有的知识结构是否满足未来需要，从而确定培训的方向和内容。

3.高层管理岗位培训需求分析的方法

高层管理者培训需求分析主要有访谈法、讨论法。

（1）访谈法。

主要是通过与高层管理者进行面对面的沟通，来获取高层管理者的培训需求信息。访谈人员可以是高层管理者的上级，也可以是人力资源管理部门或是培训组织者。

（2）讨论法。

主要是组织高层管理者参加座谈会，提出其培训需求，并组织进行讨论。

会上收集高层管理者对培训的需求，会后进行整理分析，来获取高层管理者的培训需求信息。

10.4.2 高层管理岗位培训的课程设置

基于高层管理者岗位胜任能力分析，高层管理需要具备的能力主要包括如下内容。

1. 洞察能力

洞察能力也称预见力，是指高层管理者通过多方面观察和分析各种信息，从众多信息中找到关键信息并把握事物核心的能力。比如高层管理者在进行行业信息分析时能够快速洞察发展趋势，并做出判断。

2. 批判能力

批判能力是要求高层管理者在工作中具有批判性思维，包括思维过程中洞察、分析和评估的能力。批判性思维可追溯到杜威的"反省性思维"，即持续和细致地思考任何信念或被假定的知识形式，洞悉支持它的理由以及它所进一步指向的结论。

3. 创造能力

创造能力指的是善于运用之前的知识及经验，并在此基础上以新的内容和形式来完成工作任务的能力。例如高层管理者在企业管理过程中不断提出新的运营模式，优化工作流程，提高企业运营效率。

4. 统筹能力

统筹能力指的是高层管理者在洞察事物、工作谋划、整合协调和创造性思维等方面的能力，主要是要求高层管理者在管理工作中面对复杂的问题、众多的下属时，必须学会统筹安排，将问题分出轻重缓急，将人员分出长短强弱，制订明确的目标和计划，进行合理有序的安排。

5. 决策能力

决策能力指的是高层管理者根据既定目标分析企业现状，对未来进行预测，决定最优发展方案的能力。

6. 业务能力

业务能力主要是对国际及国内形势、行业发展动态、企业内外的政策、法规的把握能力与对企业的管理能力。

根据以上高层管理者需要的能力，高层管理者的培训课程主要包括如下内容。

1. 通用能力课程

通用能力课程主要有沟通技巧、如何充分授权、如何有效激励、自我管理等课程。

2. 专业能力课程

专业能力课程主要有卓越领导力、领导艺术、战略管理、团队管理、建立高效团队、会议管理等课程。

3. 业务能力课程

业务能力课程主要有专业技术知识、业务流程、工作改进方法等课程。

10.4.3　高层管理岗位培训的效果评估

根据柯氏四级培训评估模式，培训管理者对高层管理者的培训效果评估方式如表10-6所示。

表 10-6　高层管理岗位培训的效果评估方式

评估层次	评估内容	评估方法	评估时间	评估人
反应层评估	收集高层管理者对于培训项目的效果和有用性的反馈	问卷调查法	课程结束时	培训管理部门
学习层评估	考评高层管理人对原理、知识的掌握程度	笔试法演练法	课程进行时课程结束时	培训管理部门
行为层评估	培训结束后的一段时间，观察高层管理人的行为在培训前后是否有差别	访谈法	3个月	培训管理部门
效果层评估	从组织的高度进行评估，即组织是否因为培训而经营得更好	绩效指标	半年或一年以后	企业决策层

【实战案例】某企业管理层培训的课程设置

国内某大型A股集生产与销售于一体的上市企业，培训管理部门将管理层的岗位分类分成初级管理者、中级管理者和高级管理者三类，他们在企业内部的划分方式如表10-7所示。

表 10-7　某企业三类管理岗位的划分方式

岗位类别	人员类别划分
初级管理者	职级为主管、副主管
中级管理者	职级为经理、副经理

岗位类别	人员类别划分
高级管理者	职级为副总监及以上

各管理层级培训的课程设置如表 10-8 所示。

表 10-8　某企业各管理层级培训的课程设置

培训对象	初级管理者	中级管理者	高级管理者
培训课程	工作流程与工作标准	情境领导	领导艺术
	专业辅导技巧	跨部门沟通	突破企业发展瓶颈
	关键结果领域与计划	绩效管理与绩效面谈	战略管理与决策
	团队建设与团队领导	持续过程改进	领导者个人行为分析
	主持会议技巧	非人力资源部的人力资源管理	与成功有约
	专业沟通技巧	专业解决问题技巧	危机与公关管理
	目标选材	非财务人员的财务管理	压力调节与情绪控制
	有效授权与激励技巧	专业商务写作技巧	公共形象管理
	冲突管理技巧	项目管理基础	第五项修炼
	时间管理技巧	会议报告与讲话技巧	六顶思考帽

【实战案例】阿里巴巴管理系培训

当公司规模不断发展壮大，只靠最高管理者的一言堂是行不通的。如果没有优秀的管理者队伍，顶层的思想很难传达给员工；有了优秀的管理者队伍，才能群策群力，上行下效，把公司的理念和目标执行到位。

在阿里巴巴有一句土话，叫"团队 leader（负责人）要既当爹，又当妈；要上得厅堂，下得厨房"。"当爹"指的是要做好业务，"当妈"指的是要带好团队；"上得厅堂"指的是要关注长期利益，"下得厨房"指的是要抓住短期利益，如图 10-1 所示。

很多企业在创业初期，管理者"当爹"（做好业务）的能力比较强，非常关注个人业务成绩的提升，重视绩效结果；"下厨房"（抓住短期利益）的能力也比较强，对老板提出的指令有很强的执行力，加班加点、任劳任怨。

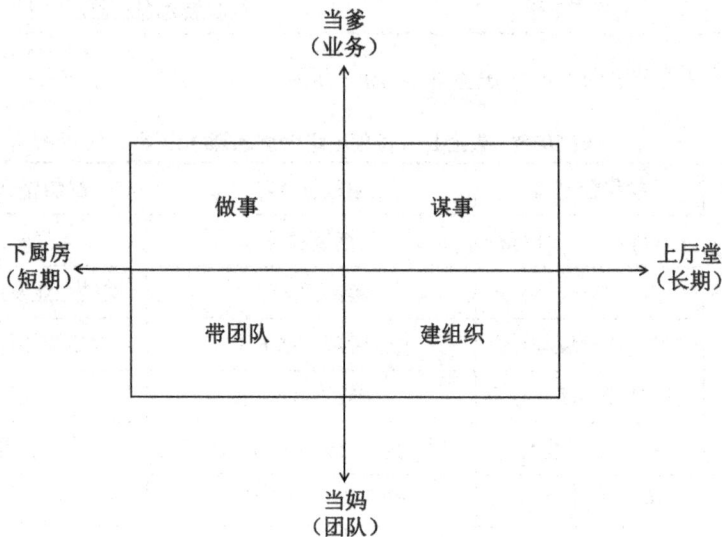

图 10-1　阿里巴巴对团队管理者的要求

可随着企业发展，对管理者"当妈"（带好团队）的能力和"上厅堂"（关注长期利益）的能力要求越来越高。

"上厅堂"在"当爹"的部分是"谋事"，在阿里巴巴内部，也被叫作"画图"，就是说管理者要具备战略规划的能力，规划出团队的作战策略和计划；"上厅堂"在"当妈"的部分是"建组织"，团队规模变大了，已经不是当初几个人的小团队，要形成一个长期发展的组织，要搭班子，分层级，做到分工明确、流程清晰，要培养出一批会带团队的人，否则的话，公司发展必然会遇到瓶颈。

作为阿里巴巴管理者，必须要做的工作包括如下内容。

（1）定目标：团队管理者要给团队明确目标和方向，通过共同的目标凝心聚气，增强团队凝聚力。

（2）要结果：对待下属不软弱，一切以结果说话，要以公司的大局为重，不纵容庸才，不养闲人。

（3）管过程：注重绩效过程管控，外部状况变化时及时调整目标，团队成员出现问题时及时纠偏。

（4）有味道：明确团队内部规则，打造专属的团队味道，增强团队士气，奖优罚劣。

当管理者能够做好业务、带好团队、关注长期利益、抓住短期利益的时候，公司就会呈现出上层管理者不断强调顶层目标，中基层管理者承接顶层目标设置自己的目标，并不断调整变化，员工做好自己的目标并坚定执行。

如何培养合格的管理者呢？阿里巴巴的做法是通过管理系培训。阿里巴巴的管理系培训主要是针对培养管理者实施的一系列培训。除了管理者培养制度、轮岗制度、接班人计划之外，阿里巴巴的管理系培训主要包括3种形式，分别是管理三板斧、侠客行和湖畔学院。

1. 管理三板斧

"阿里的干部培养要像程咬金的'三板斧'一样简洁有效。"这句话成了后来阿里巴巴干部培养体系的重要原则，并逐渐形成了一套干部培养体系。

阿里巴巴的干部培养体系不是面向个体的、知识性的、短暂的领导力培训，而是面向团队的、实操性质的、以结果为导向、影响深远的长效机制。

管理三板斧后来演变成阿里巴巴对管理人员的三项基础能力要求，分别是get result（获得结果）、team building（建立团队）和hire&fire（雇佣＆解雇）。

这三项能力的培养过程主要是以全景实战的方式，在真实的业务背景中，通过推动集体思考提升团队的整体业务能力，以及团队管理能力和组织能力。

2. 侠客行

侠客行项目主要是面向阿里巴巴一线管理者的培训，阿里巴巴借此培养了众多的内部管理者讲师。阿里巴巴根据管理者的能力要求，自主研发了管理者的进阶课程体系，并引进了部分外部课程作为辅导，以业务需求和层级进阶的方式推进管理者的学习。

通过"课上真实案例演练＋课后真实作业练习＋课后管理沙龙"的不间断学习方式，保证持续对焦管理者在"角色与职责"上的统一认知。

根据不同管理场景的复杂程度，输出完整的领导力提升方法论和应用技巧，并在侠客行管理沙龙中形成良师（资深阿里管理者）与益友（同期管理者）之间共同的语言、心力和能量场。

3. 湖畔大学

湖畔大学是面向阿里巴巴高阶管理人员成长的项目。湖畔大学以学习的参与者为中心，通过平等、开放的学习体验，通过不同背景、经历的高阶管理者之间的分享交流，解决高阶管理者的融入、战略的对焦、领导力的修炼以及文化的传承等问题。

除了常规的学习安排之外，湖畔大学还设置了不定期的"湖畔大讲堂"，引入国内外杰出学者、业界领袖的分享，提高受训者的眼界和视野，通过"业务沙龙"促进协同，建立全局观，提升整合能力；通过"文化沙龙"，挖掘管理背后的问题，传承阿里文化。

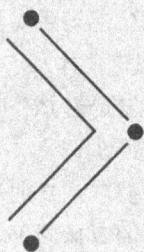

第 11 章

如何实施关键岗位培训

企业中的关键岗位对企业的经营发展起着重要的作用。对关键岗位人才的培养及培训对企业效率和效益的提高、成本和风险的降低有着非常积极的作用。要想实施好关键岗位培训，培训管理者需要根据岗位特点和能力要求，进行有针对性的培训安排。

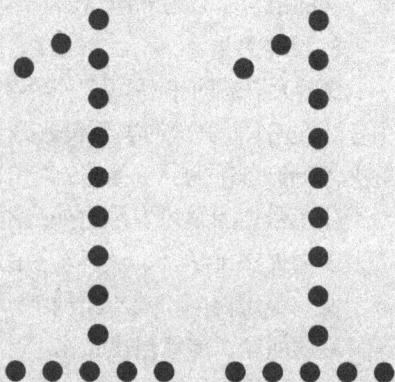

11.1 如何实施营销类岗位培训

实施营销岗位培训主要是基于营销岗位胜任素质模型进行培训需求分析，根据培训需求制订培训计划，开展培训管理工作，并做好培训后的评估，不断完善营销岗位培训管理工作的过程。根据岗位胜任素质模型，可以明确营销人员的培训需求，按照岗位胜任素质模型中营销人员的素质要求设置相关的培训课程。企业通过营销岗位培训提升营销人员的综合素质，使营销人员工作绩效得到改进，进而达到企业绩效提升的目的。

11.1.1 营销类岗位培训的讲师选择

营销人员的主要工作是发掘客户需求，了解客户心理，通过满足客户需求进行产品推广及销售工作。营销人员的个人能力决定了营销人员的销售业绩，从而影响企业的业绩，所以说营销人员是企业利润的创造者。因此培训组织者要依据营销人员的岗位职责，在参照优秀营销人员胜任行为特征的基础上构建营销人员岗位胜任素质模型，分析营销人员现有能力与岗位胜任能力之间的差距，并根据差距制订营销人员的培训课程。

营销岗位人员培训需要根据培训内容的不同，选择不同的培训讲师，主要分为企业内部讲师及企业外部讲师。

1. 企业内部讲师

企业内部讲师分为企业专职讲师和企业兼职讲师，企业专职讲师主要是指企业内部专职培训师；企业兼职讲师可以由企业的管理者、人力资源部管理者以及来自企业内部的营销管理者（如企业营销团队的高管）和优秀的营销人员（如企业销售冠军）担任。

在选拔企业内部讲师时需要注意企业内部是否有这样的人。

（1）业绩足够优秀，能够得到大家的认可。

（2）具有实施培训的工作经验。

（3）喜欢培训，乐于进行分享。

（4）有时间和精力进行课程开发和培训实施。

2. 企业外部讲师

如果实施专业营销技能培训或是行业知识培训，可以从企业外部聘请行业营销的专家或培训师进行培训。

企业外部讲师在选拔时需要注意如下事项。

（1）曾经开发过的培训项目是否与企业相关，对企业所在行业发展状况及发展趋势的了解程度。

（2）提供服务的客户资料，服务过的客户是否与企业业务相关。

（3）是否能够证明曾经提供的培训项目卓有成效，尤其是一些数据化的资料。

（4）在行业内的口碑，或是其服务过客户的评价。

11.1.2　营销类岗位培训的形式选择

营销岗位的培训时间一般包括如下。

（1）入职培训：员工入职上岗前，要进行入职培训，主要是企业介绍、企业文化、行业知识、产品知识、营销技巧等方面的培训。

（2）每日回顾：每天工作结束后对当天工作进行回顾，主要是上级对下级工作进行指导。

（3）集中培训：主要是在工作之余安排营销人员集中培训，如销售技巧提升等培训。

（4）新产品推广前培训：主要是在新产品推广之前组织营销人员进行新产品知识的培训。

营销岗位培训的时间安排需要注意如下事项。

（1）不能打乱营销人员正常的工作日程。

（2）培训的密度不能过高，否则会引起"消化不良"。

（3）尽量不要安排晚上时间培训。

营销岗位培训常见的一些培训方式主要有：课堂讲授法、专题讲座法、实战演练法、录像观摩法、角色扮演法、案例研究法、线上学习法、素质拓展训练等。经过对营销顾问培训方式调查研究，调查结果显示：营销岗位培训中使用频率最高的三种方法是课堂讲授法、实战演练法、角色扮演法。

1. 课堂讲授法

讲师按照准备好的课程系统地向受训者传授知识，这是最基本的培训方法，适合营销知识类培训，有灌输式讲授、启发式讲授、画龙点睛讲授三种方式。讲课教师是讲授法成败的关键。

2. 实战演练法

实战演练法是让参训人员在实际工作过程中或真实工作环境中，运用所学知识与技能亲身操作、体验，通过不断地进行实践，积累工作经验，掌握工作所需的知识、技能的培训方法，在营销岗位培训中应用最为普遍。

3. 角色扮演法

角色扮演法是参与式培训法的一种，主要是调动培训对象积极性，让参训人员在培训中扮演营销人员与客户，运用学习到的各种技巧进行模拟练习，考查参训人员对培训知识与技巧的掌握程度，让培训对象在双方互动中学习。

11.1.3 营销类岗位培训的效果评估

营销岗位培训效果评估主要是运用菲利普斯的五级投资回报模型，在柯氏四级培训评估模型的基础上增加第五层次——投资回报率的评估。菲利普斯的五级投资回报模型主要是评估培训带来的经济效益。

1. 第一级评估的是反应和既定的活动

第一级评估主要评估的是培训对象的满意度，通过课堂反馈、问卷调查、与培训对象交流等途径，了解培训对象对培训活动的反应，以确定培训对象对培训内容是否感兴趣，培训方法是否受到培训对象的喜欢，培训组织工作是否让培训对象满意，这样便于培训人员在培训管理工作的某些方面做出及时的改进。

2. 第二级评估的是学习

第二级评估主要是测试培训对象在培训过程中是否真正学到知识，培训组织者在培训前对培训对象进行知识和技能的考核，并且对这些知识和技能在培训后按同样的标准再次进行测试，通过对比培训对象培训前后的考核成绩，了解培训对象学习及进步的情况。

3. 第三级评估的是在工作中的运用

第三级评估主要是通过关键事件法和观察法评估培训对象多大程度上将培训中学到的知识和技能应用到实际工作中，并通过应用培训知识后对组织产生影响。这一级评估中评估培训内容是否成功运用至关重要。

4. 第四级评估的是业务的结果

第四级评估主要是通过成本收益评估法衡量培训的效益，即衡量培训利润是否大于成本，以此来衡量培训的效果。主要是从销售额的增长、销售成本的降低、客户满意度的提高等维度进行评估。

5. 第五级评估的是投资回报率

第五级评估主要是将培训结果的货币价值以及培训项目的成本用百分比的形式表示。评估的重点是将培训项目带来的货币利润与其成本进行比较。投资回报率公式如下。

投资回报率（ROI）＝培训课程净收益 ÷ 培训课程成本 ×100%

11.2　营销类岗位培训的课程设置

营销人员的岗位特点决定营销人员的培训内容主要是产品知识培训、营销技巧培训、心态培训等。根据营销人员销售的产品、销售的模式、销售的渠道等因素，可以将营销岗位分为业务拓展岗位、网络销售岗位及店面销售岗位三大类，其培训的内容也不尽相同。

11.2.1　业务拓展岗位培训的课程设置

根据业务拓展人员的主要工作内容，结合该岗位对任职人员的素质要求，并参照该岗位优秀人员的行为表现，从技能 / 能力、知识、职业素养三个方面，构建业务拓展人员的岗位胜任素质模型，具体内容如下。

（1）技能 / 能力：主要是市场拓展能力、客户沟通能力、人际交往能力、商务谈判能力、决策能力等。

（2）知识：主要是企业知识、营销知识、客户知识等。

（3）职业素养：主要是成就导向、敬业精神、忠诚度等。

参考以上业务拓展人员的岗位胜任素质模型，制订业务拓展岗位培训的课程。具体内容如表 11-1 所示。

表 11-1　业务拓展岗位培训课程

课程模块	课程内容
销售技巧	寻找目标客户、洞察客户心理、如何说服客户
产品知识	企业产品知识、竞争对手产品知识
沟通技巧	高效沟通
心态培训	正能量、心态转变
企业文化	企业文化、团队建设

11.2.2　网络销售岗位培训的课程设置

根据网络销售人员的主要工作内容，结合该岗位对任职人员的素质要求，并参照该岗位优秀人员的行为表现，从技能／能力、知识、职业素养三个方面，构建网络销售人员的岗位胜任素质模型，具体内容如下。

（1）技能／能力：主要是市场拓展能力、沟通能力、市场信息分析能力、发现问题及解决问题能力、创新能力、学习能力、决策能力等。

（2）知识：主要是企业知识、产品知识、营销知识、客户知识等。

（3）职业素养：主要是亲和力、成就导向、敬业精神、忠诚度等。

参考以上网络销售人员的岗位胜任素质模型，制订网络销售岗位培训的课程。具体内容如表11-2所示。

表11-2　网络销售岗位培训的课程

课程模块	课程内容
客户定位	产品分析方法、客户细分模型
网络推广	推广渠道选择、推广方式选择、推广内容撰写
在线销售	产品介绍技巧、产品报价策略、客户跟踪与达成
售后服务	退换货处理技巧、客户投诉处理技巧
企业文化	企业文化、团队建设

11.2.3　店面销售岗位培训的课程设置

根据店面销售人员的主要工作内容，结合该岗位对任职人员的素质要求，并参照该岗位优秀人员的行为表现，从技能／能力、知识、职业素养三个方面，构建店面销售人员的岗位胜任素质模型，具体内容如下。

（1）技能／能力：主要是沟通能力、应变能力、发现问题及解决问题能力等。

（2）知识：主要是企业知识、产品知识、竞品知识等。

（3）职业素养：主要是客户意识、敬业精神、自信心、纪律性等。

参考以上店面销售人员的岗位胜任素质模型，制订店面销售岗位培训的课程。具体内容如表11-3所示。

表11-3　店面销售岗位培训的课程

课程模块	课程内容
销售技巧	消费者心理分析、产品销售话术
产品知识	企业产品知识、产品演示技巧
职场礼仪	接待客户礼仪手册
沟通技巧	赞美客户的秘诀、达成交易的沟通技巧

11.3　如何实施技术类岗位培训

实施专业技术岗位培训主要是基于专业技术岗位胜任素质模型进行培训需求分析，根据培训需求制订培训计划，开展培训管理工作，并做好训后评估，不断完善专业技术岗位培训管理工作的过程。根据岗位胜任素质模型，明确专业技术人员的岗位能力要求，按照岗位胜任素质模型中涉及的素质要求设置各种培训课程。

11.3.1　技术类岗位培训的讲师选择

技术人员的主要工作内容是研发新技术、开发新产品，技术人员的技术水平决定了技术人员技术创新及产品开发的能力，从而影响企业在市场上技术和产品的竞争力，所以说技术人员是企业技术创新的源泉和企业产品发展的动力。因此培训组织者要依据技术人员的岗位职责，在参照优秀技术人员胜任行为特征的基础上构建技术岗位胜任素质模型，分析技术人员现有能力与岗位胜任能力之间的差距，并根据差距制订技术人员的培训课程。

针对专业技术岗位培训，企业应根据培训的具体情况选择培训讲师，主要分为企业内部讲师及企业外部讲师。

1. 企业内部讲师

一般来说，通用性的培训（如项目管理知识）可以由企业的管理者、人力资源部人员或是企业培训师担任培训讲师，而专业知识的培训则需企业技术管理者或是企业内部资深技术专家担任培训讲师。

2. 企业外部讲师

如果内部没有人员可以实施专业技术培训，也可以从企业外部聘请技术专家或高校教授进行培训，也可以参加外部专业技术培训。

11.3.2　技术类岗位培训的形式选择

技术类岗位的培训时间一般包括如下。

（1）入职培训：员工入职上岗前，要进行入职培训，主要是企业介绍、企业文化、行业知识、技术知识等方面的培训。

（2）技术认证：安排专业技术人员参加学习，进行技术认证。

（3）集中培训：主要是在工作之余安排专业技术人员集中培训。

（4）新技术培训：主要是在新项目、新设备、新技术推广之前组织技术人员进行培训。

技术类岗位的培训时间需注意如下事项。

（1）及时：当新技术出现时一定要及时安排技术人员培训学习。

（2）提前：在新设备使用之前、新项目开始之前，安排技术人员学习，掌握新技术。

技术类岗位培训常见的一些培训方式主要有：课堂讲授法、专题讲座法、研讨法、实战演练法、录像观摩法、案例研究法、线上学习法等。经过对专业技术岗位培训方式调查研究，调查结果显示：专业技术岗位培训中使用频率最高的三种方法是课堂讲授法、专题讲座法、研讨法。

1. 课堂讲授法

课堂讲授法是讲师按照准备好的课程系统地向受训者传授技术知识，这是最基本的培训方法，适合技术专业知识类培训。讲师技术水平的高低、授课方式、课程难易程度是讲授法成败的关键。

2. 专题讲座法

专题讲座法是针对一个技术专题，邀请一位或是几位技术专家针对新的技术知识或是技术发展趋势进行专题讲座。通过专家讲解，参训人员在学习过程中学习到最新的技术知识或是了解最新技术发展趋势。

3. 研讨法

研讨法是参与式培训法的一种，主要是组织技术人员参加研讨会，就目前企业技术情况进行积极讨论，调动培训对象积极性，比较适合企业在不断寻求技术创新时，给予企业技术人员启发性思考。

11.3.3 技术类岗位培训的效果评估

技术类岗位培训效果评估主要是运用 CIPP 评估模型进行培训评估，该模型是由美国学者斯塔弗尔比姆（L.D. Stufflebeam）于 1967 年在对泰勒行为目标模式进行反思的基础上提出的。

CIPP 评估模型被广泛采用，其受欢迎程度不亚于柯氏四级培训评估模型，这个模型最大的效用在于能够帮助决策者在众多方案中选出可取得最大成效的方案。

（1）背景评估（context evaluation）：主要是依据目前的环境背景决定培训的需求、机会及目标。主要建立三个目标：短期目标、中期目标以及最终目标。

（2）输入评估（input evaluation）：主要搜集有关培训资源方面的资料，决定资源使用的方式还有方案设计规划的策略。

（3）过程评估（process evaluation）：主要对培训组织的过程进行评估，目的是对培训方案进行监督、控制与反馈。

（4）成果评估（product evaluation）：主要对培训后培训对象工作效率的

改变情况进行评估，衡量培训目标达到的程度。

11.4 技术类岗位培训的课程设置

专业技术人员的岗位特点决定了技术人员的培训内容主要是专业技术培训、产品知识培训、员工心态培训等。而根据专业技术人员研发的产品、技术的领域等因素，可以将专业技术岗位分为网络技术、生产技术及工程技术三大类，其培训的内容也不尽相同。

11.4.1 网络技术岗位培训的课程设置

根据网络技术人员的主要工作内容，结合该岗位对任职人员的素质要求，并参照该岗位优秀人员的行为表现，从技能 / 能力、知识、职业素养三个方面，构建网络技术人员的岗位胜任素质模型，具体内容如下。

（1）技能 / 能力：主要是技术创新能力、目标管理能力、技术需求转化能力、规划与统筹安排能力、发现问题及解决问题能力等。

（2）知识：主要是企业知识、产品知识、客户知识、专业技术知识等。

（3）职业素养：主要是成就导向、主动性、自信心、责任心等。

参考以上网络技术人员的岗位胜任素质模型，制订网络技术岗位培训的课程如表 11-4 所示。

表 11-4 网络技术岗位培训的课程

课程模块	课程内容
专业技术	行业技术发展趋势、技术知识
产品开发	企业产品知识、竞争对手产品知识
项目管理	项目管理知识、项目管理平台使用技巧
目标管理	目标管理知识
企业文化	企业文化、团队建设

11.4.2 生产技术岗位培训的课程设置

根据生产技术人员的主要工作内容，结合该岗位对任职人员的素质要求，并参照该岗位优秀人员的行为表现，从技能 / 能力、知识、职业素养三个方面，构建生产技术人员的岗位胜任素质模型，具体内容如下。

（1）技能 / 能力：主要是技术创新能力、技术需求转化能力、关注细节能力、归纳思维能力、发现问题及解决问题能力等。

（2）知识：主要是企业知识、产品知识、专业技术知识、质量管理知识、生产管理知识等。

（3）职业素养：主要是成就导向、主动性、自信心、责任心等。

参考以上生产技术人员的岗位胜任素质模型，制订生产技术岗位培训的课程如表11-5所示。

表11-5　生产技术岗位培训的课程

课程模块	课程内容
专业技术	行业技术发展趋势、最新技术知识
产品开发	企业产品知识、竞争对手产品知识
项目管理	项目管理知识、项目管理平台使用技巧
生产安全管理	安全生产知识、技术安全管理、安全操作规范
职业操守	技术人员职业操守
企业文化	企业文化、团队建设

11.4.3　工程技术岗位培训的课程设置

根据工程技术人员的主要工作内容，结合该岗位对任职人员的素质要求，并参照该岗位优秀人员的行为表现，从技能/能力、知识、职业素养三个方面，构建工程技术人员的岗位胜任素质模型，具体内容如下。

（1）技能/能力：主要是目标管理能力、信息收集与处理能力、关注细节能力、规划与统筹安排能力、发现问题及解决问题能力等。

（2）知识：主要是企业文化知识、产品知识、专业技术知识、项目管理知识、生产管理知识等。

（3）职业素养：主要是成就导向、主动性、自信心、责任心、敬业精神等。

参考以上工程技术人员的岗位胜任素质模型，制订工程技术岗位培训的课程如表11-6所示。

表11-6　工程技术岗位培训的课程

课程模块	课程内容
专业技术	行业技术发展趋势、最新技术知识
工程管理	工程流程管理知识
品质管理	品质管理知识和技巧
项目管理	项目管理知识、项目管理平台使用技巧
生产安全管理	安全生产知识、技术安全管理、操作规范
职业操守	技术人员职业操守

课程模块	课程内容
企业文化	企业文化、团队建设

11.5 如何实施生产类岗位培训

实施生产类岗位培训主要是基于生产类岗位胜任素质模型进行培训需求分析，根据培训需求制订培训计划，开展培训管理工作，并做好培训后评估，不断完善生产类岗位培训管理工作的过程。

根据岗位胜任素质模型，明确生产人员的岗位技能要求，按照岗位胜任素质模型中涉及的素质要求设置各种培训课程，尽可能确保生产人员在培训中学到技能，提高生产人员的技能娴熟性，而且确保这些技能能够在岗位工作中真正地发挥作用，提高生产效率，降低企业成本。

11.5.1 生产类岗位培训的讲师选择

生产人员的主要工作内容是进行企业生产活动。生产人员是企业的基石，他们对生产技能的掌握程度、对生产设备操作的熟练程度决定了企业的生产进度及效率。因此培训组织者要依据生产人员的岗位职责，在参照优秀生产人员胜任行为特征的基础上构建生产人员岗位胜任素质模型，分析生产人员现有能力与岗位胜任能力之间的差距，并根据差距制订生产人员的培训课程。

针对生产类岗位培训，企业应根据培训的具体情况选择培训讲师，主要分为内部讲师及外部讲师。

1. 内部讲师

（1）企业介绍、企业规章制度、企业文化等课程可以由企业管理者或是人力资源部人员担任内部讲师。

（2）企业安全生产知识、安全意识、安全措施、重大事故隐患排查方法等课程可以由企业安全管理者或技术人员担任内部讲师。

（3）设备操作、生产技能、操作流程等课程可以由生产部门负责人或是其上级担任内部讲师。

2. 外部讲师

对生产岗位安全生产知识、质量技术管理可以从企业外部聘请国家相关管理部门人员、外部技术专家或高校教授进行培训。

11.5.2 生产类岗位培训的形式选择

生产类岗位培训的时间一般包括如下内容。

（1）入职培训：员工入职上岗前要进行入职培训，内容如企业介绍、企业文化、行业知识、技术知识、操作技能等，让员工做到"培训上岗"。

（2）淡季培训：主要是选择企业生产淡季，有计划地安排员工进行技能培训。

（3）岗前培训：每天开工前进行岗前培训，主要是安全知识宣讲及安全措施检查。

（4）集中培训：主要是在工作之余安排员工集中培训，如质量管理、技能提升等培训。

（5）新技术及新设备使用前培训：主要是在应用新技术或新设备之前组织员工进行培训，让员工掌握新技术或新设备操作方法。

生产类岗位培训常见的一些培训方式主要有：个别指导法、行为示范法、工作轮换法、课堂讲授法、专题讲座法、录像观摩法、线上学习法等。经过对生产类岗位培训方式调查研究，调查结果显示：生产类岗位培训中使用频率最高的三种方法是个别指导法、行为示范法、工作轮换法。

1. 个别指导法

个别指导主要是传统的师傅带徒弟的培训方法，也就是传统的师徒制。这种方法主要是由企业技术熟练的工人或直接上级主管人员在工作岗位上对受训者进行培训，可用于基层生产工人培训。

2. 行为示范法

行为示范主要运用于操作类、技能类的培训，邀请企业技术熟练人员或是企业专业技术人员进行现场操作示范，演示操作流程，讲解技术操作要领，通过示范让参训人员在学习过程中掌握操作技能。

3. 工作轮换法

工作轮换法主要是为了提高员工工作技能，同时为了在个别岗位出现短缺时能够及时补充以保证生产的正常运行，让员工进行岗位轮换，熟练操作两种或两种以上工种，培养多能工。

11.5.3 生产类岗位培训的效果评估

根据柯氏四级培训评估模式，培训管理者对生产类岗位的培训效果评估方式如下。

1. 反应层评估

反应层评估主要是评估培训对象对培训课程、培训讲师、培训组织的满意度。主要是采取问卷调查法，在培训中和培训结束后让培训对象填写问卷来收集信息。

2. 学习层评估

学习层评估主要是通过工作模拟法和笔试法在培训过程中和培训后对培训对象进行考核，考核培训对象是否掌握了培训知识与技能。

3. 行为层评估

行为层评估主要是通过访谈法和观察法，了解培训对象在培训后行为是否有所改变，比如工作态度的转变、出勤率的改善等。

4. 效果层评估

效果层评估主要是通过成本收益评估法从经济上评估培训的效果。成本收益评估法常用以评价投资效果，由于在一定意义上可将培训视为企业的一项重要投资，因而在评估培训效果时也可借鉴成本收益评估法，比如生产率的提高、质量合格率的提高。

11.5.4　生产类岗位培训的课程设置

生产人员的岗位特点决定生产人员的培训内容主要是岗位技能培训、员工知识培训、员工心态培训等，通过培训让员工掌握岗位新技能、获得岗位新知识、加强对企业的归属感等。生产人员的岗位胜任素质模型如下。

（1）技能 / 能力：主要是安全操作能力、安全管理能力、计划管理能力、生产调度能力、发现问题及解决问题能力、执行能力、协调能力、决策能力等。

（2）知识：主要是企业文化知识、产品知识、专业技术知识、质量管理知识、生产管理知识等。

（3）职业素养：主要是风险防范意识、成本意识、敬业精神、正直诚信、责任心等。

参考以上生产人员的岗位胜任素质模型，制订生产类岗位培训的课程如表11-7 所示。

表 11-7　生产类岗位培训课程

课程模块	课程内容
岗位技能培训	包括岗位职责、工艺规范、操作规程的培训，使员工掌握完成本职工作所必备的技能

续表

课程模块	课程内容
员工知识培训	包括本专业和相关专业新知识的培训，使员工具备完成本职工作所必需的基本知识和迎接挑战所需的新知识
员工心态培训	包括心理学、人际关系学、社会学、价值观的培训，建立企业与员工之间的相互信任，使员工具有自我实现的需求

11.6 如何实施支持类岗位培训

企业中除了营销、技术、生产等关键岗位外，还有一些重要的支持类岗位，这些岗位对企业的经营发展起着同样重要的作用，对这类岗位人才的培养及培训对企业管理运营同样有着非常积极的作用。要想实施好支持类岗位培训，需要培训管理者根据岗位特点和能力要求，制订有针对性的培训安排。

11.6.1 运营管理类岗位培训的实施

运营管理岗位培训主要是基于运营管理岗位胜任素质模型进行培训需求分析，根据培训需求制订培训计划，开展培训管理工作，并做好训后评估，不断完善运营管理岗位培训管理工作的过程。

岗位胜任素质模型可以帮助培训管理者明确运营管理人员的培训需求，按照岗位胜任素质模型中运营管理人员的素质要求设置相关的培训课程，通过运营管理岗位培训提升运营管理者的运营管理能力，进而达到提升企业运营效率的目的。

1. 运营管理类岗位的特征

运营管理过程中控制的主要目标是质量、成本、时间、柔性，这些是企业管理的根本源泉。因此，运营管理在企业经营中具有重要的作用。运营管理人员的主要工作内容是对企业运营过程进行计划、组织、实施和控制。运营管理人员的运营管理能力，决定了运营管理人员对企业经营的管控能力，从而影响企业的运营效率。因此培训组织者需要依据运营管理者的岗位职责，在参照优秀运营管理者胜任行为特征的基础上构建运营管理者岗位胜任素质模型，分析运营管理者现有能力与岗位胜任能力之间的差距，并根据差距制订运营管理者的培训课程。

2. 运营管理类岗位培训的课程设置

运营管理类岗位的特点决定运营管理者的培训内容主要包括计划能力、组织能力、实施能力和控制能力等。根据运营管理者的主要工作内容，结合该岗位对任职人员的素质要求，并参照该岗位优秀人员的行为表现，从技能/能力、知识、职业素养三个方面，构建运营管理者的岗位胜任素质模型，具体内容如下。

（1）技能/能力：主要是计划能力、组织能力、实施能力、控制能力、沟通能力、发现问题及解决问题能力、决策能力等。

（2）知识：主要是企业文化知识、管理知识、运营知识等。

（3）职业素养：主要是成就导向、敬业精神、忠诚度等。

参考以上运营管理者的岗位胜任素质模型，制订运营管理岗位培训的课程。具体内容如表11-8所示。

表11-8　运营管理岗位培训的课程

课程模块	课程内容
时间管理	时间管理
流程管理	流程管理
决策管理	决策树
计划管理	甘特图制作
沟通技巧	高效沟通
企业文化	企业文化、团队建设

3. 运营管理类岗位培训注意事项

运营管理类岗位培训需要注意的是，要在培训过程中培养运营管理者的系统运营管理思维，基于PDCA管理设置培训课程，建立培训系统。

P（plan）即计划能力，主要是搜集资料、找出问题、分析问题、制订计划四个步骤。无论做哪项工作我们都可以把它当作一个项目来运营，运营项目首先要做的就是计划工作。

D（do）即实施能力，主要是按照制订的计划开展工作，按要求实施。所谓执行就是具体的项目运营，实现计划中的内容。对运营管理者的要求就是按照既定的标准检查企业运营情况，用完成目标作为衡量企业运营能力的唯一标准。

C（check）即控制能力，主要是对企业运营结果进行检查，找出企业成功的经验和失败的教训。所谓检查就是要对企业运营情况进行及时的检查和总结，在检查和总结的过程中注意数据的收集与整理。

A（action）即处理能力，主要是对企业运营成功的经验进行巩固，制订标准，形成规章制度，对失败的地方找出遗留问题，转入下一个循环。

11.6.2 客户服务类岗位培训的实施

客户服务类岗位培训主要是基于客户服务岗位胜任素质模型进行培训需求分析，根据培训需求制订培训计划，开展培训管理工作，并做好训后评估，不断完善客户服务培训管理工作的过程。

岗位胜任素质模型可以帮助培训组织者明确客户服务人员的培训需求，按照岗位胜任素质模型中客户服务人员的素质要求设置相关的培训课程，通过客户服务类岗位培训提升客户服务人员的服务水平，进而达到提升企业整体服务水平、打造企业良好形象的目的。

1. 客户服务类岗位的特征

客户服务工作的整体水平代表一个企业的文化修养、整体形象与综合素质，甚至与企业利益直接挂钩。客户服务人员的主要工作内容是通过电话、网络、邮件或是面对面为客户介绍企业产品或服务、提供相关咨询、接受客户询问、解决客户问题、处理客户投诉等服务。

客户服务人员服务质量的好坏，直接影响客户对企业的评价，从而影响企业的形象。因此培训组织者需要依据客户服务人员的岗位职责，在参照优秀客户服务人员胜任行为特征的基础上构建客户服务人员岗位胜任素质模型，分析客户服务人员现有能力与岗位胜任能力之间的差距，并根据差距制订客户服务人员的培训课程。

2. 客户服务类岗位培训的课程设置

客户服务类岗位的特点决定客户服务人员的培训内容主要是服务意识、服务技巧、职业素养、职场礼仪等。根据客户服务人员的主要工作内容，结合该岗位对任职人员的素质要求，并参照该岗位优秀人员的行为表现，从技能/能力、知识、职业素养三个方面，构建客户服务人员的岗位胜任素质模型，具体内容如下。

（1）技能/能力：主要是服务意识、服务技巧、沟通能力、解决问题能力、表达能力等。

（2）知识：主要是企业知识、产品知识、职场礼仪知识等。

（3）职业素养：主要是亲和力、客户意识、敬业精神等。

参考以上客户服务人员的岗位胜任素质模型，制订客户服务类岗位培训的课程。具体内容如表11-9所示。

表11-9　客户服务类岗位培训的课程

课程模块	课程内容
服务意识	服务意识
服务技巧	服务技巧
职业素养	职业素养
职场礼仪	职场礼仪
沟通技巧	高效沟通
情绪管理	如何控制情绪
企业文化	企业文化、团队建设

3. 客户服务类岗位培训的注意事项

客户服务类岗位培训需要注意的是，要在培训过程中培养客户服务人员的服务意识，需要基于提高客户服务人员的服务水平设置培训课程，建立培训系统。

客户服务看似很简单，但是要不断为客户提供热情周到、高质量的客户服务却很难。因为客户服务人员每天要面对各种各样的客户，每个客户的性格、喜好、身份存在很大差异，所以要针对不同的客户采用不同的服务技巧，因此在实施客户服务类岗位培训时要注意服务技巧的培训，主要是从接待客户、理解客户、打动客户、满足客户和留住客户五个阶段全面掌握服务技巧。

11.6.3　质量管理类岗位培训的实施

质量管理岗位培训主要是基于质量管理岗位胜任素质模型进行培训需求分析，根据培训需求制订培训计划，开展培训管理工作，并做好训后评估，不断完善质量管理培训管理工作的过程。

岗位胜任素质模型可以帮助培训组织者明确质量管理人员的培训需求，按照岗位胜任素质模型中质量管理人员的素质要求设置相关的培训课程，通过质量管理岗位培训提升质量管理者的质量管理能力，进而达到提升企业质量管理效率的目的。

1. 质量管理类岗位的特征

质量管理是企业内部建立的、为保证企业产品质量所做出的系统的质量活动。质量管理人员的主要工作内容是对企业设计、研发、生产、检验、销售等生产过程进行质量管理。

质量管理人员的质量管理能力，决定了质量管理人员对企业产品质量的管控能力，从而影响企业产品的质量。因此培训组织者需要依据质量管理者的岗位职责，在参照优秀质量管理者胜任行为特征的基础上构建质量管理岗位胜任素质模型，分析质量管理者现有能力与岗位胜任能力之间的差距，并根据差距制订质量管理者的培训课程。

2.质量管理类岗位培训的课程设置

质量管理类岗位的特点决定质量管理者的培训内容主要是计划能力、组织能力、实施能力和控制能力等。根据质量管理者的主要工作内容，结合该岗位对任职人员的素质要求，并参照该岗位优秀人员的行为表现，从技能/能力、知识、职业素养三个方面，构建质量管理者的岗位胜任素质模型，具体内容如下。

（1）技能/能力：主要是计划能力、组织能力、实施能力、控制能力、沟通能力、发现问题及解决问题能力、决策能力等。

（2）知识：主要是企业文化知识、管理知识、运营知识等。

（3）职业素养：主要是成就导向、敬业精神、忠诚度等。

参考以上质量管理者的岗位胜任素质模型，制订质量管理岗位培训的课程，具体内容如表 11-10 所示。

表 11-10   质量管理岗位培训的课程

课程模块	课程内容
质量管理	质量管理
精益生产	精益生产
全面设备管理	全面设备管理
物料管理	物料管理
现场管理	卓越现场管理与改善
企业文化	企业文化、团队建设

3.质量管理类岗位培训的注意事项

质量管理类岗位培训需要注意的是，在培训过程中要提高质量管理者质量管理水平，基于企业质量管理体系设置培训课程，建立培训系统。

质量管理体系主要是在质量方面指挥和控制组织的管理体系，包括质量方针及目标、质量标准、质量控制、质量改进等活动。因此质量管理类岗位培训需要注意加强质量管理者质量管理知识与技能的培训。

11.6.4   人力资源管理类岗位培训的实施

人力资源管理类岗位培训主要是基于人力资源管理岗位胜任素质模型进行培训需求分析，根据培训需求制订培训计划，开展培训管理工作，并做好训后评估，不断完善人力资源管理类岗位培训管理工作的过程。

岗位胜任素质模型可以帮助培训组织者明确人力资源管理人员的培训需

求，按照岗位胜任素质模型中人力资源管理人员的素质要求设置相关的培训课程，通过人力资源管理类岗位培训提升人力资源管理者的管理能力，提高企业人力资源效率，实现人力资本最大化。

1. 人力资源管理类岗位的特征

人力资源管理是指人力资源管理者通过招聘、甄选、培训、计酬等管理形式对组织内外相关人力资源进行有效运用，满足组织当前及未来发展的需要，保证组织目标实现与成员发展最大化的一系列活动的总称。

人力资源管理人员的主要工作内容是人力资源规划、招聘管理、培训管理、绩效管理、薪酬福利管理、员工关系管理等。人力资源管理人员的管理能力，决定了人力资源管理人员对人力资源管理的管控能力，从而影响企业的人力资源效率。因此培训组织者需要依据人力资源管理者的岗位职责，在参照优秀人力资源管理者胜任行为特征的基础上构建人力资源管理者岗位胜任素质模型，分析人力资源管理者现有能力与岗位胜任能力之间的差距，并根据差距制订人力资源管理者的培训课程。

2. 人力资源管理类岗位培训的课程设置

人力资源管理类岗位的特点决定人力资源管理者的培训内容主要是计划能力、组织能力、协调能力、沟通能力等。根据人力资源管理者的主要工作内容，结合该岗位对任职人员的素质要求，并参照该岗位优秀人员的行为表现，从技能/能力、知识、职业素养三个方面，构建人力资源管理者的岗位胜任素质模型，具体内容如下。

（1）技能/能力：主要是计划能力、组织能力、协调能力、沟通能力、决策能力等。

（2）知识：主要是企业文化知识、人力资源管理知识、企业管理知识等。

（3）职业素养：主要是亲和力、敬业精神、忠诚度等。

参考以上人力资源管理者的岗位胜任素质模型，制订人力资源管理岗位培训的课程。具体内容如表 11-11 所示。

表 11-11　人力资源管理岗位培训的课程

课程模块	课程内容
人力资源规划	人力资源规划、战略管理
招聘管理	招聘管理
培训管理	培训管理
绩效管理	绩效管理
薪酬管理	薪酬管理

续表

课程模块	课程内容
员工关系管理	员工关系管理
企业管理	企业管理
沟通技巧	沟通技巧
企业文化	企业文化

3. 人力资源管理类岗位培训的注意事项

人力资源管理者往往是企业组织变革的实施者和推动者，因此人力资源管理类岗位培训需要注意的是，在培训过程中，应在人力资源管理六大模块基础知识培训课程的基础上，加强最新的人力资源管理理论与知识的培训，培养人力资源管理者的前瞻性与洞察力。同时不仅要注意提高人力资源管理能力，还要进行企业管理知识的培训，如战略管理、时间管理等管理知识。

11.6.5 财务管理类岗位培训的实施

财务管理类岗位培训主要是基于财务管理岗位胜任素质模型进行培训需求分析，根据培训需求制订培训计划，开展培训管理工作，并做好训后评估，不断完善财务管理培训管理工作的过程。

岗位胜任素质模型可以帮助培训组织者明确财务管理岗位人员的培训需求，按照岗位胜任素质模型中财务管理人员的素质要求设置相关的培训课程，通过财务管理岗位培训提升财务管理者的管理能力，进而达到提升企业资本运营效率的目的。

1. 财务管理类岗位特征

财务管理主要是企业资产的购置（投资）、资本的融通（筹资）和经营中现金流量（营运资金）以及利润分配的管理。其目的主要是实现企业产值最大化、利润最大化、股东财富最大化及企业价值的最大化。

财务管理人员的财务管理能力，决定了财务管理人员对企业资产的管控能力，从而影响企业资产的运营效率。因此培训组织者需要依据财务管理者的岗位职责，在参照优秀财务管理者胜任行为特征的基础上构建财务管理者岗位胜任素质模型，分析财务管理者现有能力与岗位胜任能力之间的差距，并根据差距制订财务管理者的培训课程。

2. 财务管理类岗位培训的课程设置

财务管理类岗位的特点决定财务管理者的培训内容主要是数据分析与处理

能力、逻辑能力、财务管理能力等。根据财务管理者的主要工作内容,结合该岗位对任职人员的素质要求,并参照该岗位优秀人员的行为表现,从技能/能力、知识、职业素养三个方面,构建财务管理者的岗位胜任素质模型,具体内容如下。

（1）技能/能力：主要是数据分析能力、数据处理能力、逻辑能力、沟通能力等。

（2）知识：主要是企业文化知识、财务知识、国家法律法规等。

（3）职业素养：主要是职业操守、保密意识、敬业精神、忠诚度等。

参考以上财务管理者的岗位胜任素质模型,制订财务管理类岗位培训的课程。具体内容如表 11-12 所示。

表 11-12　财务管理岗位培训的课程

课程模块	课程内容
国家法律法规	国家法律法规
财务管理	财务管理
财务软件操作	财务软件操作
数据分析	数据分析
逻辑能力	逻辑能力
沟通技巧	沟通技巧
企业文化	企业文化、团队建设

3. 财务管理类岗位培训注意事项

财务管理类岗位培训需要注意的是,在培训过程中除了提高财务管理者的财务管理能力,还需要加强财务管理者的职业道德培训。我们在以往的财务管理者培训中往往关注的是财务管理者财务技能的提升,但是却忽视了财务管理者的职业道德及职业素养的提升。因为财务管理岗位的特殊性,主要是进行企业资金、资产的管理,所以需要注意在职业道德方面的培训。

11.6.6　行政管理类岗位培训的实施

行政管理类岗位培训主要是基于行政管理岗位胜任素质模型进行培训需求分析,根据培训需求制订培训计划,开展培训管理工作,并做好训后评估,不断完善行政管理培训管理工作的过程。

岗位胜任素质模型可以帮助培训组织者明确行政管理人员的培训需求,按照岗位胜任素质模型中行政管理人员的素质要求设置相关的培训课程。行政管理类岗位培训目的是提升行政管理者的行政管理能力,通过各种行政管理手段有效地组织企业生产经营活动,保证企业生存发展目标的顺利实现。

1. 行政管理类岗位的特征

企业行政类管理主要是依据企业规章制度对企业进行职能性管理的总和。行政管理人员的主要工作内容是进行行政事务管理、办公事务管理、会议管理、固定资产管理、车辆管理、安全卫生管理等。因此培训组织者需要依据行政管理者的岗位职责，在参照优秀行政管理者胜任行为特征的基础上构建行政管理者岗位胜任素质模型，分析行政管理者现有能力与岗位胜任能力之间的差距，并根据差距制订行政管理者的培训课程。

2. 行政管理类岗位培训的课程设置

行政管理类岗位的特点决定行政管理者的培训内容主要是计划能力、组织能力、执行能力、沟通能力、信息收集与处理能力等。根据行政管理者的主要工作内容，结合该岗位对任职人员的素质要求，并参照该岗位优秀人员的行为表现，从技能／能力、知识、职业素养三个方面，构建行政管理者的岗位胜任素质模型，具体内容如下。

（1）技能／能力：主要是计划能力、组织能力、执行能力、沟通能力、信息收集与处理能力等。

（2）知识：主要是企业文化知识、管理知识、行政管理知识等。

（3）职业素养：主要是亲和力、职场礼仪、敬业精神、忠诚度等。

参考以上行政管理者的岗位胜任素质模型，制订行政管理类岗位培训的课程。具体内容如表11-13所示。

表 11-13　行政管理岗位培训的课程

课程模块	课程内容
计划管理	计划管理
组织与协调	组织与协调
会议管理	会议管理
执行力	执行力
信息管理	信息管理
沟通技巧	高效沟通
企业文化	企业文化、团队建设

3. 行政管理类岗位培训的注意事项

企业行政管理工作可以说是千头万绪、纷繁复杂。企业行政管理者每天都面临着大量的、琐碎的、不起眼的事务，他们作为企业信息的"宣传员"、监督执行的"监督员"、提供行政服务的"服务员"、企业情况的"调研员"，存在着多种角色的转换，因此在行政管理者的培训过程中不仅要提高行政管理者的管理水平，更要注重思想素质与心理素质的培训，做好行政管理者的心态调整。

【实战案例】某企业销售类岗位培训的课程设置

国内某大型 A 股集生产与销售于一体的上市企业，培训管理部门将销售部销售人员的岗位类别分成初级销售代表、中级销售代表、高级销售代表三类，不同的岗位类别对应着不同的岗位权责、岗位待遇和培训需求。他们在企业内部对应的人员类别和评定方式如表 11-14 所示。

表 11-14　某企业三类销售代表岗位对应人员类别

岗位类别	人员类别划分
初级销售代表	入职年限 3 年以下 销售业绩至少 2 年在 C 级及以上
中级销售代表	入职年限 3～10 年 销售业绩至少 5 年在 C 级及以上
高级销售代表	入职年限 10 年以上 销售业绩至少 8 年在 C 级及以上

对这三类销售岗位的课程设置如表 11-15 所示。

表 11-15　某企业三类销售代表培训的课程设置

	初级销售代表	中级销售代表	高级销售代表
培训课程	工作流程与工作标准	销售人员自我管理	从销售到管理
	客户档案与客户维护	顾问式人客户销售训练	区域管理技巧
	专业销售程序与技巧	专业谈判技巧	专业辅导技巧
	销售演说技巧	大客户管理技巧	销售过程管理
	专业销售员的素质要求	微观市场分析与市场计划	如何主持销售会议
	团队合作	消费者行为与销售心理	销售队伍管理
	异议处理与成交技巧	产品策划与市场推广	市场营销管理
	竞争销售	品牌定位与广告原理	渠道与经销商管理
	目标与计划管理	专业解决问题技巧	协同拜访技巧
	时间管理技巧	职业生涯发展规划	TTT（培训培训师的培训）

第 12 章

如何实施员工职业发展管理

许多员工在企业工作一段时间后，因为个人职业发展的问题而辞职，有的员工到了别的企业获得职业上的晋升，有的员工到别的企业获得能力上的发展，而这些员工职业发展上的诉求原本可以被企业管理和满足。做好员工的职业发展管理，能够有效促进员工能力的发展，激发员工的工作热情，提高员工满意度，降低员工流失率。

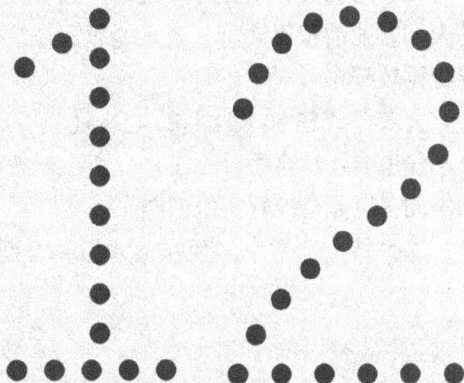

12.1 员工职业发展管理基础

员工和企业之间表面上看是雇佣关系，但实质是合作关系。员工帮助企业实现目标，企业也帮助员工实现他职业发展的需求。员工职业发展管理是企业将员工的职业发展与个人能力提升通过岗位、绩效、胜任力模型评估、人才晋升发展、人才激励等模块与企业的组织能力提升、绩效达成连接在一起，从而促成员工与企业的双赢。

12.1.1 员工职业发展的阶段

所谓职业生涯，指的是一个人一生工作经历所包括的一系列的行为活动。一个人的职业生涯可以分成四个发展阶段，如图 12-1 所示。

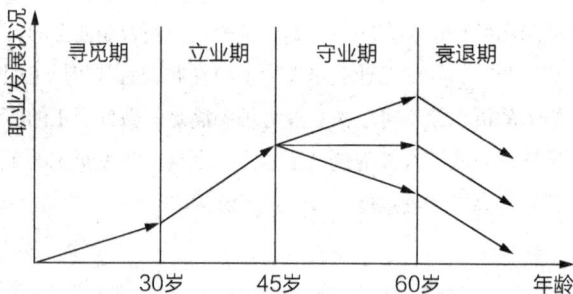

图 12-1 职业发展阶段

通常 30 岁以前是寻觅期，属于初期职业发展阶段。人们在这个阶段逐渐了解和接触到各类职业，并逐渐开始寻找到适合自己的职业或组织。这个时期是人们事业的积累期。一般人的职业在这个时期都是稳步上升的，但是上升的幅度比较缓和。

大部分人在 30 岁之前，心智还没有成熟，这时并不知道自己想要什么，也不知道自己适合做什么工作。所以一般处在这个时期的人职业上会有不稳定的倾向，可能会换好几份工作。

这种特点通常也体现在人才招募方面，一般 30 岁以下的人，他们的职业稳定性相对较差，可能会在这段时期频繁地尝试，频繁地换工作。所以企业要特别注意这个年龄段员工的职业诉求。企业最好能够帮助员工在30岁以前确立自己的职业发展定位和方向。

30～45岁是立业期，属于人生中期的职业发展阶段。在这个阶段，人们在组织中开始逐渐确立了自己的位置，逐渐明确了自己的发展方向，并沿着这个方向发展。立业期是人们职业上的快速成长期。在这个时期，人们的事业会得到比前一个时期更快速的发展。

45～60岁是守业期，属于人生后期职业发展阶段。在这个阶段，人们开始对中期的职业发展进行检讨，并开始面临职业生涯未来的选择，可以继续维持自己的成就，可以继续发展自己的事业，也可以选择职业衰退。人们常说的"长江后浪推前浪"中的"前浪"指的就是这个时期的人。

60岁以上是衰退期，属于人生末期职业发展阶段。在这个阶段，人们可以选择继续留在组织中做贡献，维护在组织中的自我价值，也可以选择退休，离开职场，开始自己新的生活。

一般来说，30～45岁的职场人，比30岁以下职场人的职业稳定性高，45～60岁的职场人比30～45岁职场人的职业稳定性高。原因是年龄的增长、心智的成熟、对现状的接受以及生活的压力让年龄越长的人越不敢随意改变职业。

对于30岁以下的员工，培训管理者可以多给他们提供一些职业发展、引导相关的培训；对于30～45岁的员工，培训管理者可以多给他们提供一些职业技能提升相关的培训；对于45岁以上的员工，培训管理者要根据员工职业是继续成长、平缓还是下降分类别为其提供不同的培训。

员工的职业生涯周期在招聘管理、薪酬管理、绩效管理、福利管理和员工关系管理等人力资源管理模块上也有丰富的应用。不同年龄段的员工诉求不同，他们工作的主观能动性不同，对薪酬的渴望和重视程度不同，对绩效的感受不同，对福利的要求不同，对企业与自己关系的感受也不同。

12.1.2　员工职业发展的晋升流程

通用的员工职业发展的晋升流程如图12-2所示。

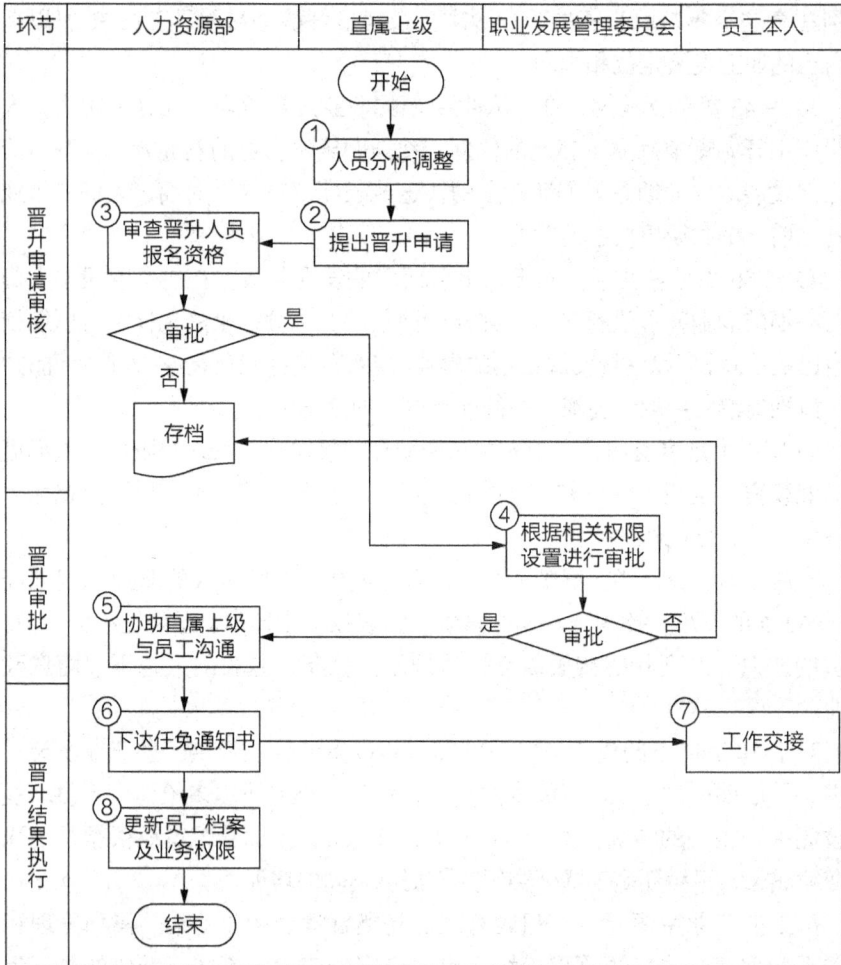

图 12-2　通用晋升流程

晋升流程中的工作描述、重要的输出与输入等如表 12-1 所示。

表 12-1　晋升流程描述及输入输出

流程步骤	工作内容的简要描述	重要输入	重要输出
1	部门经理根据人员规划、岗位设置、现有人员技能水平分析现有人员的合理配置	人员规划岗位设置现有人员技能清单	排出现有人员晋升优先次序

续表

流程步骤	工作内容的简要描述	重要输入	重要输出
2	根据业务发展需求和人员能力水平及职业发展目标提出晋升申请	个人发展计划个人绩效承诺专业能力认证	晋升申请
3	人力资源部根据晋升要求审查晋升提名人员的资格	个人绩效承诺专业能力认证业务需求人员规划其他晋升要求岗位空缺状况	合格的晋升候选人名单
4	根据晋升人员的级别按权限划分由总监/副总/总裁进行审批	合格的晋升候选人名单其他考虑要素	审批结果
5	人力资源部协助部门经理就审批结果与员工进行面谈沟通，解答困惑和进行晋升前的首次就职辅导		
6	人力资源部下达任免通知书	晋升审批结果	任免通知书
7	员工按需进行履任新职的工作交接		
8	人力资源部办理相关晋职手续，更新员工档案及相应的管理权限	任免决定	档案权限更新

12.1.3　员工职业发展方向的转换

职业发展过程离不开岗位的转换。当人们从事某一岗位达到某个节点时，必然会面临岗位转换，或得到晋升，或被迫降职，或调整到其他岗位有一个全新的开始。一般在企业中，长期从事某一岗位没有任何转换，则代表个人职业发展的停滞不前。

对于职业发展和转换，很多人会有一种朴素的误解，认为职业发展只有一个方向、一条路径，那就是升职加薪。他们认为人只有升职加薪，才代表着职业上得到了发展。其实，职业发展可以选择的方向非常广泛。员工可以向上晋升到更高的职位，可以向内达到更专业的水平，可以转换到其他的职位，也可以向外寻找兼职或者获得职业生涯的平衡。职业发展的四个角度如图12-3所示。

在职业发展的四个角度中，高度就是传统观点认为的"升职"路线。这种职业发展路线适合具备"成就导向"或者具备管理潜质的职场人。这类职场人期望通过自己的能力来兑换价值，崇尚努力后从职位变化来衡量努力后的结果。

深度是追求专业领域精深的角度。有的职场人天生不愿意领导或管理别人，职位上的提升不适合这类人。但是他们愿意通过持续提高

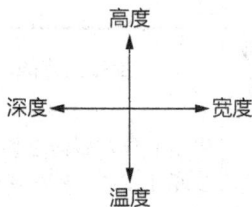

图 12-3　职业发展的四个角度

自己专业领域内的能力，成为优秀的专家顾问或咨询师。

宽度是追求尝试多种职业的角度。有的职场人既不喜欢比较高的职位，也不喜欢专业上的精深，他们喜欢新鲜的感觉，喜欢尝试不同的职业。就像有些人喜欢旅行，去不同的国家，见识不同的文化，欣赏不同的风景。

温度是追求安全感的角度。有的职场人不想把过多的时间和精力用在职业的发展上。他们把职业定位成一个养家糊口的工具，职业只需要给他们基本的安全感就好了。他们更期望把时间和精力用在非工作的事情上，比如家庭生活、兴趣爱好、社群活动等。

《西游记》取经团队中几位主人公不同的性格就较好地体现出不同的人在这四个角度中的不同诉求。

孙悟空是偏向于追求高度的人，他自封为齐天大圣，觉得天底下没有比他更大的官；唐僧是偏向于追求深度的人，他淡泊名利，期望普度众生；猪八戒是偏向于追求宽度的人，他总是喜欢新鲜的事物；沙和尚是偏向于追求温度的人，师徒的温情和团队的安全感就能让他满足。

人力资源管理者在给员工设计职业发展或转换的方向时要注意员工的诉求偏向于哪个方向。对于不同的员工，有针对地为其设计职业发展或转换方向，并提供指导及建议。

【举例】

从事会计岗位的小刘已经工作5年了，平时工作很努力，获得了领导和同事的一致好评。但是，从事这个岗位时间久了，她感到有些苦闷，她隐约感觉到自己不想再做会计工作，希望自己未来有更长远的职业发展。

可是，对于未来都有哪些方向可以走她自己并不清楚，问了家人、朋友和周围的同事也都不能帮她厘清头绪。为此，她很苦恼，于是找到了企业的 HR 小王，小王利用职业生涯多角度的工具，帮她梳理了职业发展可选的方向，并让她对照着不同的方向，根据自身的情况做出选择。

（1）在高度上，她可以选择的路径为财务经理、财务总监、副总、总经理等在职位上逐渐提高的管理岗位。

（2）在深度上，她可以选择的方向有高级审计师、高级会计师、投资理财顾问、财务顾问等专业性较强、专业更深入的技能型岗位。

（3）在宽度上，她可以选择变换岗位，与其专业相关的有出纳、理财专员、财务培训、财务产品销售等岗位，如果不想再从事与财务相关的岗位，可以考虑其他岗位从零开始。

（4）在温度上，她可以选择的方向有更重视家庭时间的投入、通过业余时间旅游散心、培养一些业余爱好、利用业余时间炒股理财等。

12.2 员工职业发展管理的工作重点

企业能吸引并留住员工的关键因素之一是为员工创造环境和条件，使员工在获得物质回报的同时，拥有良好的职业发展机会，得到自我实现。要做好员工职业发展管理，企业需要明确员工职业发展的工作任务，建立员工职业发展的管理机构，设计员工职业发展通道，创造员工职业发展的生态系统。

12.2.1 员工职业发展管理的工作任务

企业要做好员工职业发展管理工作，首先必须明确为员工提供职业发展管理的工作任务是什么。也就是说，企业实施员工职业发展管理的目的是什么：是为了解决员工离职率过高的问题，是为企业开展员工培训提供依据，还是通过员工职业发展管理了解员工的情况、寻找优秀人才？

企业只有明确了目的和工作任务之后，才能围绕其开展工作，否则很可能做无用功。企业进行职业发展管理的工作任务一般包括如下四类。

1. 设定有效、合理的职业生涯目标

这项工作任务通常由人力资源管理者或者员工的管理者和员工共同完成。这里需要注意，切忌制订过高的职业目标，因为过高的目标会让员工胆怯，会让其退缩。当目标达不成的时候，员工可能会受到打击，失去自信心，从而影响员工积极性。当然，目标过低同样有问题，如果目标很容易完成，员工就会觉得没有挑战性，从而会失去兴趣，起不到激励的作用。

职业目标的设计可以参考绩效管理目标的设计思路，设计一个对于员工有一定难度，需要员工"跳跳脚、伸伸手"才能够得到的目标，而且，目标要可实现、

可预测。比如企业为刚毕业进入人力资源部担任招聘专员的员工设计职业发展规划时，可以为其设计在 3 年后做到招聘主管岗位。这个目标看起来能实现，但需要员工持续学习和提升才能实现。

如果员工设定的职业目标是 3 年后做到人力资源部经理的职位，这就相对比较困难。要实现这个目标并不是做不到，但是难度较大。如果员工设定的职业目标是 3 年后做到人力资源总监的职位，这就显得有些不切实际了。

2. 追求员工发展与组织发展的协调

这项工作任务要求企业在开展员工职业发展管理的时候要实现企业和员工的同时发展。员工因为职业发展问题离开企业的原因有很多，但是大多数出于如下两方面的原因。

（1）员工发展过快，但是企业已经不能提供给他足够的发展空间，他为了个人发展寻求更好的平台。

（2）企业快速发展，而员工没有跟着企业一起快速成长，不能满足企业岗位的要求。

企业做员工职业发展管理的时候，要结合企业的发展目标和发展情况帮助员工设计职业生涯规划，让企业的发展和员工的成长尽可能保持步调一致。

3. 全面、有效、客观地评估工作绩效

这项工作任务需要企业和员工进行公开、客观的沟通，帮助员工正确认识自己的实际情况，避免片面和主观的工作绩效评价。

很多时候，企业在进行工作绩效沟通过程中，经常由于不好意思、考虑员工的面子、担心员工承受不了、打击员工积极性等原因，会在评估员工工作情况时予以美化，或是只着重提出员工的优点和业绩，而忽视员工的缺点或是不足。虽然这样沟通会很愉快，但是实际上并不利于员工的个人成长。所以企业一定要重视这种情况，对员工的工作绩效评价需要全面客观。

4. 评估企业员工职业发展的达成情况

这项工作任务主要是通过员工职业生涯规划的实施对企业员工职业发展的达成情况进行评估，让企业了解目前员工的实际情况，并且能够寻找出那些在企业中进步快、发展好、绩效高的员工，把他们作为企业的"种子选手"，进行重点关注和培养，使其成为企业继任者的候选人。对于那些工作业绩不好、工作消极的员工要及时应对，减少其对企业的损害。

12.2.2　员工职业发展管理的机构

明确了企业对员工职业发展管理的工作任务后，为了顺利实施职业发展管理，接下来企业要围绕工作任务进行员工发展管理工作职责的划分。员工职业发展管理不是员工一个人的事，也不是人力资源部一个部门的工作，而是企业各部门都要共同参与的工作。要做好员工职业发展管理，离不开企业决策层的支持、各部门的积极配合，以及员工本人的积极参与。

人力资源部负责员工职业发展的归口管理。企业可以把员工职业发展管理看作是一个项目。人力资源部要像项目经理一样，组织各项目参与人承担各自的责任，同时进行时间节点的把控和工作进展的推进。在企业员工职业发展管理方面有四个主要角色，它们的机构组成和关键职责内容如下。

1. 职业发展管理委员会

职业发展管理委员会的人员组成包括总经理、副总、人力资源部以及关键部门的负责人等。它在员工职业发展管理中起到了决定者的角色，需要把控整个管理的方向，同时执行最终审批决策，主要职责如下。

- 确定企业职业发展管理的方向和策略。
- 审批职业发展管理体系的管理办法、流程等制度性文件。
- 支持和推动职业发展管理体系的建设和持续优化工作。
- 下设职业发展执行委员会，进行能力认证工作。

对于没有成立职业发展管理委员会的企业，这一角色可以直接由总经理担任。

2. 人力资源部

人力资源部是员工职业发展管理的发起者、倡导者、组织者，作为员工职业发展管理的负责人对整个项目负责，主要职责如下。

- 拟定职业发展管理体系的管理办法、流程等制度性文件。
- 为各事业部推行职业发展管理体系提供培训、指导、监督、政策解释等支持。
- 及时向员工传达岗位空缺信息。
- 汇总、整理有关问题，对职业发展管理体系进行分析、研究，制订改进措施。
- 不断优化职业发展管理体系。
- 建立职业发展管理体系档案。

3. 直属上级

员工的直属上级是员工职业发展管理的参与者、辅导者。项目的成功离不开各部门的支持，整个项目过程需要各部门配合员工职业生发展工作，直属上级的主要职责如下。

- 参与员工职业发展相关制度的讨论，提出意见或建议。
- 提供员工职业发展需要的相关数据。
- 向员工准确传递不同职业发展通道的相互关系，帮助员工确定合理的职业发展路径。
- 充当员工职业发展辅导顾问，为其职业发展目标的设定和个人发展计划的制订提供指导和建议，帮助其制订现实可行的规划目标。
- 对员工的绩效和能力进行评价，并反馈给员工本人，帮助其制订进一步的个人发展计划。

4. 员工本人

作为员工职业发展管理中的最小单位，也是员工发展管理中最重要的主体，员工本人的主要职责如下。

- 遵守员工职业发展管理制度。
- 积极配合企业进行自我评估。
- 根据个人实际情况，设定个人职业发展目标。
- 制订相应的个人发展计划，并在实践中不断修正。
- 具体执行个人发展计划。

只有各方参与、各司其职，企业才能做好员工职业发展管理工作。任何一方推诿、敷衍，都会影响到员工职业发展管理工作的实施。

12.2.3 员工职业发展通道的设计

不同的企业有不同的员工职业发展通道和职业发展路径，通用的企业职业发展通道如图 12-4 所示。

管理类通道，适用于企业的各类人员；业务类通道适用于从事市场销售的人员；技术类通道适用于从事技术工作的人员；操作类通道适用于生产车间的人员。

不同的企业可以根据通用的职业发展通道设计适合自己企业的职业通道。企业在设计职业发展通道时要注意两个问题：一是条件和标准要明确，避免模棱两可的情况；二是条件和标准要符合企业的实际情况。

在职业发展过程中，如果员工想要转换职业发展通道寻求横向晋升，一般情况下必须参加想要转换的序列的岗位培训，拥有该岗位要求的相关技能，并通过部门的面试。当员工选择继续留在本职业领域晋升时，需要参加晋升岗位的相关培训，并通过部门的考核。

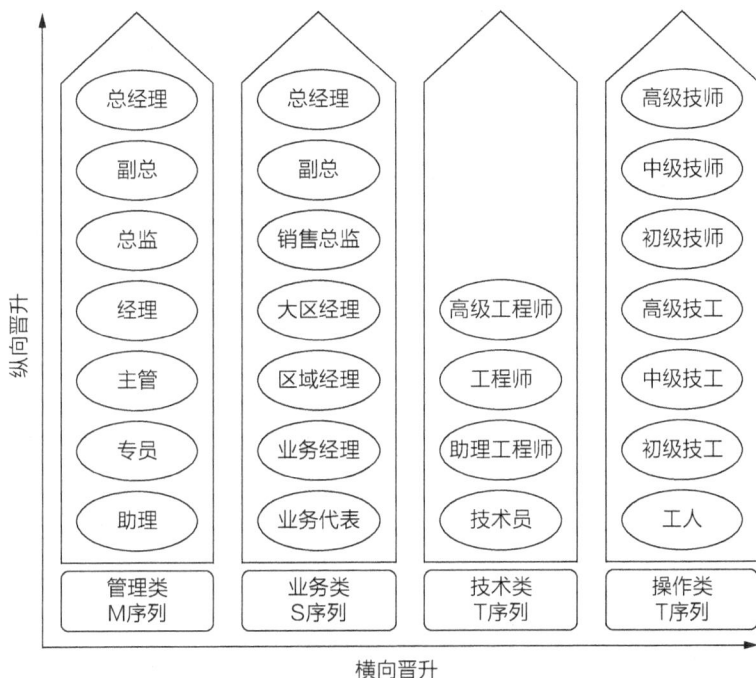

图 12-4　通用职业发展通道

12.2.4　员工职业发展管理生态系统

很多企业的员工职业发展管理工作都存在形式化、落地难的问题。除了没有明确工作任务、缺少管理机构和职业发展通道之外，还在于企业把职业发展管理和人力资源管理工作分割开来，变成了一项单独的工作。

其实员工的职业发展管理工作是人力资源管理系统中的一部分，通过平衡企业发展需要、员工发展需要以及人力资源管理的各模块，员工职业发展管理应当成为企业管理生态环境中的一部分，成为人力资源管理生态系统中的一环。

员工职业发展管理与人力资源管理生态系统的构建模型如图 12-5 所示。

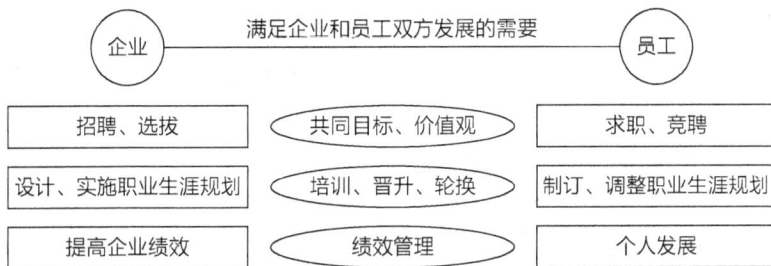

图 12-5　员工职业发展管理与人力资源管理生态系统的构建模型

在员工职业发展管理的生态中，企业要明确员工职业发展的前提，也就是员工的职业发展应当和企业的发展相匹配和适应，员工职业发展管理应当满足企业和员工双方发展的需要。同时，要让员工职业发展管理成为整个人力资源管理体系的一环，和人力资源管理的其他模块形成匹配。

企业在招聘管理的过程中，要招聘、选拔出与企业有共同目标、价值观的员工。企业很容易在招聘员工时，只考察员工能不能胜任工作，而忽略了员工的个人发展目标。造成的结果往往是员工很优秀，并且能够出色地胜任工作，但可能一年甚至几个月之后，员工就离职了。这时企业不但失去了一位优秀的员工，还可能为竞争对手培养了人才。

在员工入职之后，企业要建立员工职业发展的档案，并通过对各类员工职业生涯发展进行评估和设计，建立与员工职业生涯管理相配套的培训管理体系。按照员工发展的目标，参照企业培训课程体系，为员工量身打造培训计划方案。

通过让员工参加企业培训、外出学习等方式，提升员工的专业知识、岗位技能等，并为员工提供晋升和轮岗的机会，让员工找到更适合自己发展的位置，从而激发员工的潜能、提升员工的价值。

通过绩效管理对员工每一阶段的工作进行绩效评估，了解员工的工作业绩，帮助员工寻找绩效方面的问题及产生问题的原因，提供改进意见。员工可以通过改进绩效的行动，不断调整职业发展规划方案，实现个人绩效提升的同时提高企业绩效。

做好员工的职业发展管理工作，绝不只是做好员工职业发展规划就可以，还需要企业做好人力资源管理其他模块的工作，建设员工职业发展管理的生态系统。

12.3 如何帮助员工确定职业方向

几乎每个员工都期望在职业上有所发展，但并不是每个员工都清楚该如何选择适合自己的职业。对此人力资源管理者可以帮助员工测评职业兴趣及适合员工的职业，通过匹配与分析，帮助员工寻找职业锚并选择适合他的职业。

12.3.1 员工职业兴趣测评的方法

职业兴趣测试是心理测试的一种，是通过测评技术，定位出一个人最感兴趣、最能够得到满足感的职业类型。因为能够实现量化，同时又有一定的理论支撑和数据支持，职业兴趣测试在员工职业发展规划中起着至关重要的作用。

在职业兴趣测评领域，最常用的是"霍兰德人格与职业兴趣测试"。它最早是由美国约翰·霍普金斯大学的心理学教授、美国著名的职业指导专家约翰·霍兰德（John Holland）编制的。霍兰德认为人的人格类型、兴趣与职业密切相关，兴趣是人们活动的巨大动力，凡是个人感兴趣的职业，都可以提高其积极性，促使个人积极地、愉快地从事该职业，且职业兴趣与人格之间存在很高的相关性。

霍兰德理论的核心假设是人根据其人格可以分为六个类别，分别是现实型（realistic）、研究型（investigative）、艺术型（artistic）、社会型（social）、企业型（enterprising）、传统型（conventional）。霍兰德测评结果分类如图12-6所示。

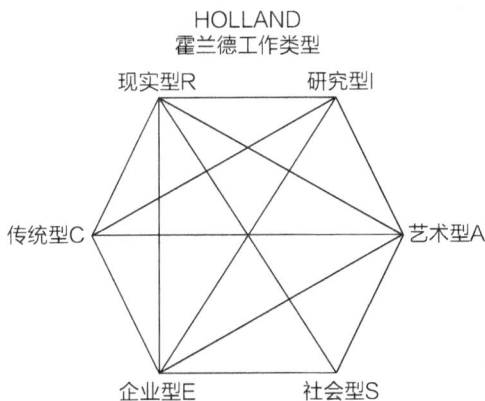

图12-6　霍兰德测评结果分类

现实型人格（R）的特点是：愿意使用工具从事具备操作性特点的工作，动手能力较强，做事手脚灵活，动作协调；偏好于具体的任务，不善言辞，做事保守，较为谦虚；缺乏社交能力，通常喜欢独立做事。

适合现实型人格（R）的典型职业是：喜欢使用工具、机器，需要基本操作技能的工作，对要求具备机械方面才能、体力劳动的工作或从事与物件、机器、植物、动物、运动器材、工具相关的职业有兴趣，并具备相应能力。比如计算机硬件人员、摄影师、制图员、机械装配工等技术性职业，木匠、厨师、技工、修理工、农民、一般劳动等技能型职业。

研究型人格（I）的特点是：抽象思维能力强，求知欲强，肯动脑，善思考，不愿动手，往往是思想家而不一定是实干家；喜欢独立和富有创造性的工作；考虑问题理性，做事喜欢精确，喜欢逻辑分析和推理，喜欢不断探讨未知的领域；有学识才能，不善于领导他人。

适合研究型人格（I）的典型职业是：抽象的、智力的、独立的、分析的、定向的工作；对要求具备智力或分析才能，并将其用于观察、估测、衡量、形成理论、最终解决问题的职业有兴趣，并具备相应的能力。比如计算机编程人员、科学研究人员、医生、教师、工程师、系统分析员等。

艺术型人格（A）的特点是：具有一定的艺术才能和个性，喜欢创造新颖的、与众不同的成果，具备创造力，希望通过表达个性实现自身的价值；做事较理想化，可能不重实际地追求完美；善于表达，不善于事务性工作，有些怀旧，心态往往较为复杂。

适合艺术型人格（A）的典型职业是：需要一定的创造力、艺术修养、直觉和表达能力，并将其用于声音、语言、行为、颜色、形式、审美、思索和感受的工作。比如作曲家、乐队指挥、歌唱家等音乐方面的工作，诗人、剧作家、小说家等文学方面的工作，导演、演员、广告制作人、艺术设计师、建筑师、雕刻家、摄影家等艺术方面的工作。

社会型人格（S）的特点是：寻求广泛的人际关系，喜欢与人交往，不断结交新的朋友；善言谈，喜欢助人，愿意教导别人；比较看重社会道德和社会义务，关心社会问题，渴望发挥自己的社会作用。

适合社会型人格（S）的典型职业是：喜欢与人打交道的工作，能够不断结交新的朋友，希望从事关于帮助、启迪、提供信息、治疗或培训与开发等事务工作，并具备相应能力。比如咨询人员、公关人员等社会方面的工作，教师、教育行政人员等教育方面的工作。

企业型人格（E）的特征是：追求权威、权力、物质财富，具备一定的领导才能；敢于冒险，喜欢竞争，有野心、有抱负；为人务实，目的性很强，习惯以利益、得失、金钱、地位、权力等来衡量价值。

适合企业型人格（E）的典型职业是：喜欢要求具备经营、管理、领导、监督和说服才能的工作，对具体的、经济的、务实的等目标性较强的工作感兴趣，并具备相应的能力。比如企业领导、营销人员、项目经理、法官、律师等。

传统型型人格（C）的特点是：喜欢按计划办事，尊重权威和规章制度，有条理、细心，不主动谋求领导职务，习惯接受他人的指挥和领导；通常较为谨慎和保守，不喜欢冒险和竞争，缺乏创造性，喜欢关注实际和细节情况，富有一定的自我牺牲精神。

适合传统型人格（C）的典型职业是：喜欢要求精确度、注意细节、有系统、有条理的工作，对归档、记录、按特定程序或要求组织文字和数据等类工作感兴趣，并具备相应能力。比如记事员、秘书、行政助理、会计、图书馆管理员、出纳等。

经过多年的发展，霍兰德的理论不断地丰富和完善。员工工作的满意度、敬业度、流动倾向性与个体的人格特点和职业环境的相关程度比较高。当人格和职业相匹配时，会产生较高的满意度、敬业度和较低的流动率。

企业在员工招聘时，通过对应聘者人格和职业兴趣的测试，可以帮助他判定自己属于哪种人格类型，由此和应聘者就录用职位更好地达成一致。在职业发展中，如果出现员工和职位不匹配的情况，可通过此测试测出员工的职业兴趣，再安排与其职业兴趣相匹配的岗位。

根据霍兰德人格和职业兴趣测试的结果，可以判断出候选人适合的职业方向。个体的人格越靠近社会型（S），其适合的职业类型和"人"越相关；人格越靠近现实型（R），适合的职业类型与"物"越相关；人格越靠近企业型（E）和常规型（C），适合的职业越贴近"实务"；人格越靠近研究型（I）和艺术型（A），适合的职业越贴近"理念"。

霍兰德人格分类及对应的职业方向如图 12-7 所示。

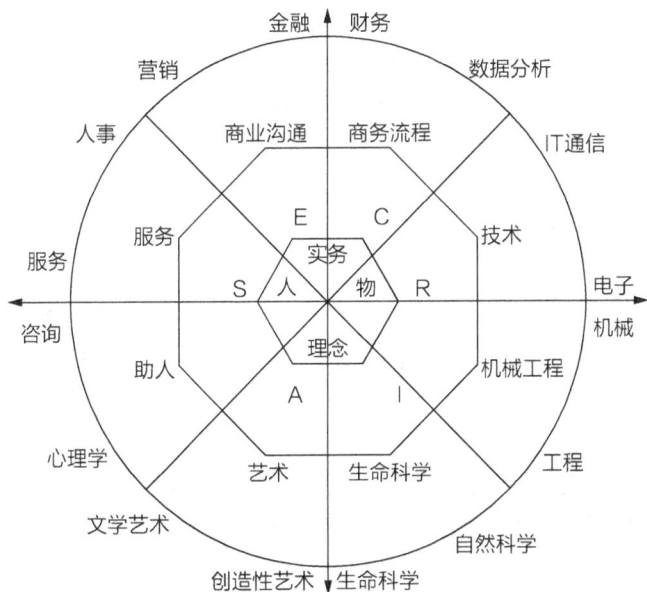

图 12-7　霍兰德人格分类及对应的职业方向

12.3.2　员工职业匹配分析的方法

当员工通过霍兰德测试，寻找到适合自己的某几类岗位时，企业应当和员工一起根据他选择的几个职业类型展开个人优势和劣势的分析。

员工要盘点自身的情况，从自己具备的特质和资源角度入手分析自己和职业的匹配度。拥有或高于其他人的，就是优势；没有或低于其他人的，就是劣势。员工可以从如下几方面进行分析。

1. 知识

员工可以审视自己掌握的概念性或程序性知识是否比别人多。比如人力资源工作者不但要了解人力资源管理的基础知识，还需要通过不断学习，掌握更多先进的人力资源管理理论和知识。

2. 技能

员工可以审视自己是否具备熟练实践、操作的能力优势，比如行政办公室人员对办公软件的操作熟练程度或工人对某种机械操作的熟练程度。

3. 才干

员工可以审视自己天赋方面是否具备一定的竞争优势。比如管理岗位往往要求员工具有领导能力和沟通能力，而有的员工天生在领导和沟通方面具备一定的优势。

4. 性格

员工可以从自身性格方面分析自己是否适应某个领域的发展。比如销售岗位往往要求员工的性格相对比较外向，而财务岗位要求员工性格比较细心严谨。

5. 经验

员工可以从自己在某个领域的经验方面进行分析。比如很多职业领域要求员工具备相关的工作经验，并且要了解行业情况。

6. 硬件

员工可以从自身硬件（资格、认证、证书、准入门槛等）方面进行分析。比如工程类岗位有严格的准入条件，必须具备相关资质；消防验收工作要求员工必须拥有消防相关证书。

7. 资源

员工可以从资源方面进行分析。比如从事招聘岗位的员工是否拥有人际关系资源，从事销售岗位的员工是否拥有客户资源等。

12.3.3 员工价值观与岗位的匹配

企业应当帮助员工确定自己的职业锚——个人通过实际工作经验形成的与自己的能力、动机和价值观相匹配的一种职业定位。

职业锚也可以理解为当人们不得不做出选择的时候，无论如何都不会放弃的对职业的那种至关重要的信念或价值观，也就是人们选择和发展自己的职业时所围绕的中心。企业要根据员工职业兴趣的测试结果，和员工一起找到他的职业锚。

　　个人兴趣对职业发展的选择很重要，价值观同样重要。价值观是个体关于什么是有价值的、值得的一系列信念。它指导个体对行为进行选择与评估，是人们内心的一把尺子，是人们对人生中不同人、事、物重要程度的排列。职业价值观，是人们希望通过工作来实现的人生价值，是人们选择职业的重要因素。它是指个体在不同人生发展阶段所表现出的阶段性的人生价值追求。

　　早在1970年，心理学家舒伯（Donald E. Super）研究开发了职业价值观量表（WVI, work values inventory），将职业价值观分成了15项，分别是利他助人、美的追求、创造性、智性激发、成就感、独立性、声望地位、管理权力、经济报酬、安全感、工作环境、上司关系、同事关系、生活方式、变异性。

　　利用舒伯的职业价值观，我们可以做出职业价值观决策量表，如表12-2所示。

表 12-2　职业价值观决策量表

价值标准（8项）	重要度（1～10）	岗位 1	岗位 2	岗位 3
1				
2				
3				
4				
5				
6				
7				
8				
总分				

　　在面临岗位选择时，我们可以用职业价值观决策量表做岗位的探索和验证，具体方法如下。

　　（1）列出8项自己觉得重要的价值观，填入表格。注意：可以参照但不限于舒伯的15项价值观模型。

　　（2）给价值观的重要度打分，分值为1～10分。

　　（3）罗列自己的岗位选项，一般选择2～3个最想发展的填入表格。

　　（4）为不同岗位选择的价值观满意度打分，分值为1～5分。

　　（5）计算各选项的加权总分。

　　（6）与自己或他人讨论并适当调整分数，得出结论。

举例

　　小李在一家上市企业工作多年，兢兢业业，认真踏实，工作得到了领导和同事的一致认可，目前已经在分公司部门负责人岗位上做了5年时间。集团公司的领导有意提拔他，目前有两个职位空缺，一个是小李所在的分公司副总的岗位，另一个是集团公司某部门的负责人。集团领导找小李谈话后，想征求小李本人的意见，小李回到部门后，考虑了很久也不知该如何抉择，请教人力资源的小王。

　　HR小王利用职业价值观决策量表帮助小李做了决策。小李最重视的8项价值观分别是成就、智慧、上司、审美、金钱、创造力、自主、生活方式，不同价值观对应的重要度、不同岗位对应的价值观满意度如表12-3所示。

表12-3　小李职业价值观量表应用

价值观	重要度	分公司副总	集团公司部门负责人
成就	8	5	4
智慧	9	5	4
上司	6	5	3
审美	7	4	4
金钱	8	5	4
创造力	7	4	4
自主	6	4	5
生活方式	5	4	4
总分		255	224

　　根据量表的测算结果，小李对分公司副总岗位的总体价值观满意度是255分，对集团公司部门负责人岗位的总体价值观满意度是224分。小李对分公司副总岗位的综合价值认可度高于集团公司部门负责人岗位。小李在反复检查各项分值与自身价值观的匹配度后，最终做出了选择分公司副总岗位的决定。

12.4　如何帮助员工做好职业发展规划

　　员工为企业服务的期限内，企业可以通过职业发展规划为员工规划一系列连续的任期，在每个任期，企业和员工共同制订任务目标，员工朝着目标努力，而企业负责为员工提供资源支持，员工创造价值的同时企业获得价值，双方都能长期受益。

12.4.1　员工职业发展的规划设计

员工的职业发展设计表现在企业内部流程和文件上就形成了员工职业发展规划表，如表 12-4 所示。

表 12-4　员工职业发展规划表

填表日期：　　年　　月　　日　　　填表人：						
姓名		出生日期		部门		岗位
		最高学历		毕业学校		毕业时间
具备技能 / 能力	类型					
	证书					
你拥有哪些专长						
请说明你对目前所从事工作的感兴趣程度		□感兴趣　　　□一般　　　□不感兴趣				
原因：						
希望选择的晋升通道						
请简要说明你 1 ～ 3 年的职业发展规划						

在填写员工职业生涯规划表时，员工的直属上级应与员工谈话，并指导其填写。这样做的目的是让员工充分考虑职业兴趣、优势劣势、职业锚及价值观的等客观信息。人力资源部负责跟踪、督促职业生涯规划谈话工作的执行情况，并做好相关资料的汇总及其他辅助协调工作。

员工职业发展规划表中的基础信息是为了对员工基本情况有所了解。需要注意的是，员工填写的最高学历应当是拥有国家统招毕业证书的学历。这些信息主要是为了考察员工的专业是否符合员工所选职业的专业要求。

当员工的职业兴趣和从事的职业相匹配时，会产生较高的满意度和较低的流动率。员工对现在的工作满意时，企业可以根据员工现在的职业和其继续规划下一步。但是当员工表达他对现在的工作不满意时，企业就需要重视，询问员工原因，并寻找解决问题的方法。如果不能解决，企业需要和员工一起探讨是否选择其他职业。

　　员工确定好职业方向后，企业可以按照职业定位让员工选择其希望的职业发展通道和路径。这里的职业发展路径可以根据管理类、业务类、技术类和操作类这四种并结合企业的实际情况设置。

　　根据员工选择的职业发展通道和路径，结合企业实际情况，直属上级可以和员工一起设计员工的职业发展规划方案。职业发展规划是对员工一系列连续任期的安排，在每个任期中，制订一个任务目标。每个任期内的任务目标来源于员工的职业目标。员工也可以对任期内的任务目标做进一步分解，形成更加具体的阶段性目标。

　　比如某企业招聘专员的职业目标是三年后晋升为招聘主管，那么对这位员工三年的职业生涯规划方案可以按照如下内容设计。

　　第一阶段，1 年之内，能够在招聘专员岗位上沉淀下来，锻炼最基本的工作能力，积累工作经验，把工作的基础打牢。

　　第二阶段，利用 1 ～ 2 年的时间，在招聘工作中能够独当一面，能够独自完成招聘工作、独立承担责任，能够发现问题、解决问题，不需要上级管理者操心。

　　第三阶段，利用 3 年时间，不但能够独自完成招聘工作，而且需要学习管理知识，进行管理角色的转换，能够进行招聘管理工作，管理下属招聘专员，同时在工作中能有创新和发展，能为企业创造更大的价值。

12.4.2　员工职业能力的开发需求

　　员工在完成职业生涯规划表后，根据目前员工所选择的职业通道种类、职业发展路径、岗位职责及任职资格要求，填写员工能力开发需求表，如表 12-5 所示。

表 12-5　员工能力开发需求表

填表日期：　　　年　　月　　日　　　填表人：					
姓名		部门		岗位	
所承担工作	工作职责				
	自我评价	□完全胜任		□基本胜任	□不能胜任
	上级评价	□完全胜任		□基本胜任	□不能胜任
	上级评价依据				
对工作的期望和想法					

续表

达到目标所需要的知识和技能	
达到目标所需要培训的课程	
需要企业提供非培训的支持	
备注	

员工能力开发需求表需要员工与其所在部门的直属上级共同根据员工目前的情况进行工作胜任情况的评价。在确认员工目前所任职岗位的主要工作后，建立工作清单，再按照工作清单一一对照，评估员工是否能够胜任当前的工作。

评估时需要注意过程中的客观公正和实事求是，评估的目的不是为了证明员工不胜任之后淘汰员工或对其降职，而是通过评估寻找员工存在的不足之处，和他一起分析问题，并帮助其找到可行的解决方案。

评估过程中也要求员工能够正确认识自己的现状，对自己是否胜任工作做出评价。如果员工认为自己不能胜任，要说明是哪方面不能胜任。员工需要提供做出自我评价的依据，这里的依据最好是详细、具体的，绝非凭感觉。

根据工作评价的结果，员工提出对工作的期望和想法，员工应当主要从职位期望、个人能力提升等方面填写。在这项内容上，员工的直属上级需要和员工不断沟通，发掘员工真正的需求，并且要鼓励员工说真话。有时候员工会担心自己的期望会受到他人的否定而选择不说出真实的想法，这样企业在这方面的工作就很难达到预期的效果。

比如有一位刚入职的招聘专员想在三年内做到经理职位，但是担心自己的想法说出来以后别人说他好高骛远或是担心自己的上级听了会不高兴，就可能会对外说：没什么职业发展想法，就想做好自己的本职工作。这样直属上级和员工之间的谈话就很难延续。所以企业一定要创造一种开放的沟通氛围，鼓励员工吐露心事。

当然，企业也不能完全按照员工的期望进行其职业生涯设计。如果员工的期望过高，直属上级发现很难或不能完成，可以和员工沟通。沟通时注意不要直接打击员工的积极性，而应该首先肯定他的期望和想法，之后引导员工发现其中的难点或不切实际的点，引导员工将大目标分解成小目标和阶段性目标。

直属上级要和员工从岗位职责和胜任力的角度分析员工所需要提升的知识和技能。比如刚大学毕业入职的招聘专员，想要晋升为招聘主管，需要具备招聘相关的专业知识和技能，包括招聘管理基础知识、招聘流程管理知识、招聘渠道管理技能、识别人才的能力、良好的分析能力、良好的团队合作精神、解决问题的能力等。

根据他需要提升的知识和技能，结合企业的培训课程体系，直属上级可以为其制订专属的个性化培训方案。比如他选择的是管理通道的晋升，所以他不仅要学习专业技能提升课程，还要参加管理技能提升课程。通过专业技能和管理技能的共同发展，完成从员工到管理者角色能力上的转换。

为此他可以学习的专业技能方面的课程包括金牌面试实战训练、高效沟通、面试与选拔技巧、人才测评技巧、招聘管理方法、招聘体系建立方法、结构化面试技巧等，管理技能方面的课程包括团队管理技巧、员工激励技巧、中层干部领导力等。

最后直属上级应询问员工除了需要企业内部提供的培训之外，还需要哪些方面的支持。比如有的员工希望转换职业通道，从当前的销售岗位转换到人力资源管理岗位，期望得到直属上级的支持；或者员工想回家乡工作，期望直属上级能够提供外调的机会。

【疑难问题】如何帮助员工适应职业发展的要求

企业常常会听到一些员工对自己职业的抱怨：有的会抱怨自己的工作就像是个"打杂的"，看不到希望；有的频繁变换工作岗位后，还是达不到自己的期待；有的绩效总是不达标，充满抱怨。面对这些问题，人力资源管理者需要分析员工和职业的互动情况，明确问题核心，有针对性地进行调整。

查找职业问题核心的思路如图 12-8 所示。

在没有问题的理想状况下，当个体的能力能够满足职业要求的时候，员工就能够获得组织的满意，获得职业的成功和成就感；当职业的回馈能够满足个体的需求时，员工就能收获对自己职业的满意和幸福感。

如果个体能力不能满足职业的要求，组织对员工的行为表现必然不满意，员工

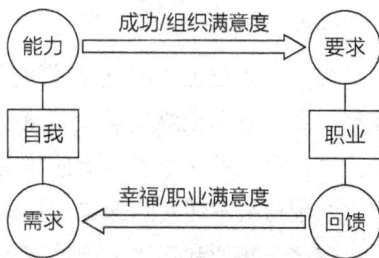

图 12-8　职业问题查找思路

无法获得职业上的成功，失去职业上的成就感；如果职业的回馈无法满足个体的需求，员工就无法获得对职业的满意，失去职业上的幸福感。

要搞清楚员工的问题出在哪里，可以将查找职业问题的思路讲给员工听，然后，问员工如下问题。

（1）你认为自己的问题在哪里，是觉得自己不够成功还是不够幸福，或者你希望自己是更加成功还是更加幸福？

（2）在你看来，成功线和幸福线先解决哪一条线的问题你会更满意，或者哪一个是你目前待解决的重心？

（3）如果是成功线的问题，可以问：你到底是能力没有满足要求，还是对职位的要求不清楚？如果是幸福线的问题，可以问：你到底是职业回馈无法满足需求，还是自我需求不明？

通过问员工以上问题，能够将问题聚焦在四种可能性。

（1）自身的职业能力不足，需要提升职业能力。

（2）对职位的需求不明确，需要提升自身对职业要求的理解和认识。

（3）个人的需求多，没有得到满足，需要寻找满足需求的方法。

（4）组织的回馈少，无法满足正常需求，需要找到提高组织对个人回馈的方法。

这四类问题对应的解决方案如图 12-9 所示。

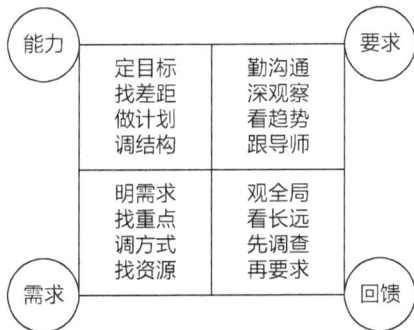

图 12-9 四类职业问题解决方案

1. 提升职业能力

员工要提升自身的职业能力，可以选择的方案包括如下内容。

● 定目标，设定一个本阶段自己可达成的恰当目标。

● 找差距，通过了解岗位要求，列出自己和岗位要求的能力之间的差距。

● 做计划，制订清晰的、阶段性的能力提升计划。

● 调结构，刻意学习，持续练习，提升缺项能力，调整自己的能力结构。

2. 了解职业要求

员工要了解职业要求，可以选择的方案包括如下内容。

- 勤沟通，通过与上级和同事的沟通，明确岗位的具体要求。
- 深观察，通过企业要求矩阵图，关注以前没有关注的隐形要求。
- 看趋势，时刻关注企业和职业的变化趋势，提前做准备。
- 跟导师，尽量寻找优秀者做职业导师，以便少走弯路。

3. 满足个人需求

员工要满足个人的需求，可以选择的方案包括如下内容。

- 明需求，系统探索自己的职业价值观，系统了解自己对职业的需求。
- 找重点，清晰本阶段自己最核心、最需要满足的 2 ～ 3 个核心需求。
- 调方式，主动调整工作状态，找到当下满足需求的方式。
- 寻资源，调动自我和企业资源，搜索更好自我满足的可能。

4. 提高个人回馈

员工要提高个人的回馈，可以选择的方案包括如下内容。

- 观全局，以职业回馈的全局来计算收益而不是只有金钱（比如发展空间、情感）。
- 看长远，看到本岗位未来可能会有的职业回馈。
- 先调查，通过职业调查，做出恰当的自我评估。
- 再要求，向企业提出新的待遇要求。

【疑难问题】如何制定中小企业员工的晋升制度

对于人力资源管理体系不够完善的中小企业，员工的晋升基本靠的是"一把手"的直觉或印象，没有明确的标准。然而成长之心人皆有之，"有奔头"是很多人行为动机的来源，员工都希望能够通过自己的努力，获得公平公正的晋升或职业发展。

中型企业、创业企业、小微企业处在事业迅速发展的时期，更需要给予员工成长的动力，来激励和激发员工的积极性。那么，人力资源管理体系还不完善的中小企业，如何快速制订员工的晋升制度呢？如果要快速形成有激励效果的员工晋升制度，在制度的导向上应当有所侧重。

1. 注重职级而不是职位

与大型企业中的众多职位不同，中小型企业一般人数较少，能够设置的职位数量有限。所以，中小企业在员工晋升的设置上可以职级上的提升为主，而不是职位上的晋升。比如，企业可以给某个岗位设置 15 个级别，员工每半年或一年可以获得一次根据态度、能力、绩效情况判断是否晋级的机会。

这样设置的好处是，即使企业由于发展速度、规模或者岗位的限制，员工需要多年从事同一个岗位，但随着员工能力和绩效的提升，员工的工资、福利、待遇、权限都会有所提升，员工还是会明显地感受到晋升的感觉。

IBM 就是这么设置的。因为 IBM 咨询业务板块中有非常多的咨询师是知识型和技术型人才，IBM 内部没有那么多管理岗位供他们晋升，所以 IBM 设置了 Band1 ～ Band9 9 个职级。在这 9 个级别之上，还有 partnerA、B、C、D 4 个级别。

2. 注重精神而不是物质

中小型企业的财务状况可能不像大企业那么好，所以在员工晋升的奖励方面，不一定要完全体现在员工薪酬的提升上，可以增加更多精神层面的激励。而激励理论也认为，精神激励往往比物质激励更具备激励性。

常见中小型企业可以选择的精神激励包括职级晋升后，能够获得更多的机会接触到企业高层管理者；能够获得更多外出学习或内部学习的机会；能够拥有弹性的工作时间；能够获得一个更宽敞自由的工作空间等。

当然，中小型企业可以充分利用自身相比大企业具备更多弹性和灵活性的优势，有更多丰富的创意和新鲜的方法。

比如有个创业企业共 10 人，创业者为了增强员工的身份认同感和社会认同感，给每类岗位都设置了比较好听的职位名称。企业最低的职位名称是经理，经理之上是中级经理、高级经理、资深经理、副总监、总监、中级总监、高级总监、资深总监等。

3. 注重远期而不是近期

由于中小企业的特点，员工晋升后的奖励不一定是即时的、近期的，企业可以适当地引入长期激励。这样做既能够减少企业的财务压力，也能提高企业员工队伍的稳定性。

这里的长期激励，可以包括股权激励计划、长期薪酬计划、长期福利计划等。比如，员工达到某级别满五年，发一块小金牌，价值 A 元；员工达到某级别满十年，发一块大金牌，价值 B 元；员工达到某级满十五年，子女可以获得教育基金等。

4. 注重功劳而不是苦劳

大多数中小企业的首要任务是活下去，企业要以成长和发展为目的、以市场的认可为目标。企业接受着市场的考验，员工更应当如此。

在有的大企业中，很多时候只要员工工作年限达到晋升要求、员工能力基本达标、没有犯过原则性的错误，通常员工就会得到晋升。但在中小企业中不应该这样。中小企业员工的晋升，应当是员工用结果来证明，拿价值来兑换的。

其实，中小企业不仅是在晋升制度上，在其他管理制度的设置方面，同样应当体现中小企业更关注市场、更贴近顾客的特点。中小企业内部的制度应重点以市场认可的功劳来判定，而不应过分看重员工有多少苦劳。

【实战案例】某大型互联网企业的职业发展体系

国内某大型互联网企业的职业发展体系分为干部领导力体系和员工职业发展体系。职业发展通道的设置建立在职位类别的基础上。该企业职位规划分为专业族、技术族、管理族、市场族、产品/项目族五大类别，如表12-6所示。

表12-6　该企业职位分类示意表

技术族	专业族	管理族	市场族	产品/项目族
软件研发类 质量管理类 技术类 技术支持类 游戏美术类	企管类 财务类 人力资源类 行政类 采购类法务类 公共关系类	领导者 高级管理者 管理者 监督者	战略类 产品类 销售类 客服类 销售支持类 内容类	游戏策划类 产品类 项目类

技术族、专业族、管理族、市场族、产品/项目族五类族群划分中的各个职业发展通道均由低到高划分为6个等级：新手、有经验者、骨干、专家、资深专家和权威。这6个等级的分类定义如表12-7所示。

表12-7　等级分类定义

级别	名称	定义
6级	权威 （fellow）	作为企业内外公认的权威，推动企业决策
5级	资深专家 （master）	作为企业内外公认的某方面的专家，参与战略制订并对大型项目/领域成功负责
4级	专家 （expert）	作为企业某一领域的专家，能够解决较复杂的问题或领导中型项目/领域，能推动和实施本专业领域内重大变革

续表

级别	名称	定义
3级	骨干（specialist）	能够独立承担部门内某一方面工作/项目的策划和推动执行，能够发现本专业业务流程中存在的重大问题，并提出合理有效的解决方案
2级	有经验者（intermediate）	作为一个有经验的专业成员，能够应用专业知识独立解决常见问题
1级	新手（entry）	能做好被安排的一般性工作

　　因个人能力的发展是一个逐步积累和提升的过程，同一级别中的不同个体又有着不同的绩效表现，所以每个级别又分成3个子等，由低到高分别是基础等、普通等和职业等。基础等指的是刚达到本级别能力的基本要求，还需要进一步巩固；普通等指的是完全达到了本级别各项能力的要求；职业等指的是在本级别的各项能力和表现已经成为部门内部或整个企业的标杆。

　　员工根据从事的岗位，只能选择对应的某一类职位作为自身职业发展的方向。为保证管理者在从事管理工作的同时能够不断提升自身专业水平，要求除了总经办的领导以及执行副总裁职位，所有管理者必须同时选择技术族、专业族、市场族中的某一职位类别作为自己专业的发展通道，即双通道发展，如图12-10所示。

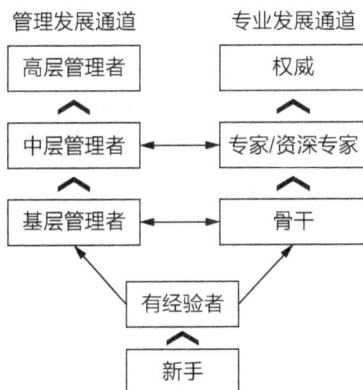

图 12-10　双通道职业发展体系

　　该企业员工职业发展与专业技术任职资格等级的评定流程如图12-11所示。

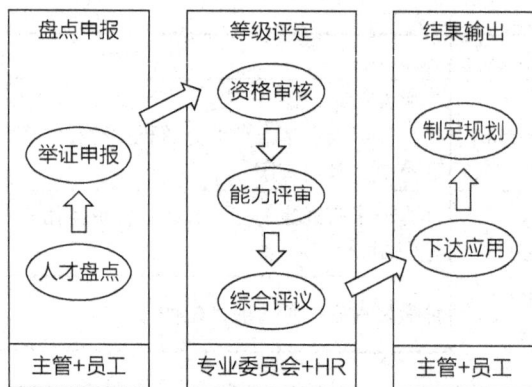

图 12-11　员工职业发展与专业技术任职资格等级的评定流程

1. 盘点申报

每年的 1 月和 7 月，由人力资源部发起对员工的能力评估，各级主管在人力资源部规定的时间内盘点本部门人力，汇总晋级、降级和换通道的下属名单。

2. 等级评定

由人力资源部及通道委员会组成评审委员会对员工进行能力评审。能力评审的方式主要是知识考试和行为认证。知识考试主要是考查员工对培训课程的掌握情况，行为认证主要考察员工的态度、绩效和能力是否达标。

人力资源部会定期组织各类知识考试，各职位、各级别的员工均可参加，通过后成绩在两年内有效。同时，各职业发展通道委员会对各通道分会能力的评审结果进行综合评议，统一全企业尺度，从总体上把握等级的变动结果。

3. 结果输出

通道委员会将最终的评审结果反馈至各部门，同时正式下达就位级别的通知，通知将下达到各部门及各主管，由各主管启动职业发展规划的流程。级别确定后，员工的绩效考核、薪酬水平等方面均会有相应的变化。

如何实施非人力资源部的人力资源管理培训

经营企业既是经营事业也是经营人，企业里几乎所有的事情最终都要落实到具体的人。虽然人工智能技术和机器人技术在迅猛地发展，但即使已经实现高度自动化的企业，也不可能离开人对机器设备或软件程序的调试、维护与升级换代。

只要有人的地方就有人力资源管理。企业的人数越多、机构越复杂，企业各级管理者越需要掌握人力资源管理的技能。其实一个企业人力资源管理的质量和水平并非取决于人力资源部的工作成效，而是取决于企业各部门管理者在人力资源管理方面的意识和行为。因为很多人力资源管理工作真正的实施者，其实是各用人部门的管理者。

人力资源管理培训课程的开设目的就是提升企业各用人部门管理者的人力资源管理能力。这类培训是许多世界 500 强企业中管理干部晋升的必修课。做这类培训需要注意如下关键点。

1. 培训周期

人力资源部可以根据企业用人部门管理者在人力资源管理方面出现问题的频率，确定非人力资源部的人力资源管理课程的培训周期。一般来说，就算是管理已经比较成熟、用人部门管理者在人力资源管理方面的问题较少，也应当保证 1 年最少培训 1 次。

2. 培训受众

只要平时工作中要管理下属的管理者都必须学习，哪怕某些较小的部门的管理者可能只管 1 个人，也要参加。参训人员的管理层级不同，课程的时间、难度、重点、形式等都可以对应有所不同。

培训受众一般可以分成基层管理者、中层管理者、高层管理者三类。对于基层管理者，人力资源部主要对他们传达操作方法，目标是让他们知道该怎么做。

对于中层管理者，人力资源部除了向他们传达操作方法外，也要传达操作方法背后的原因，既让他们知道该怎么做，又让他们知道为什么这么做，同时让他们能够监督和评估基层管理者在日常人力资源管理工作方面的行为。

对于高层管理者，人力资源部除了传达中层管理者培训内容中的重点内容外，要加强他们意识层面的提升，要强调他们的日常行为对于做好人力资源管理的重要意义，确保他们对做好企业人力资源管理工作有正确认识和行动支持。

由于基层管理者、中层管理者和高层管理者在培训内容上的侧重点有所不同，在整体的培训时间上，一般对基层管理者和高层管理者的培训时间会相对较短，对中层管理者的培训时间会相对较长。

3. 培训讲师

对基层管理者的培训，可以由企业的人力资源经理或者人力资源合伙人（human resources business partner，HRBP）担任讲师；对中层管理者的培训，可以由人力资源总监或者分管人力资源管理的副总经理担任讲师；对于高层管理者的培训，可以邀请董事长或总经理担任提升意识层面的培训讲师，由分管人力资源管理的副总经理担任方法层面的培训讲师，也可以直接请外部专业的培训讲师。

4. 课程内容

非人力资源部的人力资源管理培训的内容可以分成两类：一类是没有接受过该培训的参训人员，可以根据参训人员选所在的层级，实施一套相对较完整的课程；一类是复训人员的以回顾和日常工作出现的问题及注意事项为主的课程。

复训人员的课程内容要注意授课形式上的灵活性。对于之前已经讲过的内容可以采取研讨、角色扮演、拓展游戏等更加丰富的形式；对于日常工作中出现的问题及注意事项，可以采取讲授、案例分析等相对正式的类别。

在开展非人力资源部的人力资源管理培训时，为了让参训人员容易接受，不论是对待哪个层级的管理者，都不需要讲太多人力资源管理方面的专业词汇和概念性的知识。

一般来说，讲故事、打比方的授课方式比较容易让各级管理者接受。通过讲故事和打比方的方法代替专业的术语，能够让非人力资源管理专业者很快明白人力资源管理的方法和原理。

如果没有日常工作和生活中的故事，也可以拿《西游记》《三国演义》等名著里的经典情节用来丰富非人力资源部的人力资源管理培训内容。

比如在培训开场的时候，培训师可以问各部门管理者："大家觉得，在《西游记》当中，哪个角色好比是人力资源管理者呢？哪个角色是真正在部门内部实施人力资源管理职能的呢？"

但是应用《西游记》的故事打比方也存在一定风险，因为角色之间有地位高低之别，所以培训讲师一定要以谦卑的态度和趣味性的语言打消大家在这方面的顾虑。毕竟运用故事和比喻授课的目的是为了让参训人员快速理解人力资源管理的概念，如果培训讲师认为应用比喻有引起负面效果的风险，则应当视情况选择适合的故事和比喻。

在运用故事和比喻的时候，注意以故事开始之后，要快速引申出要说明的问题，然后说明其中的原理。如果有必要，可以在这之后引用一些比较专业的概念和术语。最后，要落实到参训人员具体要做的行动。

非人力资源部的人力资源管理培训可以包括如下模块的内容。

（1）团队建设。

（2）如何选人。

（3）如何育人。

（4）如何用人。

（5）如何留人。

（6）人力资源管理相关法务知识。